高职高专汽车类专业技能型教育教材
大学生公选课教材

汽车概论

第4版

主　编　郑锦汤　蔡兴旺
副主编　黄松宽
参　编　杨丹丹　陈灿林　陆建明
　　　　杨庭霞　车　志

机械工业出版社

本书分 10 个项目 40 个任务，主要讲述了汽车的总体组成与操作认知、汽车发明与汽车工业发展简史、国内外著名汽车公司及商标、传统汽车各组成系统的基本结构原理、新能源汽车与智能网联汽车、汽车主要应用性能指标、汽车选购技巧和保险索赔、汽车驾驶与考证、汽车油料选用与维护以及汽车文化等。本书知识覆盖面广、内容新颖、实用性强、结构科学。

本书以项目为导向，任务为驱动，以学生为本，图文并茂，直观明了，通俗易懂；本书配备了丰富的视频资源、教学文件及教师参考资料（含课程教学计划、多媒体课件、视频库、图库等），方便教师授课和学生课外学习。选择本书作为教材的教师可登录机械工业出版社教育服务网 www.cmpedu.com 注册后免费下载。

本书可以作为高职高专及普通高等院校的大学生公选课教材及汽车类专业的教材，还可以作为汽车培训及中专、技校参考教材。对广大汽车爱好者而言，本书也是一本值得收藏的阅读材料。

图书在版编目（CIP）数据

汽车概论/郑锦汤，蔡兴旺主编．—4 版．—北京：机械工业出版社，2020.6（2024.10 重印）

高职高专汽车类专业技能型教育教材

ISBN 978-7-111-66148-1

Ⅰ.①汽⋯ Ⅱ.①郑⋯ ②蔡⋯ Ⅲ.①汽车—高等职业教育—教材 Ⅳ.①U46

中国版本图书馆 CIP 数据核字（2020）第 130574 号

机械工业出版社（北京市百万庄大街 22 号　邮政编码 100037）
策划编辑：赵海青　责任编辑：赵海青　刘　煊
责任校对：肖　琳　封面设计：马精明
责任印制：邰　敏
北京富资园科技发展有限公司印刷
2024 年 10 月第 4 版第 9 次印刷
184mm×260mm・19 印张・470 千字
标准书号：ISBN 978-7-111-66148-1
定价：59.00 元

电话服务　　　　　　　　　网络服务
客服电话：010-88361066　　机　工　官　网：www.cmpbook.com
　　　　　010-88379833　　机　工　官　博：weibo.com/cmp1952
　　　　　010-68326294　　金　书　网：www.golden-book.com
封底无防伪标均为盗版　　　机工教育服务网：www.cmpedu.com

序

　　本套教材紧紧围绕职教工作需求，以就业为导向，以技能训练为中心，以"更加实用、更加科学、更加新颖"为编写原则，旨在探索课堂教学与实训的一体化，具有如下特点：

　　1. 教材编写理念：遵循"职业导向""理实一体""学生为本"的编写理念，将课程内容与职业需求、岗位技能相对接，将理论与技能融入每个任务中，注重职业岗位能力的培养，加强实践环节的训练。

　　2. 教材结构体系：采用任务驱动、项目导向的模式构建课程体系，理论教学与技能训练有机融合，系统性与模块化有机融合，方便不同学校、不同专业、不同实验条件剪裁选用。编写结构确定为："情景引入—相关知识—任务实施—任务评价"等若干环节，以激发学生的阅读兴趣，符合学生的认知规律。

　　3. 教材内容组织：内容选择上突出实用性、新颖性，选择对学生终生有用的知识，力求反映行业最新技术和发展动态，注重介绍现代汽车新结构、新技术、新方法和新标准。

　　4. 教材编排形式：图文并茂，通俗易懂，简明实用，由浅入深，深浅适度，符合高职高专学生的心理特点。每一任务均结合汽车有关岗位的实际要求，给出作业工单，使教学与汽车技术服务企业实际操作过程联系地更加紧密。

　　此外，为构建立体化教材，方便教师和学生课外学习，本套教材配备了丰富的视频资源、教学文件及教师参考资料（含课程教学计划、多媒体课件、视频库、图库等），均可在机械工业出版社教育服务网（www.cmpedu.com）免费下载。

　　虽然本套教材的各参编院校在教、学、做一体化教学方面进行了有益探索，但限于认识水平和工作经历，教材中难免仍有不足之处，恳请各位专家和同行批评指正。

高职高专汽车类专业技能型教育教材编委会

前　言

《汽车概论》是汽车相关专业的必修课程，也是当代大学生的公共选修课。自2008年8月出版至今，已经连续出版3版，印刷30次，累计发行9万册，受到同行专家认可和广大师生普遍欢迎。

随着我国经济的发展，我国连续11年汽车产销量稳居世界第一。2019年汽车产销量分别为2572.1万辆和2576.9万辆，显示了我国汽车工业在世界经济发展中的重要作用。自从《汽车概论》第3版教材出版3年多来，国内外各大汽车公司在激烈的竞争中进一步分化改组，汽车行业的新技术、新产品和新标准不断出现，并且随着高职教育改革的深入发展，汽车专业教育也发生了新变化，为了适应新形势的需求，对本书进行了第4版修订。

本次修订以《国家中长期教育改革和发展规划纲要（2010—2020年）》、教职成[2012]9号文件《教育部关于"十二五"职业教育教材建设的若干意见》、国发[2019]4号《国家职业教育改革实施方案》和国家汽车行业发展规划及相关文件为指导，吸收了近年来汽车高职教育教学所取得的新技术、新成果，结合信息技术发展和产业升级，以适应"互联网+职业教育"发展需求。根据高职学生的特点，本教材立足以学生为本，以基本技能为主线，按照项目导向和任务驱动形式组织教材体系，突出实用性和趣味性。

《汽车概论》第4版知识覆盖面广、内容新颖、实用性强、结构科学，从汽车的主要性能、选购、基本结构原理、使用维护到新能源汽车与智能网联汽车、汽车文化、汽车发明与发展等进行了系统描述。本教材内容呈现形式多样，配备了丰富的视频资源、教学文件及教师参考资料（含课程教学计划、多媒体课件、视频库、图库等），方便教师授课和学生课外学习。

本教材项目1、3、5和7由郑锦汤老师编写，项目6的任务6.2由蔡兴旺教授编写，项目2、4由黄松宽老师编写，项目6的任务6.1、任务6.3由陈灿林老师编写，项目8由陆建明老师编写，项目9由杨丹丹工程师编写，项目10的任务10.1~10.3由杨庭霞老师编写，项目10的任务10.4~10.5由车志老师编写。本书由蔡兴旺教授审阅修改。本书在编写及课件制作过程中，得到了广东省教育厅、机械工业出版社、北汽（广州）汽车有限公司、广州华商职业学院、韶关学院、广州华立科技职业学院、广州松田职业学院、广州城建职业学院等单位和个人的大力支持与帮助，检索了大量汽车网站及汽

教材、论文资料,对此谨表深深的谢意。

  本教材涉及的知识面广,限于编者的水平和能力,书中难免存在误漏之处,希望同行专家和广大读者批评指正(敬请电邮 zhjt_hsxy@sina.com),谨先致谢!

编 者

2020 年 1 月

目　录

序
前言

项目1　认识汽车 ················ 1
　任务1.1　认识汽车总体组成与行驶原理 ······ 2
　　1.1.1　汽车总体组成 ············ 2
　　1.1.2　汽车外部结构 ············ 2
　　1.1.3　汽车行驶原理 ············ 3
　任务1.2　认识汽车的主要操纵机构与
　　　　　使用 ················ 5
　　1.2.1　汽车离合器、制动及加速踏板 ···· 5
　　1.2.2　汽车转向盘 ············· 6
　　1.2.3　汽车安全带 ············· 6
　　1.2.4　汽车座椅 ·············· 7
　　1.2.5　驻车制动 ·············· 8
　　1.2.6　变速杆 ··············· 8
　　1.2.7　点火开关 ·············· 9
　　1.2.8　灯光组合开关 ············ 10
　　1.2.9　风窗刮水及洗涤系统 ········· 11
　　1.2.10　暖风、通风及空调 ·········· 11
　任务1.3　认识汽车的分类与汽车产业 ······ 12
　　1.3.1　汽车的定义 ············· 13
　　1.3.2　汽车的分类 ············· 13
　　1.3.3　汽车识别代号编码 ·········· 15
　　1.3.4　汽车产业 ·············· 15

**项目2　汽车发明与汽车工业发展
　　　　简史** ················ 18
　任务2.1　汽车由来检索 ············· 19
　　2.1.1　人畜运输 ·············· 19
　　2.1.2　非机动车 ·············· 20
　　2.1.3　机动车初探 ············· 23
　　2.1.4　蒸汽汽车发明史 ··········· 25
　　2.1.5　内燃机发明史 ············ 27
　　2.1.6　内燃机汽车的发明 ·········· 30
　　2.1.7　内燃机汽车的外形演变 ······· 31

　任务2.2　汽车工业发展历史检索 ········ 36
　　2.2.1　汽车诞生于德国 ··········· 36
　　2.2.2　汽车成长于法国 ··········· 37
　　2.2.3　汽车成熟于美国 ··········· 38
　　2.2.4　汽车兴旺于欧洲 ··········· 40
　　2.2.5　汽车挑战于亚洲 ··········· 42
　　2.2.6　中国汽车工业发展与现状 ······ 43
　　2.2.7　世界汽车工业生产现状及发展
　　　　　趋势 ················ 48

**项目3　国外著名汽车集团公司及
　　　　商标** ················ 51
　任务3.1　欧洲主要汽车集团公司探究 ······ 52
　　3.1.1　戴姆勒股份公司 ··········· 52
　　3.1.2　宝马汽车集团 ············ 56
　　3.1.3　大众汽车集团 ············ 60
　　3.1.4　雷诺-日产-三菱联盟 ········· 69
　　3.1.5　标致-雪铁龙汽车集团 ········ 73
　　3.1.6　菲亚特-克莱斯勒汽车集团 ····· 76
　　3.1.7　阿斯顿·马丁汽车公司 ······· 83
　　3.1.8　俄罗斯伏尔加汽车制造厂 ······ 84
　　3.1.9　荷兰世爵汽车公司 ·········· 85
　任务3.2　美国汽车集团公司探究 ········ 87
　　3.2.1　通用汽车公司 ············ 88
　　3.2.2　福特汽车公司 ············ 97
　　3.2.3　FCA美国有限责任公司 ······· 101
　　3.2.4　特斯拉公司 ············· 104
　任务3.3　亚洲主要汽车集团公司探究 ······ 108
　　3.3.1　丰田汽车公司 ············ 108
　　3.3.2　本田汽车公司 ············ 112
　　3.3.3　日本其他汽车公司 ·········· 114
　　3.3.4　现代汽车集团 ············ 115
　　3.3.5　印度塔塔汽车集团 ·········· 116
　　3.3.6　宝腾汽车公司 ············ 118

**项目4　中国主要汽车集团公司及
　　　　商标** ················ 121
　任务4.1　上汽集团探究 ············· 122

目 录

    4.1.1 现状概述 …………………… 122
    4.1.2 主要汽车品牌 ………………… 123
    4.1.3 发展简史 ……………………… 124
  任务4.2 一汽集团探究 ……………… 126
    4.2.1 现状概述 ……………………… 126
    4.2.2 主要汽车品牌 ………………… 126
    4.2.3 发展简史 ……………………… 128
  任务4.3 东风集团探究 ……………… 129
    4.3.1 现状概述 ……………………… 129
    4.3.2 主要汽车品牌 ………………… 130
    4.3.3 发展简史 ……………………… 131
  任务4.4 长安集团探究 ……………… 132
    4.4.1 现状概述 ……………………… 133
    4.4.2 主要汽车品牌 ………………… 133
    4.4.3 发展简史 ……………………… 134
  任务4.5 北汽集团探究 ……………… 135
    4.5.1 现状概述 ……………………… 136
    4.5.2 主要汽车品牌 ………………… 136
    4.5.3 发展简史 ……………………… 138
  任务4.6 广汽集团探究 ……………… 139
    4.6.1 现状概述 ……………………… 139
    4.6.2 主要汽车品牌 ………………… 140
    4.6.3 发展简史 ……………………… 141
  任务4.7 吉利集团探究 ……………… 142
    4.7.1 现状概述 ……………………… 143
    4.7.2 主要汽车品牌 ………………… 144
    4.7.3 发展简史 ……………………… 145
  任务4.8 长城汽车公司探究 ………… 147
    4.8.1 现状概述 ……………………… 147
    4.8.2 主要汽车品牌 ………………… 147
    4.8.3 发展简史 ……………………… 148
  任务4.9 华晨集团探究 ……………… 149
    4.9.1 现状概述 ……………………… 149
    4.9.2 主要汽车品牌 ………………… 150
    4.9.3 发展简史 ……………………… 151
  任务4.10 奇瑞公司探究 ……………… 152
    4.10.1 现状概述 …………………… 152
    4.10.2 主要汽车品牌 ……………… 152
    4.10.3 发展简史 …………………… 153
  任务4.11 比亚迪集团探究 …………… 154
    4.11.1 现状概述 …………………… 155
    4.11.2 主要汽车品牌 ……………… 155
    4.11.3 发展简史 …………………… 156

项目5 汽车基本结构及工作原理 ……… 158
  任务5.1 汽车发动机结构原理认识 …… 159
    5.1.1 四冲程汽油机基本结构及工作
        原理 …………………………… 159
    5.1.2 四冲程柴油机结构及工作特点 … 161
    5.1.3 发动机总体组成与结构原理 … 161
  任务5.2 汽车底盘结构原理认识 …… 171
    5.2.1 汽车传动系统 ………………… 171
    5.2.2 汽车行驶系统 ………………… 175
    5.2.3 汽车转向系统 ………………… 177
    5.2.4 汽车制动系统 ………………… 178
  任务5.3 汽车车身电器结构原理认识 … 183
    5.3.1 汽车车身结构 ………………… 183
    5.3.2 汽车空调系统 ………………… 185
    5.3.3 汽车仪表及照明 ……………… 187
    5.3.4 汽车电路 ……………………… 190

项目6 新能源汽车与智能网联汽车 … 193
  任务6.1 电动汽车结构认识 ………… 194
    6.1.1 电动汽车的特点及类型 ……… 194
    6.1.2 纯电动汽车 …………………… 195
    6.1.3 混合动力电动汽车 …………… 197
    6.1.4 燃料电池电动汽车 …………… 199
  任务6.2 智能网联汽车结构认识 …… 202
    6.2.1 智能网联汽车简介 …………… 202
    6.2.2 智能网联汽车发展动态 ……… 203
    6.2.3 智能网联汽车技术分级 ……… 204
    6.2.4 智能网联无人驾驶汽车基本结构
        原理 …………………………… 205
  任务6.3 其他新能源汽车结构认识 … 209
    6.3.1 燃气汽车 ……………………… 209
    6.3.2 太阳能汽车 …………………… 212
    6.3.3 生物燃料汽车 ………………… 213

项目7 汽车选购与保险索赔 ………… 217
  任务7.1 辨别汽车的主要性能指标 …… 218
    7.1.1 汽车主要尺寸参数 …………… 218
    7.1.2 汽车的质量参数 ……………… 219
    7.1.3 汽车主要性能指标 …………… 219
    7.1.4 汽车发动机特性曲线 ………… 223
  任务7.2 如何进行汽车选型 ………… 225
    7.2.1 购车档次选择 ………………… 225
    7.2.2 汽车款式选择 ………………… 226
    7.2.3 汽车颜色选择 ………………… 227

7.2.4	汽车性能比较	228
7.2.5	汽车配置比较	229
7.2.6	汽车的售后服务比较	229
7.2.7	比较他人对汽车的评价	229

任务7.3 新车现场选购技巧 231
- 7.3.1 新车的表面检查 231
- 7.3.2 新车的试车检查 232

任务7.4 如何选择汽车的保险 233
- 7.4.1 汽车保险概述 234
- 7.4.2 汽车保险种类 234
- 7.4.3 汽车保险种类的选择 236
- 7.4.4 汽车投保方式与渠道 237
- 7.4.5 汽车投保流程 238

任务7.5 如何进行汽车保险索赔 240
- 7.5.1 汽车理赔与索赔 240
- 7.5.2 汽车赔偿计算 241

任务7.6 如何进行汽车的消费贷款 242
- 7.6.1 我国的汽车消费信贷方式与内容 243
- 7.6.2 汽车消费信贷的程序 244

项目8 汽车驾驶与考证 246

任务8.1 如何考取汽车驾驶证 247
- 8.1.1 汽车驾驶考证概述 247
- 8.1.2 小型汽车驾驶员科目二考试简介 249

任务8.2 汽车道路驾驶技巧 252
- 8.2.1 汽车道路驾驶节油技术 252
- 8.2.2 特殊道路和气候条件下的驾驶技巧 253
- 8.2.3 汽车道路驾驶应急处理 254

项目9 汽车油料选用与维护 256

任务9.1 如何选用汽车油料 257
- 9.1.1 汽油 257
- 9.1.2 柴油 258
- 9.1.3 发动机机油 258
- 9.1.4 汽车齿轮油 260
- 9.1.5 汽车润滑脂 261
- 9.1.6 汽车自动变速器油 261
- 9.1.7 汽车制动液 262

任务9.2 如何正确维护汽车 263
- 9.2.1 汽车磨合 263
- 9.2.2 汽车维护 264

项目10 汽车文化 269

任务10.1 汽车竞赛检索 270
- 10.1.1 汽车竞赛与分类 270
- 10.1.2 方程式汽车赛 271
- 10.1.3 世界汽车拉力锦标赛 273
- 10.1.4 汽车越野赛 275
- 10.1.5 汽车耐力赛 275
- 10.1.6 其他汽车赛 276
- 10.1.7 著名车队与车手 278

任务10.2 国内外著名汽车展览检索 281
- 10.2.1 世界著名汽车展览 282
- 10.2.2 中国主要汽车展览 283
- 10.2.3 概念车 284
- 10.2.4 汽车模特 285
- 10.2.5 艺术汽车 285

任务10.3 汽车俱乐部活动介绍 286
- 10.3.1 汽车俱乐部及其主要活动内容 287
- 10.3.2 汽车俱乐部类型及其组织 287

任务10.4 汽车模型 289
- 10.4.1 汽车模型及分类 290
- 10.4.2 高仿真汽车模型 290
- 10.4.3 汽车模型竞赛活动 290
- 10.4.4 玩具汽车 291

任务10.5 汽车媒体检索 292
- 10.5.1 汽车报纸杂志 293
- 10.5.2 汽车网站 293

参考文献 295

项目 1 认识汽车

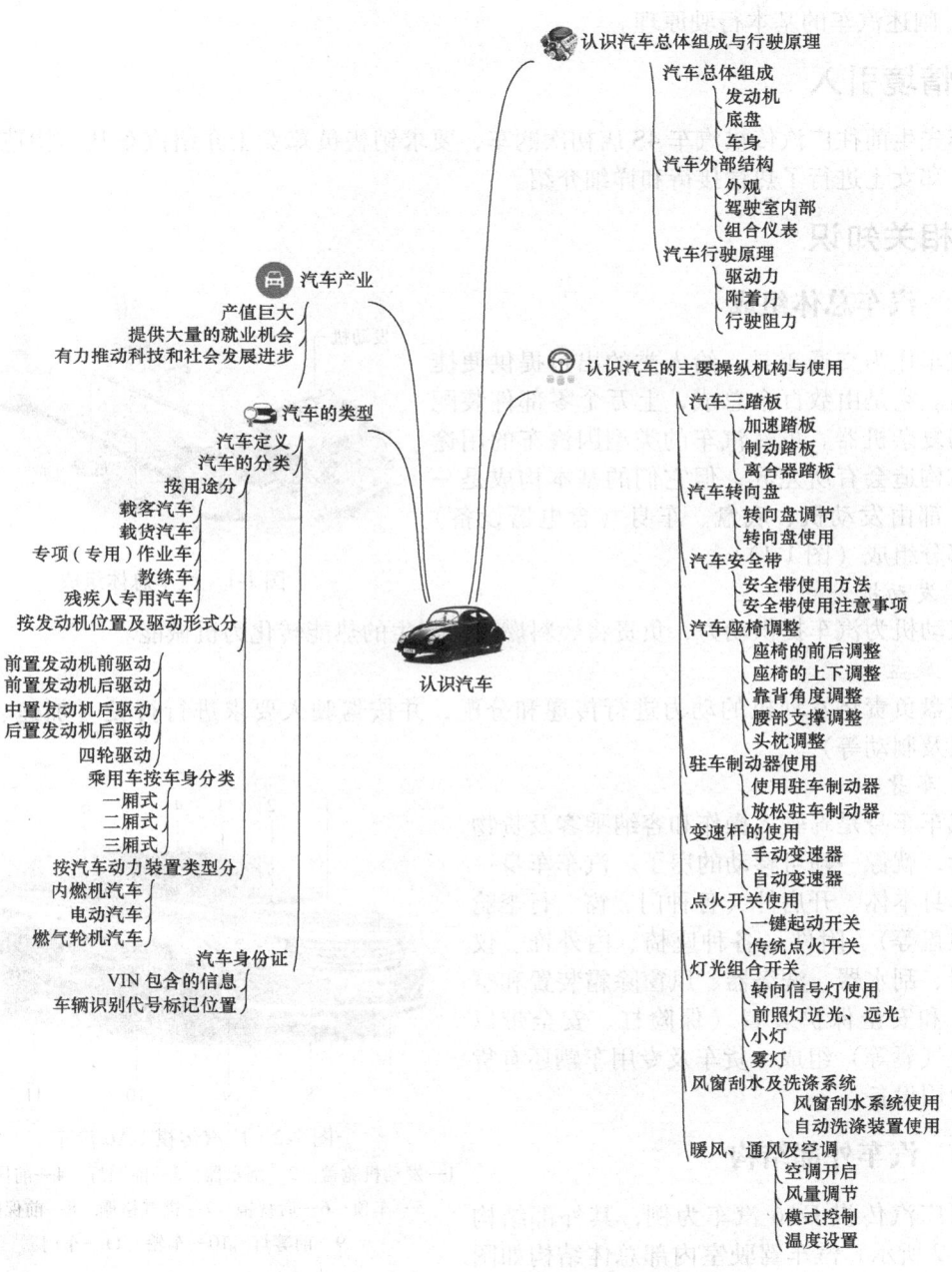

- 认识汽车
  - 认识汽车总体组成与行驶原理
    - 汽车总体组成
      - 发动机
      - 底盘
      - 车身
    - 汽车外部结构
      - 外观
      - 驾驶室内部
      - 组合仪表
    - 汽车行驶原理
      - 驱动力
      - 附着力
      - 行驶阻力
  - 汽车产业
    - 产值巨大
    - 提供大量的就业机会
    - 有力推动科技和社会发展进步
  - 汽车的类型
    - 汽车定义
    - 汽车的分类
      - 按用途分
        - 载客汽车
        - 载货汽车
        - 专项（专用）作业车
        - 教练车
        - 残疾人专用汽车
      - 按发动机位置及驱动形式分
        - 前置发动机前驱动
        - 前置发动机后驱动
        - 中置发动机后驱动
        - 后置发动机后驱动
        - 四轮驱动
      - 乘用车按车身分类
        - 一厢式
        - 二厢式
        - 三厢式
      - 按汽车动力装置类型分
        - 内燃机汽车
        - 电动汽车
        - 燃气轮机汽车
    - 汽车身份证
      - VIN 包含的信息
      - 车辆识别代号标记位置
  - 认识汽车的主要操纵机构与使用
    - 汽车三踏板
      - 加速踏板
      - 制动踏板
      - 离合器踏板
    - 汽车转向盘
      - 转向盘调节
      - 转向盘使用
    - 汽车安全带
      - 安全带使用方法
      - 安全带使用注意事项
    - 汽车座椅调整
      - 座椅的前后调整
      - 座椅的上下调整
      - 靠背角度调整
      - 腰部支撑调整
      - 头枕调整
    - 驻车制动器使用
      - 使用驻车制动器
      - 放松驻车制动器
    - 变速杆的使用
      - 手动变速器
      - 自动变速器
    - 点火开关使用
      - 一键起动开关
      - 传统点火开关
    - 灯光组合开关
      - 转向信号灯使用
      - 前照灯近光、远光
      - 小灯
      - 雾灯
    - 风窗刮水及洗涤系统
      - 风窗刮水系统使用
      - 自动洗涤装置使用
    - 暖风、通风及空调
      - 空调开启
      - 风量调节
      - 模式控制
      - 温度设置

1

任务1.1 认识汽车总体组成与行驶原理

一、学习目标

完成本学习任务后，您能够：
1. 辨识汽车发动机、底盘和车身三大总成。
2. 认识汽车外部主要结构。
3. 阐述汽车的基本行驶原理。

二、情境引入

李先生前往广汽传祺汽车4S店初次购车，要求销售员郑女士介绍汽车基本构造与工作原理。郑女士进行了热情接待和详细介绍。

三、相关知识

1.1.1 汽车总体组成

汽车作为交通工具，给人类的出行提供便捷与舒适。它是由数百个总成，上万个零部件装配而成的复杂机器。虽然汽车的类型因汽车的用途和总体构造会有所差异，但它们的基本构成是一致的，都由发动机、底盘、车身（含电器设备）三大部分组成（图1-1）。

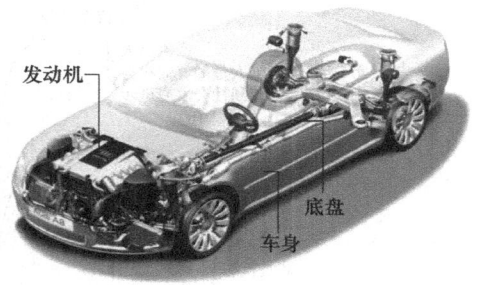

图1-1 汽车总体组成

1. 发动机

发动机为汽车提供动力，负责将燃料燃烧所产生的热能转化为机械能。

2. 底盘

底盘负责将发动机的动力进行传递和分配，并按驾驶人要求进行行驶（加速、减速、转向以及制动等）。

3. 车身

汽车车身是驾驶人操作和容纳乘客及货物的场所，就像一幢可移动的房子。汽车车身一般由车身本体、开启件（各种门、窗、行李舱和车顶盖等）、附件（各种座椅、内外饰、仪表电器、刮水器、洗涤器、风窗除霜装置和空调等）和安全保护装置（保险杠、安全带以及安全气囊等）组成，货车及专用车辆还有货舱及专用设备。

1.1.2 汽车外部结构

以广汽传祺GA6汽车为例，其外部结构如图1-2所示，汽车驾驶室内部总体结构如图

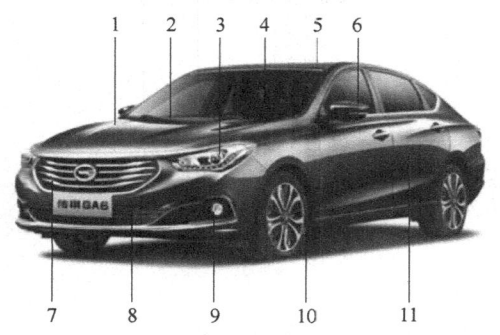

图1-2 广汽传祺GA6汽车

1—发动机舱盖 2—刮水器 3—前照灯 4—前风窗玻璃 5—车顶 6—后视镜 7—进气格栅 8—前保险扛 9—前雾灯 10—车轮 11—车门

1-3 所示，组合仪表结构如图 1-4 所示。

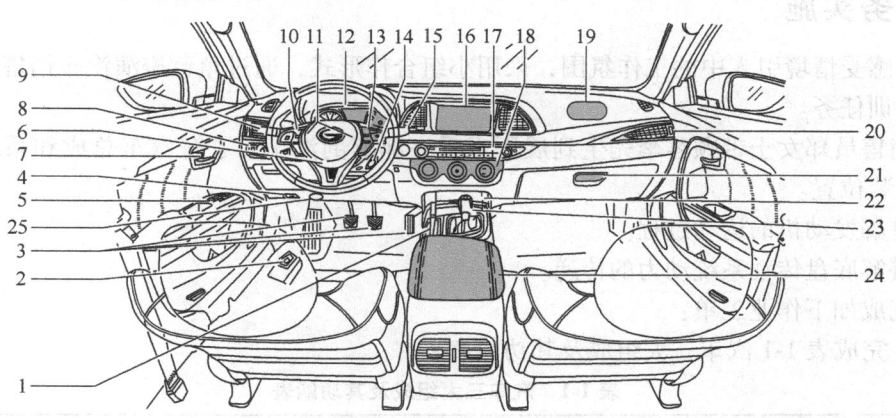

图 1-3　广汽传祺 GA6 汽车驾驶室内部结构

1—驻车制动手柄　2—燃油舱盖、行李舱盖开启拉手　3—加速踏板、制动踏板、离合器踏板（适用于某些车型）
4—发动机舱盖开启拉手　5—电动门窗控制面板　6—驾驶人正面安全气囊　7—车门锁栓和车门内拉手
8—左侧开关组合面板　9—灯光控制手柄　10—转向盘左侧按键　11—安全气囊浮动喇叭开关　12—组合仪表
13—转向盘右侧按键　14—点火开关（适用于某些车型）　15—刮水器控制手柄　16—多媒体显示屏
17—多媒体控制面板　18—空调控制面板　19—前排乘员正面安全气囊　20—空调出风口及调节旋钮
21—杂物箱开启拉手　22—储物盒面板　23—变速器换档手柄　24—前排座椅中间扶手　25—OBD 诊断检测接口

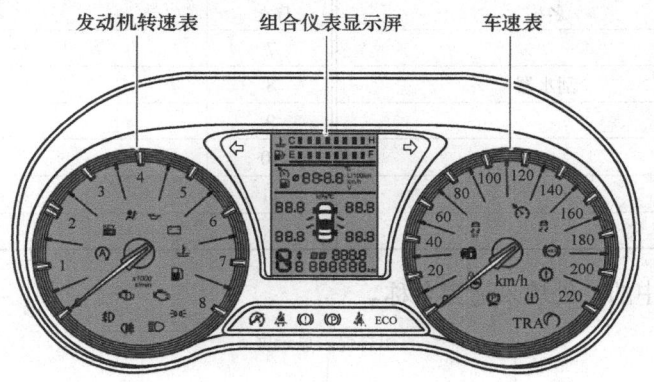

图 1-4　组合仪表结构

1.1.3　汽车行驶原理

汽车发动机输出的转矩经底盘传动系统传至驱动车轮，在地面附着条件支持下，产生推动汽车前进的驱动力，用于克服汽车行驶的滚动阻力、空气阻力、爬坡阻力和加速阻力等（如图 1-5 所示），推动汽车前进。

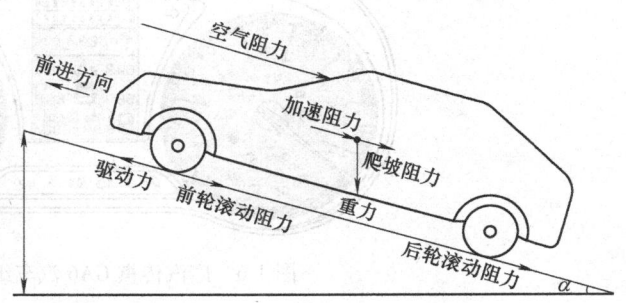

图 1-5　汽车驱动力与行驶阻力

四、任务实施

现场感受情境引入中的工作氛围，采用小组合作形式，通过角色扮演汽车销售接待，完成此次实训任务。

1. 销售员郑女士带顾客李先生到展厅观看一部解剖汽车，了解汽车总成和系统的组成及具体安装位置。
2. 讲解发动机的运动过程。
3. 讲解底盘传动系统动力的传递。
4. 完成如下作业工单：

（1）完成表 1-1 汽车三大组成及其功能表。

表 1-1　汽车三大组成及其功能表

序号	名称	功能
1	发动机	
2		
3	车身（含电器设备）	

（2）根据图 1-2，完成表 1-2 内容填写。

表 1-2　广汽传祺 GA6 汽车外部结构

序号	名称	序号	名称
1		7	进气格栅
2	刮水器	8	
3		9	
4		10	
5		11	
6			

（3）在图 1-6 中的？处填入适当名称。

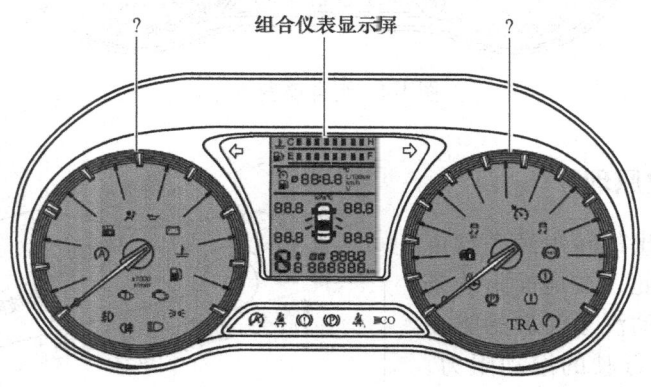

图 1-6　广汽传祺 GA6 汽车组合仪表结构

（4）汽车驱动力用于克服汽车行驶过程中的_____、_____、爬坡阻力和加速阻力等。

五、任务评价

在完成本学习任务后，通过小组会议的形式进行总结与反思，并推选代表宣讲交流知识与技能的掌握情况，小组之间进行互评，评价内容与标准见表1-3。最后由教师进行总结评价。

表1-3 学习过程评价表

序号	考核内容	分值	评分标准	自评	互评	教师评价
1	组员准备	10	分工明确、能够对学习任务内容及任务实施进行充分准备			
2	知识运用	20	能够熟练、准确地运用所学知识完成任务内容			
3	成果展示	20	成果展示内容充实、语言表达规范等			
4	学习态度与课堂纪律	15	学习积极进取、态度认真、遵守教学秩序			
5	自主探究与实践能力	15	具有自主探究的意识与动手操作的能力			
6	基本素养	20	沟通能力、团队协作意识、执行能力等			
7	总分	100				
8	综合评价					

任务1.2 认识汽车的主要操纵机构与使用

一、学习目标

完成本学习任务后，您能够：
1. 识别汽车主要操纵机构的安装位置。
2. 阐述汽车主要操纵机构的操作方法。
3. 对汽车主要操纵机构进行规范操作。

二、情境引入

李小姐在广汽传祺店看上了一辆传祺GA6汽车，由于对该车的主要操纵机构的操作与使用功能不怎么熟悉，为此，销售顾问对汽车的主要操纵机构进行了功能介绍和示范操作。

三、相关知识

1.2.1 汽车离合器、制动及加速踏板

离合器、制动及加速踏板位置如图1-7所示。

1. 离合器踏板

离合器安装于发动机与变速器之间，用于暂时分离和平顺结合发动机的动力传递，保证汽车平稳起步，使换档时工作平顺和防止传动系过载。离合器踏板由左脚控制，要求踩离合

器踏板要踩到底，放离合器踏板要缓慢，以免汽车起步冲击。配置自动变速器的汽车，没有离合器踏板。

2. 制动踏板

用来施行汽车制动，由右脚控制，非紧急情况下，不要进行紧急制动，一般采用轻点制动。

3. 加速踏板

加速踏板俗称"油门"，用来控制发动机节气门（发动机转速）。由右脚控制，右脚掌轻放于加速踏板2/3处。根据道路、车载及环境情况确定节气门开度大小。

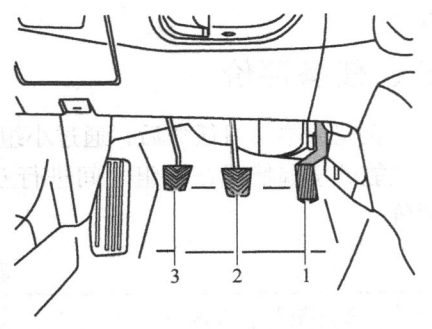

图1-7 汽车离合器、制动及加速踏板

1.2.2 汽车转向盘

转向盘用于转向，就像驾驶人的指挥棒。

将转向盘调至合适位置，使转向盘正对驾驶人的胸前，确保驾驶人能够看到仪表板上所有的仪表和指示灯。然后沿"箭头A"方向向上推锁止手柄，将其锁定。试着上、下、前、后移动转向盘，确认是否已经牢固地将转向盘锁定（见图1-8）。

使用时左手轻握转向盘左上方，右手轻握转向盘右上方，左手和右手大拇指自然伸直靠于转向盘轮缘上部，其余四指应由外向内轻握。

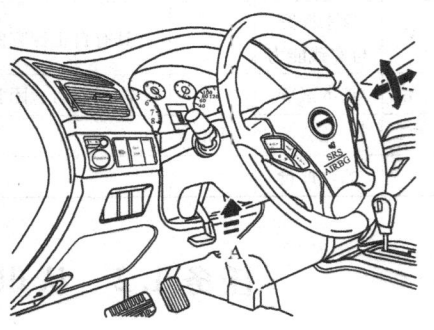

图1-8 汽车转向盘的使用

在平直的道路上使用转向盘，应避免不必要的晃动；如果转向盘受路面凸凹的影响，应紧握转向盘，以免转向盘受车辆的猛烈振动而回转，击伤手指或手腕；若车头向左（右）偏斜时，应向右（左）修正方向，待车头接近回到行驶线时，再逐渐将转向盘回正，此时应牢记打回方向的原则：打多少回多少，少打少回，慢打慢回，大打大回，快打快回。

1.2.3 汽车安全带

汽车安全带对保护人身安全起重要作用，在驾驶汽车时应始终系好安全带（见图1-9）。安全带使用方法如下：

1. 系上安全带

缓慢拉出安全带舌片，将其通过胸部，然后将其插入座椅侧的锁止机构，直至听到啮合声（拉动检查）。

2. 取下安全带

按下锁止机构上的橘黄色按钮以取出安全带，舌片会弹出。用手将舌片送向车门使回位器卷起安全带，挡板会将舌片保持在合适的位置。

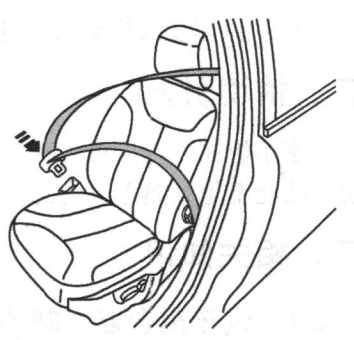

图1-9 汽车安全带

3. 安全带使用注意事项

① 使用三点式安全带应注意使安全带贴靠肩膀中部，不应让安全带勒在颈部。

② 身高小于 1.5m 的儿童不可以配用常规安全带。而应使用儿童约束系统，以免在腹部或颈部造成伤害（见图 1-10）。

③ 孕妇配用安全带应使上半截安全带穿过胸部中间，下半截安全带拉到大腿上，水平保持在腹部下，收紧安全带（见图 1-11）。

图 1-10 婴儿正确使用安全带

图 1-11 孕妇正确使用安全带

④ 安全带应通畅、清洁，不得在锋利边缘上摩擦，安全带出口处别让纸片或其他东西堵塞。

⑤ 因损坏或事故而拉长的安全带必须更换。

1.2.4 汽车座椅

汽车座椅可以通过相关的拨杆或按钮（见图 1-12）进行前后、上下及角度等调整，使驾驶感到舒适轻松。一般调整步骤如下：

1. 座椅的前后调整

调整座椅与踏板的距离使脚向下踩住制动踏板至最深处时，腿部仍要有一定的弯曲，感到自然轻松。

2. 座椅的上下调整

上下调整座椅，使驾驶人的目光平视时，视线能够落在前风窗玻璃的中线上。同时注意头部离车顶部要有一个拳头左右的距离，手握转向盘的高度大约低于肩部 10cm 左右为宜。

3. 座椅靠背角度调整

调整靠背倾斜度，注意不可过于倾斜，否则影响操控汽车。

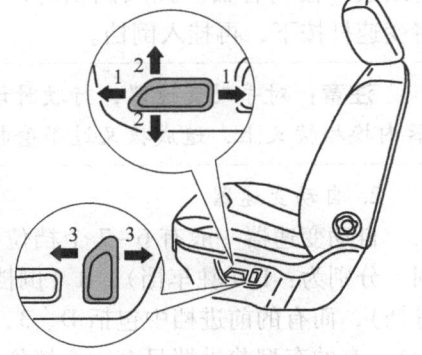
图 1-12 座椅的调整

4. 腰部支撑调整

腰部支撑调整的标准是：让座椅支撑住腰，向后靠时，不要让腰部悬空。这样的位置可以最大程度上减少驾驶过程中的疲劳。有些座椅没有腰部支撑的功能，可以自己买个小垫子支在腰后。

5. 头枕调整

头枕的最佳位置是头枕的中心线恰好与眼眉在一条直线上，并尽可能让后脑和头枕完全接触。

1.2.5 驻车制动

驻车制动应用于汽车停车时制动。广汽传祺 GA6 汽车驻车制动杆位于两个前排座椅之间（图 1-13）。

1. 使用驻车制动

将手柄向上拉，必须拉紧，以防汽车自动滑移。如果在接通点火开关时使用驻车制动，制动警告信号灯会点亮。

2. 放松驻车制动

将手柄略朝上拉，按下锁钮并将驻车制动杆向下推到底。

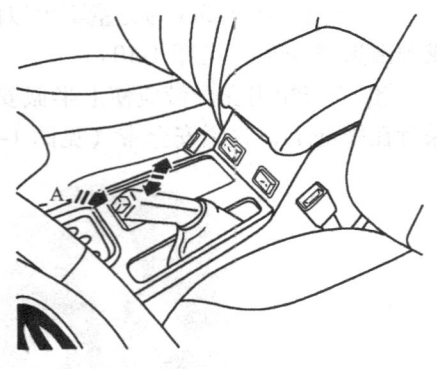

图 1-13 驻车制动器使用

1.2.6 变速杆

变速器用于改变汽车行驶速度，分手动变速器和自动变速器两种类型。

1. 手动变速器

广汽传祺 GA6 汽车手动变速杆如图 1-14 所示，有 5 个前进档和 1 个倒档。

手动变速器换档动作依次为：踩离合踏板同时松加速踏板→从原档位经空档拨入另一档位→适当踩加速踏板→松离合器。挂入倒档时，应在车辆静止时，将变速杆按下，再挂入倒档。

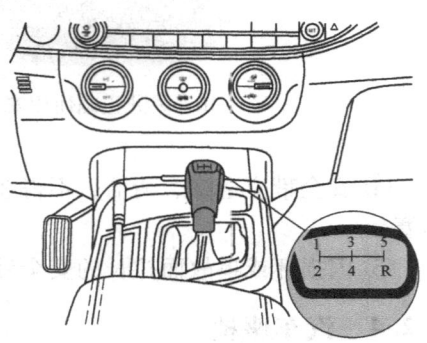

图 1-14 手动变速杆
1—1 档 2—2 档 3—3 档 4—4 档
5—5 档 R—倒档

> **注意**：对手动变速器，行驶时请不要将手放在变速杆上，否则手上的压力会传到变速器内换档拨叉上，造成拨叉过早磨损。

2. 自动变速器

自动变速器一般有 6~7 个档位，它们从前到后依次排列。分别为：P（驻车档）、R（倒档）、N（空档）、D（前进档），而有的前进档中包括 D、3、2、1 档（如图 1-15 所示），有的车型前进档只有三个档位（D、2、1），若装备四档变速器，则另有一个超速选择开关（O/D）用于接通超速档。

P 位和 N 位都是使发动机和车轮传动系统脱离运转。所不同的是在发动机停止运转的时候，挂 N 位可以随意推动车辆。挂 P 位时，利用机械锁销把传动轴锁固定在变速器壳上，起制动车辆作用，不能随意推动车辆。而且车辆只有在 P 位时才能拔出点火开关钥匙。P 位起动是经常使用

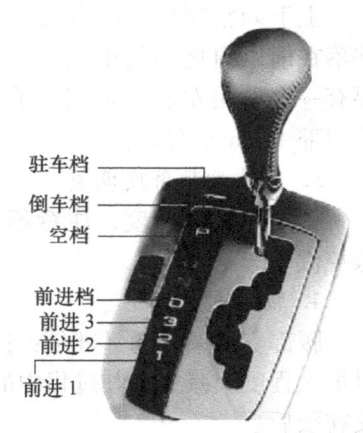

图 1-15 自动变速器

的模式，N位起动用于行驶中熄火后起动。

前进档的设置规律是：高档位向下兼容，低档位不能自动向上换档。即：若选择4档，变速器可在1档与4档之间根据车辆的速度与使用条件自动选择合理档位，自动升档、降档。若选择2档，就只能在1档与2档间自动变换而不能升到2档以上，1档、2档有发动机制动功能。

自动档汽车正确的驾驶方法是将变速杆放在P位后起动发动机，要踩下制动踏板，方可由P位转入其他档位，起步时要将变速杆推到较低档位（即2、1或3档），待车速提高到一定程度后，再转入D位进入正常行驶，这时车辆能自动选择理想档位，无需驾驶人操心。

车辆行驶中可以手动从低档向高档换档，但从高档往低档换则要在一定速度范围内进行。

若在高速公路上高速巡航时，可选用O/D档，可节省燃油。

> 注意：
> ① 当车辆下长坡时，严禁N档滑行，应换入2档或1档，借用发动机制动，可避免制动器过热失效，也容易控制车速，避免事故。
> ② 倒档与前进档的转换一定要在车辆停止状态下进行，绝对不能在车轮转动时挂入R位。

1.2.7 点火开关

广汽传祺GA6汽车一键起动开关模式与传统点火开关档位一致，钥匙在车内时，"ENGINE START/STOP"开关可以选择"ACC"模式、"ON"模式、起动和停止发动机（见图1-16）。

自动变速器变速杆位于"P"位置，未踩下制动踏板时，操作"ENGINE START/STOP"开关将按以下顺序切换模式：

未操作按键时"ENGINE START/STOP"开关关闭，即为"OFF"模式。

第一次——"ACC"模式（开关指示灯呈橙色）座椅加热、点烟器等附件电路接通；第二次——"ON"模式（开关指示灯呈橙色）仪表点亮，所有用电设备均处于接通状态；第三次——返回"OFF"模式（指示灯熄灭）"ENGINE START/STOP"开关再次关闭，返回"OFF"模式。

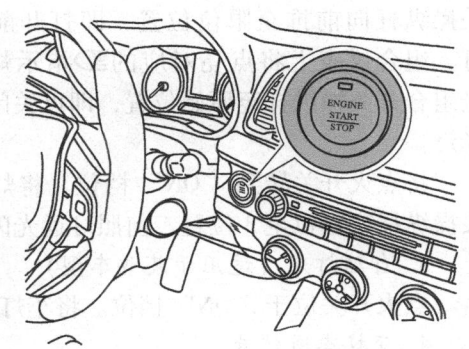

图1-16 广汽传祺GA6汽车一键起动开关

逐次按下"ENGINE START/STOP"开关可在"OFF→ACC→ON→OFF"三种模式下循环切换。

自动变速器变速杆位于除"P"以外的其他位置，未踩下制动踏板时，操作"ENGINE START/STOP"开关将按以下顺序切换模式："OFF"→"ACC"→"ON"→"ACC"（不能退回到"OFF"模式）。

踩下制动踏板"ENGINE START/STOP"开关指示灯将变为绿色，此时按下"ENGINE START/STOP"开关一次，即为"START"模式，方可起动发动机。

传统点火开关共有四个位置（见图1-17）。LOCK-车辆停车位置，在该位置方能插入或拔出钥匙；ACC-座椅加热及点烟器等附件电路接通；ON-车辆行驶时钥匙的位置，所有用电设备均处于接通状态；START-仅用于起动发动机。

1.2.8 灯光组合开关

汽车灯光组合开关用于接通左右转向信号灯，指示汽车转弯方向，或进行汽车前照灯近光、远光变换、发出变换车道信号、停车指示；还用于在雨雾天气行车时，开启雾灯照明道路等，给路上行人和车辆提供指示，可以有效避免交通事故的发生。传祺GA6汽车灯光组合开关结构如图1-18所示。

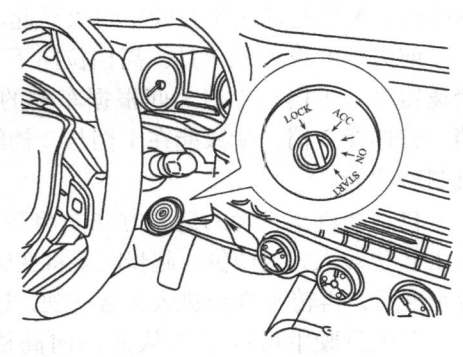

图1-17 传统点火开关

1. 转向信号灯使用

在点火开关接通后，将灯光组合开关操纵杆上拨或下拨到限位位置，即打开右侧或左侧转向信号灯，组合仪表上将对应闪烁，显示⇐或⇒指示灯，转向后，转向灯自动熄灭。

2. 前照灯近光、远光变换

将点火开关转到"ON"档位。将车灯开关拧至 位置时，可点亮前照灯，默认开启近光灯。

将车灯开关拧至近光灯位置。再将灯光组合开关操纵杆向前推至限位位置，即打开前照灯远光灯，组合仪表上将点亮对应 指示灯。后拉灯光组合开关操纵杆至原始位置，即可关闭前照灯远光灯。

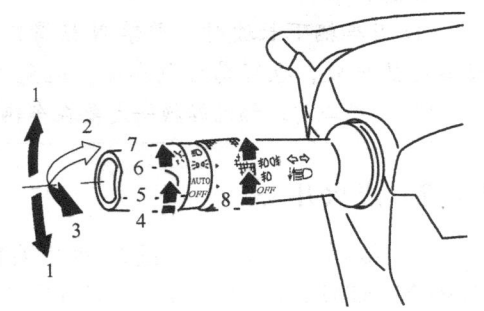

图1-18 传祺GA6汽车灯光组合开关
1—转向信号灯 2—打开远光灯
3—前照灯远光灯闪烁 4—OFF（车灯关闭）
5—AUTO（自动灯光）（适用于某些车型）
6—小灯 7—近光灯（打开前照灯）
8—OFF（雾灯关闭）

将点火开关转到"ON"档位。将灯光组合开关操纵杆轻轻拉至3位置，前照灯远光闪烁，当作用力解除后拨杆自动回到原始位置。

3. 自动灯光（适用于某些车型）

点火开关位于"ON"档位。将车灯开关拧至"AUTO"位置，即打开自动灯光功能。

4. 变换车道信号

可根据车辆需要变换的车道，操作拨杆，操作方法与转向灯操作相同，但不必到底，当作用力排除后，拨杆自动回位。

5. 小灯

将车灯开关拧至 位置时，可点亮位置灯、仪表板照明灯、牌照灯以及氛围灯（适用于某些车型），组合仪表上将点亮对应 的指示灯。

6. 雾灯

点火开关位于"ON"档位。将车灯开关拧至小灯或近光灯位置。当雾灯开关从"OFF"位置旋转至 位置，前雾灯点亮；将雾灯开关旋转至 位置，前后雾灯同时点亮，再一次旋转雾灯开关，可在保持前雾灯点亮的状态下关闭后雾灯，组合仪表上将点亮对应的指示灯。将车灯开关关闭时，前后雾灯熄灭。

1.2.9 风窗刮水及洗涤系统

图 1-19 所示为传祺 GA6 汽车风窗刮水及洗涤系统手动刮水组合开关，用于操纵风窗刮水器运动和洗涤装置。

1. 风窗刮水系统使用

将刮水组合开关操纵杆拨至 MIST 位置，刮水器将连续刮水，直至将控制杆松开为止；开关位于"OFF"档时刮水器停止运动；旋至"INT"档时，刮水器将自动刮水，刮水系统以一定的时间间隔刮水，其间隔时间可根据调节刮水间歇旋钮 7 进行调节；旋至"LO"档时，刮水器将以较慢速度刮水；转到"HI"档时，刮水器将以较快速度刮水。

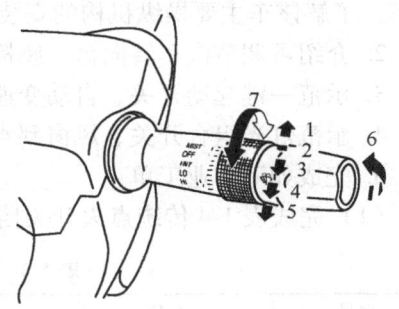

图 1-19　风窗刮水及洗涤系统使用
1—MIST（连续刮水）　2—OFF（关闭刮水）
3—INT（间歇刮水）　4—LO（慢速刮水）
5—HI（快速刮水）　6—开启清洗系统
7—调节刮水间歇

2. 自动洗窗装置使用

沿"箭头 6"方向（朝转向盘方向）拉动刮水组合开关操纵杆，即开启洗涤系统，刮水器稍后开始刮水。松开操纵杆，洗涤系统停止工作，而刮水器继续工作约 4 秒。

注意：寒冷季节在起动刮水器开关前应检查刮水片是否与玻璃冻在一起。

1.2.10　暖风、通风及空调

现代汽车都安装有暖风、通风及空调装置，用于清洁空气和调节汽车内部温度。图 1-20 为传祺 GA6 汽车汽车暖风、通风及空调控制装置，使用方法如下：

① 打开空调 A/C 开关 2，空调开始工作。

② 拧动风量调节旋钮 3，可以调节鼓风机转速。

③ 通过按下 MODE 按钮 5，可以改变各出风口状态，实现对车内空气分配状态的控制。

④ 温度设置旋钮 1 用来设定车内温度，该温度值显示在 LCD 上，温度在 18~32℃ 内可调。

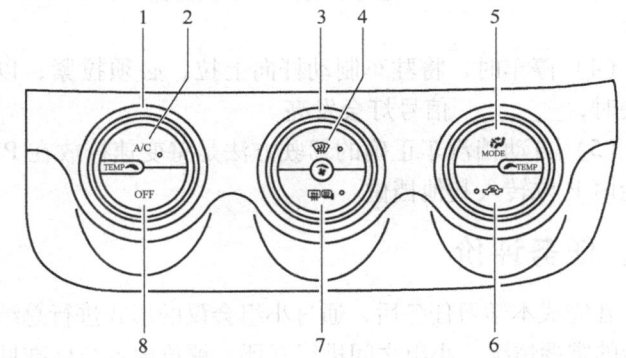

图 1-20　传祺 GA6 汽车手动空调
1—外圈为温度调节旋钮　2—空调 A/C 开关　3—外圈为风量调节旋钮
4—前风窗除霜/雾功能　5—MODE 按钮　6—空气内循环运转模式
7—后风窗除霜/后视镜除霜　8—空调系统关闭按钮

四、任务实施

现场感受情境引入中的工作氛围，采用小组合作形式，通过角色扮演汽车销售接待，完成此次实训任务。

1. 销售顾问黄先生带顾客李小姐来到展厅，选择了2019款270T自动精英版传祺GA6汽车，了解该车主要操纵机构的安装位置。
2. 介绍可调节汽车转向盘、座椅的功能。
3. 示范一键起动开关、自动变速器变速杆的操作。
4. 示范灯光组合开关、风窗刮水及洗涤系统的操作。
5. 完成如下作业工单：
（1）完成表1-4传统点火开关档位及其功能表。

表1-4 传统点火开关档位及其功能表

序号	名称	功能
1	OFF	
2		座椅加热及点烟器等附件电路接通
3	ON	
4		

（2）根据图1-18，完成表1-5内容填写。

表1-5 传祺GA6汽车手动空调控制面板结构

序号	名称	序号	名称
1		5	
2	空调A/C开关	6	
3		7	
4		8	空调系统关闭按钮

（3）离合器安装于_____与_____之间，用于暂时分离和平顺结合发动机的动力传递。
（4）停车时，将驻车制动杆向上拉，必须拉紧，以防汽车自动滑移。如果在接通点火开关时，_____信号灯会发亮。
（5）自动档汽车正确的驾驶方法是将变速杆放在P位后起动发动机，要踩下_____，才能由P位转入其他档位。

五、任务评价

在完成本学习任务后，通过小组会议的形式进行总结与反思，并推选代表宣讲交流知识与技能的掌握情况，小组之间进行互评，评价内容与标准见表1-3。最后由教师进行总结评价。

任务1.3 认识汽车的分类与汽车产业

一、学习目标

完成本学习任务后，您能够：
1. 阐述汽车的定义。
2. 对汽车进行分类并识别车辆VIN码。
3. 分析汽车产业对国民经济的影响。

项目 1 认识汽车

二、情境引入

吴先生今天开着他的汽车到 4S 店做保养,维修接待专员对车辆进行基础信息登记,其中有一项 VIN 码,吴先生还是第一次听说汽车上还具有这样的代码,维修接待专员就什么是 VIN 码、在哪里能找到它以及 VIN 码包含信息等内容进行了专业介绍。

三、相关知识

1.3.1 汽车的定义

不同国家、不同时代,对汽车定义有所不同。根据国家标准 GB 7258—2017 规定,由动力驱动、具有四个或四个以上车轮的非轨道承载的车辆,包括与电力线相连的车辆(如无轨电车);主要用于载运人员和/或货物(物品),牵引载运货物(物品)的车辆或特殊用途的车辆,专项作业等。

汽车的常见英文单词是"Automobile",由"Auto"(自动)和"mobile"(移动)构成;也有用"motor vehicle",由"motor"(发动机)和"vehicle"(车辆)构成;而"Truck"多指载货汽车;"Bus"指公共汽车,一般指中型公共汽车;"car"多指乘用车(俗称轿车)。

1.3.2 汽车的分类

1. 按用途分

我国目前对汽车按用途可分为载客汽车和载货汽车等 5 类,具体定义如表 1-6 所示。

表 1-6 汽车分类(按用途)

分类			定 义
载客汽车	乘用车		主要用于载运乘客及其随身行李和/或临时物品的汽车,包括驾驶人座位在内最多不超过 9 个座位。它可以装置一定的专用设备或器具,也可以索引一辆中轴挂车
	旅居车		装备有睡具及其他必要的生活设施、用于旅行宿营的汽车
	客车	未设置乘客站立区的客车	
		公路客车(长途客车)	专门从事旅客运输的客车(包括卧铺客车)
		旅游客车	专门从事运载游客的客车
		未设置乘客站立区的公共汽车	有固定的公交营运线路和车站,主要在城市道路营运的客车
		专用客车	用于载运特定人员并完成特定功能的客车,也包括装置有专用设备或器具,座位数(包括驾驶人座位)超过 9 个的专用汽车
	设有乘客站立区的客车		最大设计车速小于 70km/h、设有座椅及乘客站立区,并有足够的空间供频繁停站时乘客上下车走动,有固定的公交营运线路和车站,主要在城市建成区运营的客车(也包括无轨电车)
	校车	幼儿校车	接送 3 周岁以上学龄前幼儿上下学的校车
		小学生校车	接送小学生上下学的校车
		中小学生校车	接送九年制义务教育阶段学生(小学生和初中生)上下学的校车
		专用校车	设计和制造上专门用于运送 3 周岁以上学龄前幼儿或义务教育阶段学生的专用客车

（续）

分类			定义
载货汽车	半挂牵引车		装备有特殊装置用于牵引半挂车的汽车
	低速汽车	三轮汽车	最大设计车速小于或等于50km/h的，具有三个车轮的载货汽车
		低速货车	最大设计车速小于70km/h的，具有四个车轮的载货汽车
专项（专用）作业车			装置有专用设备或器具，在设计和制造上用于工程专项（包括卫生医疗）作业的汽车，如汽车起重机、消防车、混凝土泵车、清障车、高空作业车、扫路车、吸污车、钻机车、仪器车、检测车、监测车、电源车、通信车、电视车、采血车、医疗车、体检医疗车等，但不包括装置有专用设备或器具而座位数（包括驾驶人座位）超过9个的汽车（消防车除外）
教练车			专门从事驾驶技能培训的汽车
残疾人专用汽车			在采用自动变速器的乘用车上加装符合标准和规定的驾驶辅助装置，专门供特定类型的肢体残疾人驾驶的汽车

2. 按发动机位置及驱动型式分（见图1-21）

① 前置发动机前驱动（FF）发动机位于汽车前部，前轮是驱动轮。

② 前置发动机后驱动（FR）发动机位于汽车前部，后轮是驱动轮。

③ 中置发动机后驱动（MR）发动机位于汽车中部，后轮是驱动轮。

④ 后置发动机后驱动（RR）发动机位于汽车后部，后轮是驱动轮。

⑤ 四轮驱动（4WD）：四轮驱动是指汽车所有车轮都是驱动轮，一般用于越野车。

汽车驱动情况常用4×2、4×4等表示，前一位数表示汽车总车轮数，后一位数表示汽车驱动轮数。

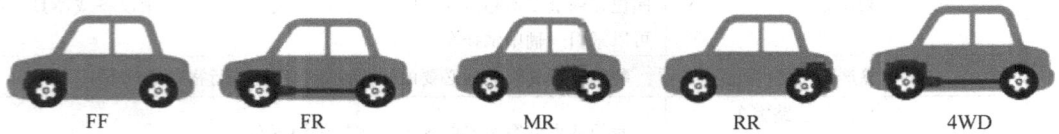

图1-21 发动机位置及驱动形式

3. 乘用车按车身分类（见图1-22）

① 一厢式：发动机舱、客舱和行李舱在外形上形成一个空间形态；

② 二厢式：发动机舱、客舱和行李舱在外形上形成两个空间形态；

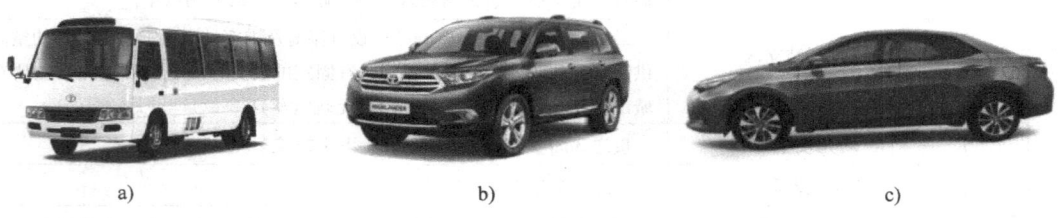

图1-22 乘用车车身分类

a）一厢式 b）二厢式 c）三厢式

③ 三厢式：发动机舱、客舱和行李舱在外形上形成三个空间形态。

若乘用车顶盖不可开启，称该车身为闭式；若客舱顶为敞顶或按需要可开闭，称该车身为开式。

4. 按汽车动力装置类型分

有内燃机汽车、电动汽车和燃气轮机汽车三类。

（1）内燃机汽车

将燃料在气缸内燃烧所产生的热能转化为机械能的机器。如，汽油车（以汽油为燃料）、柴油车（以柴油为燃料）、气体燃料汽车（以天然气、液化石油气等气体为燃料）、两用燃料汽车（有两套相互独立的燃料供给系统）和双燃料（同时使用两种燃料）汽车。

（2）电动汽车

指的是纯电动汽车、混合动力电动汽车和燃料电池电动汽车的总称（详见项目6）。

（3）燃气轮机汽车

采用航空发动机或火箭发动机及特殊燃料，用喷气反作用力驱动的发动机，主要用于赛车。

1.3.3 汽车识别代号编码

一辆汽车就有一个识别代号编码（VIN），就像人的身份证号码，它由17位编码组成。从中可以识别出该车的生产国家、制造厂家、汽车类型、品牌名称、车型系列、车身形式、发动机型号以及车型年款等信息，它是汽车修理、配件选购的重要依据。

车辆识别代号应位于仪表板上靠近风窗立柱的位置（见图1-23），以便于观察检查。

图1-23 车辆识别代号

1.3.4 汽车产业

与汽车相关的行业称汽车产业（见图1-24）。

汽车产业的特点如下：

1. 产值巨大

汽车是世界上唯一一种零件以万计、产量以千万计、保有量以亿计、售价以万元计的工业商品。

它可以带动相关行业的全面发展。有资料报道，每年汽车行业约消耗世界钢铁总产量的24%左右、铝产量的25%左右、橡胶产量的50%左右、塑料产量的10%左右、石油产量的46%左右，从而带动整个产业链的发展。

推动国民经济的综合发展。有统计分析指出，汽车产业是一个1∶10的产业，汽车产业1个单位的产出，可以带动整个国民经济总体增加10个单位的产出。日本经济高速发展的15年间，汽车工业产值增长了57倍，从而带动国民经济增长了36倍。美国、日本、德国和中国等都把汽车产业作为国家支柱产业。

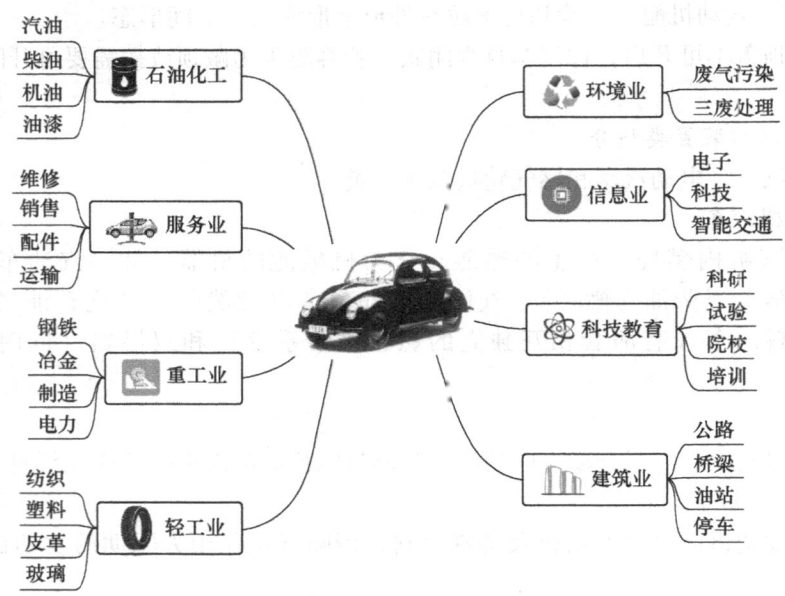

图 1-24 汽车产业

2. 提供大量的就业机会

就业岗位：汽车设计、制造、销售、维修、配件、油站、停车、银行、保险、理赔、医院、学校、环境以及交通管理等。

美国及西欧，每 6 个就业岗位中就有一个与汽车有关。

专家预测，到 2030 年，我国汽车相关产业从业人数将达 1 亿人以上。

汽车维修服务人才已经成为我国四大紧缺人才之一。

3. 有力推动科技和社会发展进步

汽车是高科技产品。一辆汽车具有上万个零部件，集声、光、机、电、热、电子、化工以及美工于一身，有的电控汽车中甚至装有 20 多个微电脑。汽车业巨大的市场潜力，使它成为各种高新技术争相应用的强大载体。

汽车产业是现代企业科学管理的集中体现，是大批量、高效率、专业化、标准化产业的代表，有力地推动了社会进步与发展。

汽车的普及，进一步优化了交通，促进了城市和农村道路建设，缩小了城乡差别。目前世界城市化水平已经接近 50%，其中发达国家已经达到 70%~80%。

四、任务实施

现场感受情境引入中的工作氛围，采用小组合作形式，通过角色扮演汽车维修接待，完成此次实训任务。

1. 维修接待专员在交车区，向顾客吴先生展示该车的 VIN 码标记具体位置。

2. 说明 VIN 码包含的信息。

3. 完成如下作业工单：

（1）在实训场找几部不同型号的汽车，完成表 1-7 汽车 VIN 码信息表。

表1-7 汽车VIN码信息表

车辆名称	VIN码位置	排量	VIN码	生产年份

（2）乘用车是指用于载运_____及其_____和/或_____的汽车，座位数最多不超过9个（含驾驶人座位）。

（3）旅居车是指装备有_____及其他必要的_____、用于旅行宿营的汽车。

（4）汽车的识别代号编码（VIN），就像人的身份证号码，它由_____位编码组成。

五、任务评价

在完成本学习任务后，通过小组会议的形式进行总结与反思，并推选代表宣讲交流知识与技能的掌握情况，小组之间进行互评，评价内容与标准见表1-3。最后由教师进行总结评价。

项目 2 汽车发明与汽车工业发展简史

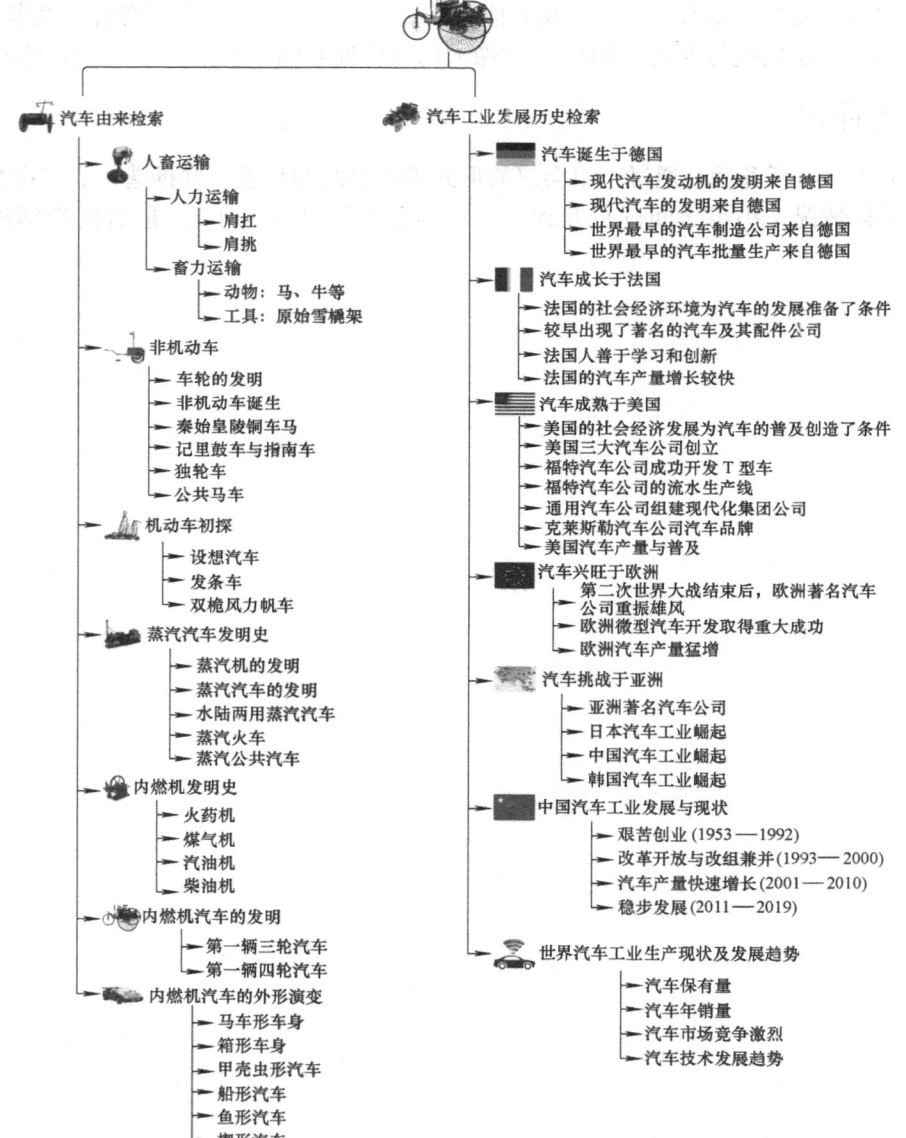

项目2 汽车发明与汽车工业发展简史

任务2.1 汽车由来检索

一、学习目标

完成本学习任务后,您能够:
1. 阐述蒸汽汽车以前的运输工具发展历史。
2. 阐述内燃机汽车发明简史和汽车外形的演变。
3. 利用网络检索汽车相关历史资料。

二、情境引入

小邓今天到汽车博物馆参观,导游为他全程介绍了汽车的发展历史,并参观了各时期汽车不同的造型。

三、相关知识

汽车为人类立下了不朽的功勋,但汽车的发明和发展却经历了漫长的年代,经过了无数发明家、科学家的努力,绝非一人所为、一日之功。人类在对"代步工具"的探索历程中,尽管经历了无数的失败,但他们那种坚韧的创造精神和严谨的科学态度,永远值得后人敬仰和学习。

汽车的发明过程经历了人畜运输→非机动车→机动车初探→蒸汽汽车→内燃机汽车等历史阶段。

2.1.1 人畜运输

1. 人力运输
- 从人类起源至公元前5000年左右,此阶段人类没有运输工具,全靠手提、头顶、肩扛、背负完成(见图2-1和图2-2)。

图2-1 肩扛

图2-2 肩挑

2. 畜力运输
- 公元前5000—公元前4000年左右,人类驯服马、牛来驮运物品(见图2-3)。
- 同时,北欧已经使用鹿拉雪橇(见图2-4)。

图 2-3　畜力运输

图 2-4　雪橇架

2.1.2　非机动车

1. 车轮的发明

- 公元前 4000 年左右，美索不达米亚（Mesopotamia，古巴比伦的所在，今叙利亚东部和伊拉克境内，世界四大文明起源地之一）发明了车轮。图 2-5 是从美索不达米亚出土的木箱装饰图，是目前发现最早的车轮图案。
- 车的发明始于车轮，它使滑动摩擦变为滚动摩擦。车轮的演变进程见图 2-6。

图 2-5　发现最早的车轮

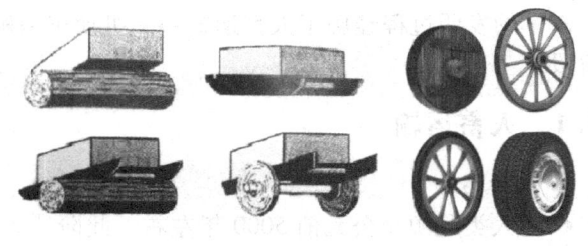

图 2-6　车轮的演变

2. 非机动车诞生

- 公元前 3300 年，古巴比伦的苏美尔已出现战车（见图 2-7）。
- 中国是世界文明古国，传说轩辕黄帝造出了车。轩是古代一种有帷幕而前顶较高的车，辕是车的基本构件，是指车前驾牲畜的两根横木。
- 公元前 2207—公元前 1766 年，我国出现了辁（没有轮辐的车轮，见图 2-8，图中木制车轮上固定上了横木，可防止木纹裂开）和各种有轮辐的车轮（见图 2-9）；设立了"车正"，即车辆总管。《左传》记载，奚仲（黄帝的四世孙）曾做过夏王朝"车正"。
- 公元前 1000 多年前我国的甲骨卜辞中，已出现象形文字"车"（见图 2-10 和图

图 2-7　苏美尔战车

2-11），我们从"車"字本身的形象不难看出它由车轮、车轴、车篷组成的痕迹。

图 2-8　没有轮辐车轮

图 2-9　有轮辐车轮

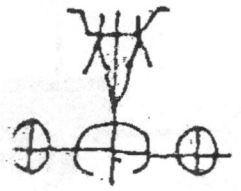

图 2-10　商代"车"字（直行）

图 2-11　商代"车"字（转弯）

- 公元前 770—公元前 249 年的春秋时代，我国出现古代战车，图 2-12 是古代战车复原图。图 2-13 是湖北襄樊枣阳市九连墩墓地发掘的战国时期规模最大的车马坑。

图 2-12　我国春秋时代战车

图 2-13　战国时期车马坑

3. 秦始皇陵铜车马（见图 2-14）
- 制造时间：公元前 248—公元前 207 年。
- 制造水平：车长 3.17m，由 30000 多个零件组装而成，用了铸造、镶嵌、焊接、铆接及子母扣连接等十几种工艺手法。全部可以自由开合，所有窗板均镂空铸成菱形花纹小孔，用来调节空气，具有通风保温的作用。马络头装饰的璎珞采用青铜拔丝法，直径只有 0.3～0.5mm。显示了我国当时铸造技术、金属加工和

图 2-14　秦始皇陵铜车马

组装工艺的高超水平。

4. 记里鼓车与指南车
- 公元前206—公元220年（汉代）出现，由马钧发明。
- 记里鼓车（见图2-15）是利用齿轮原理，由车轮带动大小不同的一组齿轮，使车轮走满一里时，其中一个齿轮刚好转动一圈，该轮轴拨动车上木人打鼓或击钟，报告行程，被誉为汽车里程表和减速装置的先驱。
- 指南车（见图2-16）的车上立一个木人伸臂南指，只要一开始行车的时候木人的手臂向南指，此后不管车向东或向西转弯，由于齿轮系的作用，木人的手臂始终指向南方。

 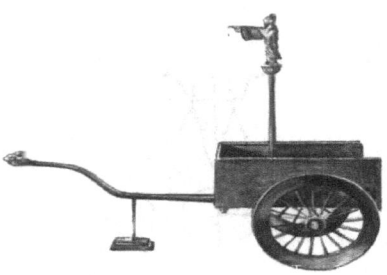

图2-15　记里鼓车　　　　　　　　图2-16　指南车

5. 独轮车
- 公元前1世纪，中国人发明了独轮手推车（见图2-17和图2-18）。而西方到公元11世纪才使用独轮车，比中国晚了1200年。独轮车能在极其狭小的路面行驶，比用肩膀挑担省力。

图2-17　独轮车　　　　　　　　图2-18　独轮车运输

- 公元3世纪，三国时代的诸葛亮发明"木牛流马"，用其在崎岖的栈道上运送军粮，且"人不大劳，牛不饮食"。

6. 公共马车
- 19世纪美国康科德城公共马车（见图2-19）。
- 马车的历史极为久远，从公元前700多年一直

图2-19　公共马车

2.1.3 机动车初探

1. 设想汽车
- 公元7世纪,我国唐代天文学家僧一行(原名张遂,683—727年)(见图2-20),第一个提出"激铜轮自转之法,加以火蒸汽运,名曰汽车"。他是世界上设想汽车的第一人。

2. 发条车
- 15世纪,意大利文化巨人达·芬奇(Leonardo Da Vinci)(见图2-21)开始设计发条汽车(见图2-22)。

图2-20 僧一行　　图2-21 达·芬奇　　图2-22 达·芬奇设计的发条汽车

- 1649年,德国的钟表匠汉斯·赫丘根据达·芬奇的设计图试制成功一辆依靠发条驱动的四轮车(见图2-23),行驶速度达1.6km/h,每走230m要上一次发条。在当时是一件稀世珍宝,被瑞典王子卡尔·古斯塔夫重金购买。

3. 双桅风力帆车(见图2-24)
- 1600年,荷兰物理学家西蒙·斯蒂芬制造。他把木轮装到船上,凭借风力驱动帆车行进,行驶速度达24km/h。但是没有风,车就不能开动,况且风和道路的方向会不断变化,所以这是一辆"不听话的汽车"。

图2-23 发条车　　　　　　　　图2-24 双桅风力帆车

2.1.4 蒸汽汽车发明史

1. 蒸汽机的发明
- 1629年,意大利工程师布兰卡(Branca)发明了利用蒸汽冲击风轮旋转的机器,这是冲动式汽轮机的雏形（见图2-25）。

- 1663年，英国大科学家牛顿（Isaac Newton）（见图2-26）提出按"蒸气射流"原理制造蒸汽机汽车。

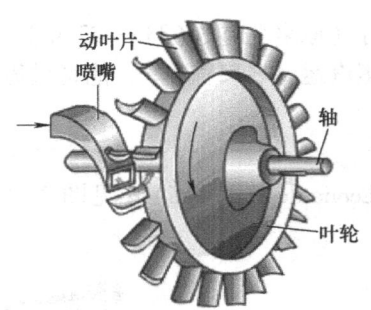

图2-25 冲动式汽轮机原理

图2-26 牛顿

- 1668年，比利时传教士南怀仁（康熙皇帝的数学老师）在北京成功制造出一辆蒸汽射流式的蒸汽汽车（见图2-27），车身中安装一个煤炉，加热水，利用一定温度和压力的水蒸气的喷射作用，推动叶轮旋转，从而带动车轴转动，推动汽车前进。
- 1712年，英国工程师纽柯门（Thomas Newcommen）综合前人试验，成功制造出第一台实用的大气式蒸汽机（见图2-28）。蒸汽通入气缸后推动活塞上行，接着在气缸内部喷水使它冷凝，造成气缸内部真空度，气缸外的大气压力推动活塞向下，再通过杠杆、链条等机构带动水泵活塞提升做功。纽柯门蒸汽机热效率低，燃料消耗量大，在欧洲流行60年，主要用于矿井排水。

图2-27 射流式蒸汽汽车

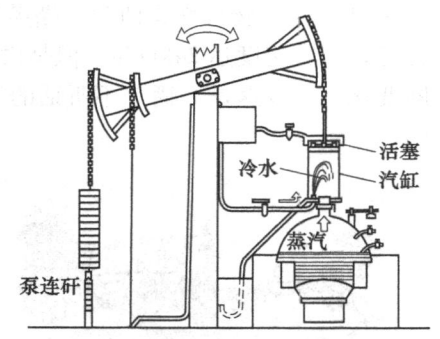

图2-28 纽柯门蒸汽机

- 1765年，英国的詹姆斯·瓦特（James Wat）（见图2-29）在修理纽柯门蒸汽机时，发现气缸一会儿被加热，一会儿又被冷却，白白浪费了很多热量，于是研制成功了分离冷凝器的单动式蒸汽机，让气缸始终是热的，负责做功，让另一个容器始终是冷的，负责使蒸汽冷凝，比纽柯门的蒸汽机节约煤75%，1769年取得专利。之后他又研究制造了蒸汽机的曲柄连杆机构、行星齿轮机构、四连杆机构、配气机构、飞轮、离心调速器、压力表等，历经20余年不懈研究，取得了多个专利。1781年瓦特的双作用式蒸汽机（见图2-30和图2-31）广泛运用于火车、轮船、采矿、冶金等行业，极大地推动了世界各国生产力的发展。恩格斯评论"蒸汽机是第一个真正国际性的发明"。为了纪念这位伟大的发明家，人们把常用的功率单位定为"瓦特"（W）。

图 2-29　瓦特

图 2-30　瓦特发明的蒸汽机

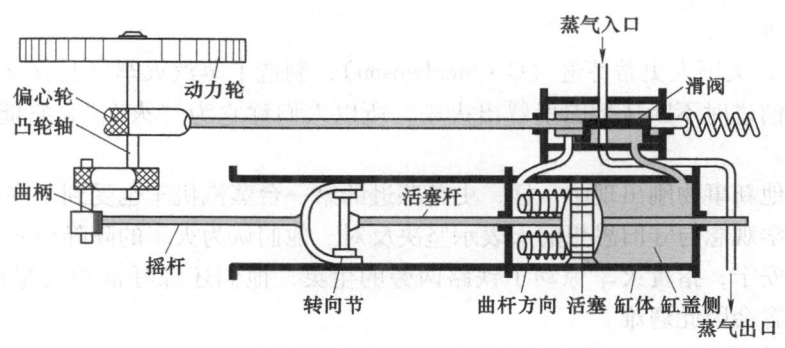

图 2-31　双作用式蒸汽机

2. 蒸汽汽车的发明

- 1769 年，法国炮兵大尉卡格诺（N·J·Cugnot）奉命研制大炮的牵引车时，研制出第一辆蒸汽三轮汽车（见图 2-32）。该车前面支撑着一个梨形大锅炉，后边有两个气缸，锅炉产生的蒸汽送进气缸，推动气缸里面的活塞上下运动，再通过曲柄把动力传给前轮前进，时速 4km/h 左右。试车时，由于下坡操纵不灵，撞到兵工厂墙上，成为世界上第一起机动车车祸。
- 1803 年，英国工程师特里维斯科（R·Trevithick）制造出第一辆载客 8 人的高压蒸汽汽车（见图 2-33），时速 13km/h。

图 2-32　第一辆蒸汽汽车

图 2-33　载客蒸汽汽车

3. 水陆两用蒸汽汽车

- 1805年，美国的爱文思（Oliver Evans）制造了水陆两用蒸汽汽车（见图2-34），并申请了专利。该车下面有4个轮子，后面还有一个蹼轮，在陆地靠车轮行走，在水里靠蹼轮驱动，成为现代水陆两用汽车的先驱（见图2-35）。

图2-34 水陆两用蒸汽汽车

图2-35 现代水陆两用汽车

4. 蒸汽火车

- 1814年，英国人史蒂芬逊（G·Stephenson），制造了蒸汽火车（见图2-36）。由于蒸汽机在前进时不断从烟囱里冒出火来，所以人们称它为"火车"，它能拖动30多吨的货物。
- 就像其他新事物刚出现时一样，史蒂芬逊的第一台蒸汽机车也受到了许多非难，一些具有神学观念与守旧思想的人表示坚决反对。他们认为火车的隆隆声破坏了上帝给予世界的安宁，指责火车惊动了铁路两旁的生灵，他们还惊呼锅炉会爆炸，车厢会倾覆，乘客会因此遇难。
- 1825年史蒂芬逊又试制成功世界上第一台客货运蒸汽机车，能拖12节货车、7节客车，载着90吨货物和450名旅客，时速大于20km/h。

5. 蒸汽公共汽车

- 1825年，英国的嘉内（G·Gurney）公爵制造了世界上第一辆正式运营的蒸汽公共汽车（见图2-37），18座，时速19km/h。该车的发动机后置，后轴驱动，前轴采用了巧妙的专用转向轴设计，使前面两个轮不承担车重，转向可以轻松自如。

图2-36 第一辆蒸汽火车

图2-37 第一辆蒸汽公共汽车

- 1833年4月，英国人汉考克（Walter Hancock）用"企业"号蒸汽汽车（见图2-38），成立了世界上最早的公共汽车运输公司——"苏格兰蒸汽汽车公司"，进行固定线路收费的公共汽车运输服务。该车可承载14名乘客，时速可达32km/h。

- 1861年，由于蒸汽汽车存在的缺点和保守势力的反对，英国政府通过了一项《机动车道路法案》，规定蒸汽车辆的车速在乡村不得超过16km/h，在城镇不得超过8km/h。4年以后，这种时速限制就缩小到乡村车速不超过6.4km/h，城镇不超过3.2km/h。并且一辆车必须有3名驾驶人，手执红旗的车务员（"红旗条例"由此得名）必须走在车前20m处警告行人注意安全（见图2-39），并负责限制车速。严格限制驾驶人鸣笛放汽，以免惊吓马匹。与马车"狭路相逢"时，要为马车让路。

图2-38 "企业"号蒸汽汽车

图2-39 英国政府的"红旗条例"

由于蒸汽汽车笨重、惯性大、制动困难、转向不灵敏、事故多、污染大、起动困难（约30~45min）以及热效率低（10%左右）等原因，人们一直在探索新的汽车及其动力。电动汽车和内燃机汽车就是研究的新成果。电动汽车的相关内容见本书的项目6，这里仅介绍内燃机汽车发明史。

2.1.5 内燃机发明史

内燃机汽车以内燃机为动力，内燃机是将燃料在气缸内部燃烧产生的热能直接转化为机械能的动力机械。人们对内燃机的探索从17世纪就已经开始。

1. 火药机

- 17世纪80年代，荷兰物理学家、天文学家、数学家惠更斯（Christiaan Huygens）（见图2-40）设计出一台火药机（见图2-41），靠少量的火药在气缸里燃烧来提升活塞；当气体冷却时，大气压力便将活塞向下推，靠此来提起重物做功，这种火药机被认为是内燃机的鼻祖。由于火药危险性大，火药机没有成功，但为后来内燃机的问世奠定了基础。

2. 煤气机

煤气机是以煤气为燃料的发动机，从18世纪末到19世纪初，有不少这方面的发明和专利，比较成功的有：

- 1860年法国工程师勒努瓦（E. Lenoir）（见图2-42）制成了用电火花点燃煤气和空气混合气的煤气机（见图2-43），结构类似蒸汽机，由水平放置的一个气缸和双侧做功的活塞组成，用滑阀开闭控制进气和排气，没有压缩过程，热效率只有3%，产量达300~400台。
- 1861年，法国工程师罗彻斯（A·E·B de Rochas）提出了著名的内燃机四冲程理论，即活塞在气缸中上下移动四次，完成进气、压缩、做功、排气一个循环，可以有效地提高热效率。100多年来的往复式汽车发动机，几乎都是采用该四冲程原理。

图 2-40　惠更斯

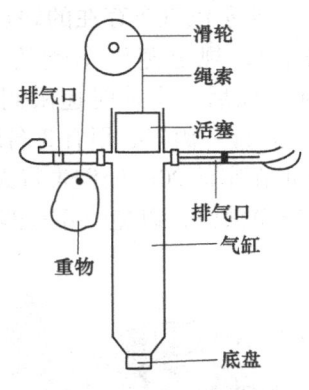

图 2-41　火药机

图 2-42　勒努瓦

图 2-43　煤气机

- 1866 年，德国发明家奥托（N·Otto）和兰根（E·Langen）合作制造了大气发动机，也称自由活塞发动机（见图 2-44），在巴黎世界博览会上获金奖。之后在他们创建的道依茨煤气厂 5 年内生产 10000 多台。戴姆勒（Daimler）、迈巴赫（Maybach）等一批汽车设计家都曾在该厂工作。
- 1876 年，德国发明家尼古拉斯·奥托（Nicolaus·Otto）（见图 2-45）制成了一台往复活塞式、单缸、卧式、3.2kW 的四冲程煤气内燃机（见图 2-46），压缩比为 2.66，热效率可以达到 14%，比没有压缩行程的发动机提高了三倍，有力地证明了科学技术是第一生产力这个真理，也结束了 200 年来人们寻找小型汽车动力的历史。

图 2-44　自由活塞发动机

- 奥托四冲程发动机于 1877 年 8 月 4 日获得德国专利，专利号 532。新型内燃机在 1878 年巴黎万国博览会上赢得了工程技术界的普遍称赞，认为它是"自瓦特以来在动力方面取得的最大成就"。然而奥托却在 1886 年放弃了自己所获得的四冲程发动机专利，提出任何人都可根据需要随意制作，因为他看到了法国工程师罗彻斯写的一本小册子，在他发明四冲程内燃机之前已经比较完整地提出了四冲程内燃机的原理。奥托的高尚品德博得了人们的高度赞誉。同时，大家认为第一个研制出这种内燃机的人是奥托，所以后来人们仍然一直把四冲程循环称为奥托循环原理。

图 2-45 奥托

图 2-46 奥托内燃机

3. 汽油机
- 汽油机是以汽油为燃料的发动机。汽油机较之煤气机，体积小得多，最适用于交通工具。
- 1883 年 8 月 15 日，德国的汽油机发明家戈特里布·戴姆勒（G·Daimler）（见图 2-47）与威廉姆·迈巴赫（Wilhelm·Maybach）（见图 2-48）合作，成功制造出世界上第一台四冲程往复式汽油机，此发动机上安装了迈巴赫设计的化油器，还用热管点火器解决了点火问题。它的特点是轻型和高速。当时其他内燃机的转速不超过 200r/min，它却一跃而达到 800~1000r/min，它的特点是功率大，质量轻、体积小、转速快和效率高，特别适用于交通工具。
- 1885 年，戴姆勒与迈巴赫又研制出世界上第一台风冷立式单缸二冲程汽油机，功率 809W，并于 1885 年 4 月 3 日获得专利，由于外形缘故，该专利又被称为"老爷钟"（Grandfather Clock）。之后他们又把它装在两轮自行车上，制成了世界上第一台摩托车（见图 2-49），并于 1885 年 8 月 25 日获得德国专利，成为世界摩托车的鼻祖，而迈巴赫成为第一位摩托车手。该摩托车采用橡木车架，真皮座垫，木制车轮，带传动，利用压带轮控制带转动，一级齿轮变速，最高车速可达 11.2km/h。

图 2-47 戴姆勒

图 2-48 迈巴赫

图 2-49 戴姆勒摩托车

4. 柴油机
- 柴油机是以柴油为燃料的发动机。它采用压燃方式，热效率比汽油机高。
- 1890年，德国工程师鲁道夫·狄塞尔（Rudolf·Diesel）（见图2-50）受面粉厂粉尘爆炸的启发，设想将吸入气缸的空气高度压缩，使其温度超过燃料的自燃温度，再将燃料喷入气缸，使之燃烧，在题为"转动式热机的原理和结构"的论文中，第一个提出压燃式内燃机原理。于1892年2月27日取得了专利（见图2-51），1894年造出样机（见图2-52），1898年投入商业性生产，热效率可达26%，比汽油机高得多，这是一项震惊世界的卓越发明，狄塞尔为此获得了"人类最伟大的发明"金银纪念币奖（见图2-53）。

图2-50 狄塞尔

图2-51 狄塞尔柴油机专利

图2-52 狄塞尔柴油机

图2-53 "人类最伟大的发明"金银纪念币

- 遗憾的是狄塞尔晚年穷困潦倒，债务重重。1913年9月27日突然失踪。人们为了纪念这位伟大发明者，将柴油机称之为"狄塞尔发动机"。

2.1.6 内燃机汽车的发明

1. 第一辆三轮汽车
- 1886年1月29日，德国工程师卡尔·本茨（Karl·Benz）（见图2-54）将其研制的汽油机装在一辆三轮车上，成为世界上第一辆三轮汽车（见图2-55），并申请了专利，专利号为37435（见图2-56），专利名称"气态发动机"。为此这一天被后人称为现代汽车诞生日，本茨也被誉为"汽车之父"。

图2-54 卡尔·本茨

图2-55 世界上第一辆汽车

- 该汽车装用单缸水冷四冲程汽油机，排量0.984L、发动机转速300r/min、功率647W，蓄电池与高压线圈点火，有散热器，发动机放在后面车架上。车身采用金属管架，辐条式橡胶车轮，前面一个小轮，靠操纵杆控制方向，首次采用齿轮齿条转向器；后面两个大轮，装有世界上最早的差动齿轮装置（差速器），还装有变速器和制动器，在车架和车轴之间，还首次装有弹簧悬架，使乘坐舒适。该车已经具备了现代汽车的一些基本特点，最高车速达15km/h。

2. 第一辆四轮汽车
- 1886年，与本茨制造第一辆三轮汽车的同时，德国发明家戴姆勒（G·Daimler）成功制造了第一辆四轮汽车（见图2-57），后人把他与本茨同称为"汽车之父"。

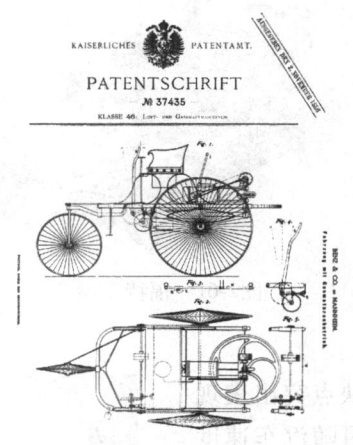
图2-56 第一辆汽车专利

图2-57 第一辆四轮汽车

- 该汽车采用单缸四冲程水冷汽油机，功率1.1kW，发动机后置，后轮驱动，前轮转向杆转向，最高车速达14.4km/h。

2.1.7 内燃机汽车的外形演变

内燃机汽车发明以后，历经100余年，汽车车身外形历经马车形车身、箱形车身、甲壳虫形车身、船形汽车、"鱼形"汽车、楔形汽车等变化。

1. 马车形车身
- 从 19 世纪末到 20 世纪初，早期生产的汽车外形基本上沿用了马车的造型。因此当时人们把汽车称为无马的"马车"。
- 图 2-58 所示是标致工厂 1891 年为摩洛哥王族生产的"马车"型汽车，图 2-59 是 1901—1905 年在美国最畅销的奥兹莫比尔弯挡板"马车"汽车。

图 2-58　"马车"型汽车 1

图 2-59　"马车"型汽车 2

2. 箱形车身
- 为了提高发动机的功率和汽车的速度，发动机的尺寸越变越大，在座位下面已经无法容纳，只好布置在汽车的最前面。使得汽车的形状变成发动机舱和乘客舱两个方正部分，像个箱子，这就是箱形造型汽车。
- 图 2-60 是戴姆勒汽车公司 1901 年推出的梅赛德斯箱形汽车，图 2-61 是福特汽车公司 1908 年推出的生产量达 1500 多万辆的箱形汽车 T 型车。

图 2-60　梅赛德斯箱形汽车

图2-61　福特 T 型车

3. 甲壳虫形汽车
- 随着车速日益提高，箱形车身空气阻力大的缺点突出表现出来，汽车空气动力学的研究表明，汽车风阻随汽车速度呈级数增长，当车速超过 100km/h 后，汽车发动机功率大部分消耗在空气阻力上。而流线形车身可以大大降低风阻。
- 1934 年，德国著名汽车设计大师费迪南·波尔舍（Ferdinand Porsche）（见图 2-62）仿照甲壳虫外形设计汽车，人们称这种车为"甲壳虫"汽车。1935 年制造出第一辆样车，1939 年正式投产。由于其设计呈流线形，且风阻

图 2-62　费迪南·波尔舍

小，外观时尚（见图 2-63~图 2-65），价格便宜，共生产了 2150 多万辆，创单产世界纪录。

图 2-63　甲壳虫汽车 1

图 2-64　甲壳虫汽车 2

4. 船形汽车（见图 2-66）
- 福特汽车公司 1949 年推出具有历史意义的 V8 型汽车，明显地分为发动机舱、乘客舱、行李舱三个部分，中部突起，就像是一条船，故称之为"船形"汽车，这也是现代三厢式（Three Box Type）轿车的先河。
- 船形汽车车厢宽大，视野开阔，舒适性好，行李舱大，而且将发动机前置，从而使汽车重心相对前移，使风压中心位于汽车重心之后，由此避免了甲壳虫型汽车对横风不稳定的问题，将空气动力学和人体工程学和谐完美地结合起来。

图 2-65　甲壳虫汽车 3

图 2-66　船形汽车

- 福特船形汽车的出现，成为当时的轰动事件，在经销商正式销售前便收到了 130 万张订单，从 20 世纪 50 年代至今，船型汽车已成为世界上数量最多的一种车型。

5. 鱼形汽车
- 船型汽车的尾部过分地伸长，形成了阶梯状，高速行驶时会产生较强的空气涡流，因此影响了车速的提高。为克服这个缺点，设计者将汽车后窗倾斜，形成斜背式，类似鱼形，所以被称为"鱼形"汽车。
- 最初的"鱼形"汽车是 1952 年美国通用汽车公司生产的别克牌小汽车（见图 2-67），图 2-68 是 1960 年款的雪铁龙 DS19 "鱼形"汽车。

图 2-67　1952 年别克牌小汽车

图 2-68　雪铁龙 DS19

6. 楔形汽车

- 鱼形汽车缺点是汽车后窗倾斜大、面积大，强度有所下降，而且汽车在高速行驶时易产生很大的升力（见图2-69）。因此，有的汽车在尾部安装了一个翘起的"鸭尾"，也可以克服部分升力（见图2-70）。

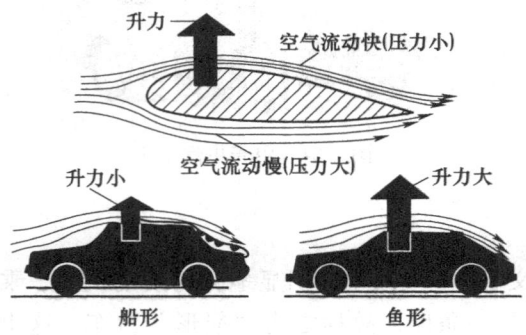

图 2-69　汽车升力产生原理

图 2-70　汽车尾部的"鸭尾"

- 研究表明，减少汽车头部侧视投影的面积同时增加尾部侧视投影的面积，不但可具有较小的空气阻力，还可以提高汽车的空气动力稳定性，这就是楔形造型。
- 1963年，美国司蒂倍克汽车公司第一次设计出楔形汽车（见图2-71），将车身整体向前下方倾斜，车身后部平齐，可以有效解决汽车高速行驶的升力问题。而且其外形造型简练、动感十足，给人以美的享受和速度的快捷感，已接近于理想的造型，现在世界各大汽车生产国都已生产出带有楔型效果的汽车。图2-72为日本丰田汽车公司的MR2型楔形汽车。20世纪80年代的意大利法拉利跑车，就是典型的楔形造型。

图 2-71　楔形汽车 1

图 2-72　楔形汽车 2

- 由于楔形汽车诞生于船型车的盛行时代，与通常的汽车外形形成尖锐的对立，不但没有被接受，还在销售中一败涂地，导致司蒂倍克汽车公司破产。但是真理是永远不会被埋没的，楔形造型几年后就被凯迪拉克等大量轿车采用。

7. 现代汽车造型特点

- 现代汽车造型，应该有完美的艺术形象，是机械工程学、人机工程学、空气动力学和现代化制造方法的有机结合。汽车的种类繁多，用途各异，以及不尽相同的审美观，决定了未来汽车外形的多样性。
- 作为轿车，其车身造型风格渐变圆润饱满（见图2-73），车身的各个构件尽量靠近车身表面，例如将各种外伸零部件隐入车身之内，使前照灯的灯罩和前后风窗玻璃曲

项目2 汽车发明与汽车工业发展简史

面与车身曲面连续并尽量齐平，使侧窗玻璃镶在窗框的外侧等，三厢车明显的阶梯感已弱化。甚至连一贯保持传统风格的劳斯-莱斯和梅赛德斯-奔驰也开始改变方整带棱角的造型，而使车身圆滑起来。

图2-73 现代汽车造型特点

四、任务实施

现场感受情境引入中的工作氛围，采用小组合作形式，通过角色扮演导游进行汽车博物馆解说，完成此次实训任务。

1. 导游阐述汽车发明经历的几个历史阶段。
2. 与游客探讨未来汽车外形的发展趋势。
3. 完成如下作业工单：

（1）1781年瓦特的＿＿＿＿＿＿＿＿＿＿＿广泛运用于火车、轮船、采矿、冶金等行业，极大地推动了世界各国生产力的发展，恩格斯评论"蒸汽机是第一个真正国际性的发明"。

（2）＿＿＿＿＿＿＿＿＿＿＿将其研制的汽油机装在一辆三轮车上，成为世界上第一辆三轮汽车，被誉为"汽车之父"；＿＿＿＿＿＿＿＿＿＿＿成功制造了第一辆四轮汽车，后人把他同称为"汽车之父"。

（3）汽车车身外形历经＿＿＿＿＿＿、＿＿＿＿＿＿、＿＿＿＿＿＿、＿＿＿＿＿＿、＿＿＿＿＿＿、楔形汽车等变化。

（4）填写表2-1 内燃机发明史

表2-1 内燃机发明史

发明时间	内燃机	发明家	国家
	火药机		
		雷诺尔	
	汽油机		
		鲁道夫·狄塞尔	

（5）上网检索汽车发展历史。

五、任务评价

在完成本学习任务后，通过小组会议的形式进行总结与反思，并推选代表宣讲知识与技

35

能的掌握情况，小组之间进行互评，评价内容与标准见表1-3。最后由教师进行总结评价。

任务2.2　汽车工业发展历史检索

一、学习目标

完成本学习任务后，您能够：

1. 阐述世界汽车工业发展与现状。
2. 阐述中国汽车工业发展与现状。
3. 利用网络检索汽车相关历史资料。

二、情境引入

纪先生观看了汽车历史纪录片《汽车百年》后，对世界汽车工业发展历史有所认识。准备撰写近代各国汽车工业发展历史。

三、相关知识

汽车诞生于德国（1876—1890），成长于法国（1891—1907），成熟于美国（1908—1946），兴旺于欧洲（1947—1975），挑战于亚洲（1976—至今）。

2.2.1　汽车诞生于德国

1. 现代汽车发动机的发明来自德国
- 1876年，德国发明家尼古拉斯·奥托（Nicolaus·Otto）制成了一台往复活塞式汽油机，人称Otto机，为现代汽油汽车的发明奠定了基础。
- 1892年，德国工程师鲁道夫·狄塞尔（Rudolf·Diesel）发明了柴油机，并取得了专利，1894年造出样机，人称Diesel机。

2. 现代汽车的发明来自德国
- 1886年，德国工程师卡尔·本茨（Karl·Benz）取得了世界上第一辆三轮汽车的专利，这一天被后人称为现代汽车诞生日。
- 1886年，德国发明家戴姆勒（G·Daimler）制造了世界上第一辆四轮汽车，后人把他与本茨同称为"汽车之父"。

3. 世界最早的汽车制造公司来自德国
- 1883年，卡尔·本茨成立了奔驰合伙公司——莱茵燃气发动机厂。1887年他将第一辆汽油机汽车卖给了法国人埃米尔·罗杰斯，这是世界上第一辆现代汽车的销售。
- 1890年，德国戴姆勒汽车公司创立。1901年，第一辆梅赛德斯轿车（见图2-74）诞生，年产量96辆。

4. 世界最早的汽车批量生产来自德国
- 1894年，奔驰汽车公司开始生产威罗（Velo）牌汽车（见图2-75），至1899年累计生产了1200辆，是当时第一款大量生产的汽车，1899年年产量已经达572辆，雇员430人，成为当时世界上最大的汽车制造商。

项目2 汽车发明与汽车工业发展简史

图 2-74 第一辆梅赛德斯轿车

图 2-75 威罗（Velo）牌汽车

2.2.2 汽车成长于法国

1. 法国的社会经济环境为汽车的发展准备了条件
- 德国刚独立，经济不如法国，人们购买力低，公路差。
- 法国财力雄厚，修建公路网，举行汽车赛，进行宣传。
- 奔驰和戴姆勒公司把大部分生产移植到法国。
- 从 1891 年起，法国占据了汽车制造的领先地位。

2. 较早出现了著名的汽车及其配件公司
- 1896 年，法国标致汽车公司正式成立。
- 1898 年，法国雷诺汽车公司成立。
- 1889 年，米其林公司成立。

3. 法国人善于学习和创新
- 1887 年，法国的潘哈德·勒瓦索（Panhardet Levassor，简称 P&L）公司购买了戴姆勒的许可证，开始生产汽车。1891 年，P&L 公司对戴姆勒的汽车进行了改进，采用了前置发动机后轮驱动的标准形式，设计了专用底盘，使汽车重量合理分布，改善了汽车行驶性能，被全世界广泛仿效（1891 年 P&L 公司生产的汽车见图 2-76）。在 19 世纪 90 年代，生产了几万辆汽车。
- 1889 年，法国的标致公司成功研制出了齿轮变速器和差速器。图 2-77 是该公司 1891 年安装有四档变速器的标致Ⅲ型汽车。

图 2-76 1891 年 P&L 公司生产的汽车

图 2-77 标致Ⅲ型汽车

- 1895 年，法国人米其林兄弟发明充气式橡胶轮胎，为提高汽车的性能做出了重要贡献。
- 1898 年，法国雷诺汽车公司将万向节首先应用于汽车传动系中，还发明了锥齿轮式主减速器。
- 1902年，鼓式制动器专利由法国人雷诺获得。后桥独立式悬架被法国人装于赛车，使汽车的性能得到了进一步的提高。

4. 法国的汽车产量增长较快
- 1900年，标致汽车公司第1000辆汽车下线。图2-78是1900年生产的标致28型汽车，该车速度已达35km/h。
- 1904年，法国汽车厂达350家，年产量达17000辆。

图2-78 标致28型汽车

2.2.3 汽车成熟于美国

1. 美国的社会经济发展为汽车的普及创造了条件
- 由于法国汽车都是以手工方式单件小批量生产，价格昂贵，限制了汽车工业的发展。
- 美国人口众多，地大物博，独立战争结束了殖民统治，南北战争扫除了奴隶制度，随着社会经济的发展，美国对汽车的需求量越来越大。

2. 美国三大汽车公司创立
- 1903年，美国福特汽车公司成立。
- 1908年，美国通用汽车公司成立。
- 1925年，美国克莱斯勒汽车公司成立。

3. 福特汽车公司成功开发T型车
- 1908年，福特汽车公司成功开发了举世闻名的T型车（见图2-79），该车发动机四缸、15kW、2.884L、1600r/min，可燃烧劣质油。发动机可拆卸，用于抽水、锯木。整车尺寸小，重量轻，易修理，经济实用，朴实无华。《福特传》称"这种车只有骨头和肌肉，没有一点脂肪"，每辆售价最终降到265美元。当时一个工人工作不到四个月就可以买一辆T型车，因此，深受人们欢迎，供不应求。
- T型车至1927年共生产1546万辆，创下当时汽车单产世界纪录。从1908—1920年，全世界汽车保有量的50%是T型车，为"装在汽车轮子上的美国"立下了不朽功勋，福特也被誉为美国"汽车大王"。图2-80是当时美国街头T型车盛况。

图2-79 福特T型车

图2-80 T型汽车盛况

项目 2 汽车发明与汽车工业发展简史

4. 福特汽车公司的流水生产线
- 为适应 T 型车大量生产需要，福特应用创新理念和反向思维逻辑，进行汽车分块组装，于 1913 年建成了世界上第一条汽车流水生产线（见图 2-81），使工人分工更为细致，产品的质量和产量大幅度提高，创造了日产汽车 10877 辆的世界纪录，每辆 T 型汽车的组装时间由原来的 12h28min 缩短至 10s，生产效率提高了 4488 倍，创造了世界汽车生产史上的奇迹。使汽车生产组织形式由家庭作坊式向大规模、标准化和流水线生产方向发展，开创了现代工业生产模式的先河。

图 2-81　T 型汽车流水生产线

- 1923 年，福特公司年产汽车达 200 万辆。

5. 通用汽车公司组建现代化集团公司
- 通用汽车公司（见图 2-82）先后兼并凯迪拉克、别克、雪佛兰、庞蒂克、欧宝、莲花等 30 多个汽车公司，进行集团化生产管理，政策集中制定，分散执行，分工协作，跨国综合经营。先后推出数十款品牌汽车，在全球 30 多个国家建立了汽车制造业务，自 1928 年以来，该公司一直是美国和世界上最大的汽车公司。

图 2-82　美国通用汽车公司总部

6. 克莱斯勒汽车公司汽车品牌
- 克莱斯勒不断创新，推出闻名于世的汽车品牌及独特的工程理念。率先采用"液压式"制动系统；开发了流线型小汽车（见图 2-83）、前置式驾驶室设计、高压缩比发动机。作为世界上越野车的开山鼻祖，其 Jeep 系列的越野车（见图 2-84）和 SUV 运动型多功能车已奔驰在 100 多个国家超过 900 万辆。首创的厢式旅行车车型，已畅销全世界超过 1100 万辆。

图 2-83　流线型小汽车

图 2-84　Jeep 系列的越野车

7. 美国汽车产量与普及
- 1918 年，美国登记客车数超过 500 万辆，居世界第一。
- 1920 年，美国每 7 个人有一辆汽车，普及率居世界第一。
- 1939 年，美国汽车产量达到 750 万辆，居世界第一。

2.2.4 汽车兴旺于欧洲

1. 第二次世界大战结束后，欧洲著名汽车公司重振雄风

欧洲著名汽车公司有德国大众、戴姆勒-奔驰、宝马、保时捷等公司，法国标致、雪铁龙和雷诺等公司，意大利菲亚特、法拉利、阿尔法-罗米欧以及兰博基尼等公司，英国劳斯莱斯、摩根、莲花及路虎等公司，瑞典沃尔沃等公司。第二次世界大战结束后，各公司都在战争的废墟上大力重建汽车工业，为欧洲汽车兴旺做出了重要贡献。

2. 欧洲微型汽车开发取得重大成功

- 针对美国车型体积大、油耗高、价格贵等弱点，欧洲开发了多姿多彩的微型汽车，符合战后欧洲的经济条件和人们需要。
- 法国雷诺汽车公司1946年开发了著名的四缸0.760L排量的4CV微型汽车（见图2-85），十分畅销，1954年4CV的产量达到50万辆。
- 法国雪铁龙公司于1948年开发了0.375L排量的2CV（Deux Chevaux Vehicle，意思是指两匹马拉的车）微型汽车，俗称丑小鸭（见图2-86）。采用双缸、水平对置、顶置式气门、空冷发动机，车重只有560kg，它丑而不陋，功能多，乘车空间宽敞、舒适，车窗、车头盖、翼子板等都能随意拆解，车顶的布篷则可以后卷，被誉为"四个轮子一把伞"，维修容易，价格便宜，推出后风靡世界市场数十年。1949年至1990年间累计产量500余万辆，与大众"甲壳虫"、英国的"迷你"，并称世界最著名的三大微型车。

图2-85 雷诺4CV微型汽车

图2-86 雪铁龙2CV微型汽车

- 意大利菲亚特公司1955年开发了0.479~0.597L排量、风冷、后置发动机后驱动的菲亚特500型微型汽车（见图2-87），尽管输出功率仅为9.6~15.4kW，极速却能达到85~105km/h。从1955年到1972年，菲亚特500共生产了360多万台，普及到意大利中、低收入人群。她与大众甲壳虫、英国的"迷你"、雪铁龙2CV被推举为欧洲四大民用经典车之一。2007年，菲亚特500诞生50周年之际，菲亚特又推出了新款的菲亚特500（见图2-88），被人称为史上最美的微型车。

图2-87 菲亚特500型微型汽车

图2-88 2007款菲亚特500

- 德国大众汽车公司 1939 年投产的 1.192L 排量的甲壳虫牌汽车，流线型设计，风阻小，外观时尚，风靡全球，从 1939—1973 年共生产 2150 万辆，超过福特的 T 型车，创下了单产世界纪录。
- 德国大众汽车公司 1973 年开发出高尔夫（Golf）牌轿车（见图 2-89），采用水冷四缸发动机，1.1L 排量，前轮驱动，轻量化底盘，两厢，溜背式造型，内部空间宽敞，最高车速达到 140km/h，后来换装了 1.5L 发动机，极速上升到 160km/h。由于性能良好，价格比较低廉，深受人们欢迎。在德国，几乎每个家庭都会购买一辆高尔夫轿车。2002 年 6 月 25 日，高尔夫的产量超过了大众甲壳虫，创下了历史记录（见图 2-90）。迄今为止，高尔夫已生产第八代（见图 2-91），产量超过 3500 多万辆，成为德国大众汽车公司第一畅销车型。

图 2-89　第一代高尔夫轿车　　　　图 2-90　第四代高尔夫

- 1959 年，英国路虎公司开发了"迷你"（Mini）型微型汽车（见图 2-92），该车长 3.05m、宽 1.41m、高 1.35m，质量 608kg，采用横置式发动机（0.8L 排量、25kW），前轮驱动，车厢下没有后轮传动轴，前后保险杠之间留有 80% 的空间给乘客及行李，溜背式的车尾和小得不能再小的 10in（1in＝0.0254m）铝合金车轮，带橡胶材料的四轮独立悬挂系统，整车风格简洁大方、动感十足，乘坐舒适，这一设计理念还被人们誉为汽车技术发展史上的六大里程碑之一。当时售价为 790 美元，深受欢迎。40 年来售出超过 500 万辆以上，成为英国历史上单一品牌车型产量最大的车型。

图 2-91　第八代高尔夫轿车　　　　图 2-92　Mini 型微型汽车

3. 欧洲汽车产量猛增
- 第二次世界大战结束后，仅西欧汽车产量就由战前的 80 万辆猛增到 750 多万辆，增长了近 10 倍。
- 1966 年，欧洲汽车产量突破 1000 万辆，超过北美汽车产量。
- 1973 年，欧洲汽车产量 1500 万辆，世界汽车工业中心由美国转回欧洲。

2.2.5 汽车挑战于亚洲

1. 亚洲著名汽车公司
- 亚洲著名汽车公司有日本丰田、日产、本田、马自达、铃木、三菱及五十铃等汽车公司，韩国现代、起亚及大宇等汽车公司，中国一汽、东风和上汽等汽车集团，印度塔塔等汽车公司。

2. 日本汽车工业崛起
- 国家制定汽车保护和发展政策，在银行贷款和税收方面对汽车制造公司实行优惠，鼓励汽车大量出口。
- 丰田汽车公司创始人丰田喜一郎（见图2-93）及其继承人创造了风靡全球的"丰田生产方式"（TPS），也称精益生产方式（LP），把系统化、最优化的思想运用到了管理中，以人为本，建立了"全面质量管理"和"准时化生产"（Just In Time，简称JIT）两种新型的管理机制。前者要求以"顾客至上"的理念，把产品质量放在首要位置；后者要求做好精益生产，精心规划，杜绝浪费，做到效益最大化。"丰田生产方式"为丰田，也为日本取得巨大经济效益，并被世界各国企业所仿效。

图2-93　丰田喜一郎

- 正确决策，不断创新。第二次世界大战后，日本根据国内经济条件差的环境，大力发展物美价廉的经济型轿车，取得了极大成功。20世纪70年代世界发生两次石油危机，日本开发的低油耗小轿车，博得了消费者青睐，三年内日本汽车出口翻了一番。根据国内资源和汽车市场有限的国情，制定国际化目标，开发出皇冠（Crown）（见图2-94）、雷克萨斯（Lexus）（见图2-95）、佳美（Camry）以及本田雅阁（Accord）等著名品牌，获得了极大的成功。

图2-94　2018年日本第14代皇冠　　　　图2-95　2018年日本雷克萨斯LS

- 日本汽车产量从1963年的100多万辆迅速增加到1970年的400余万辆，1980年，日本汽车年产量达1104万辆，首次超过美国，一直到1993年，年产量都居世界第一。2019年产量922多万辆汽车，居世界第三。

3. 中国汽车工业崛起

我国汽车工业从无到有，至从2009年开始，连续11年产销量居世界第一（详见本项目的2.2.6中国汽车工业的发展与现状）。

4. 韩国汽车工业崛起
- 韩国政府对汽车工业实行指导和扶持政策。20世纪70年代政府实行"汽车国产化"政策，使韩国的汽车工业获得飞速发展。随着汽车国产化的实现，韩国政府又实施

出口导向战略，从80年代开始，韩国汽车开始大量出口。
- 韩国汽车工业沿着KD装配→零部件国产化→自主开发的发展道路，成功地实现技术跨越，创出伊兰特（Elantra）（见图2-96）、雅绅特（Accent）等一批汽车品牌。
- 2019年，汽车销量达792万辆，居全球排名第三位，产品覆盖了北美、西欧等40多个国家和地区，成为世界汽车产业一个重要的生产基地。

图2-96 现代汽车品牌伊兰特

5. 印度汽车工业崛起
- 印度是世界人口第二大国，汽车保有量低，汽车潜在市场非常巨大。
- 印度政府2002年后，先后通过了7项重要的汽车产业政策，调控印度汽车产业的发展，取消了汽车生产的许可证制度，鼓励新汽车研发，为消费者提供税收优惠及刺激消费政策，导致世界汽车巨头大量投资印度建立汽车公司。
- 2003年后，印度汽车产量以年均超过10%的速度增加。2008年，印度塔塔汽车集团收购了世界著名品牌美洲豹和路虎。
- 2019年，印度汽车销量382万辆。

2.2.6 中国汽车工业发展与现状

在新中国成立前我国没有自己的汽车工业，新中国成立后从无到有，发展到2019年汽车产销量分别为2572.1万辆和2576.9万辆，连续11年居世界第一位。新能源汽车产业规模持续扩大，发展迅速。中国汽车工业经历了艰苦创业（1953—1992）、改革开放与改组兼并（1993—2000）、产量快速增长（2001—2010）、稳步发展（2010—2019）等阶段。历年汽车产量和增长率（见图2-97）。

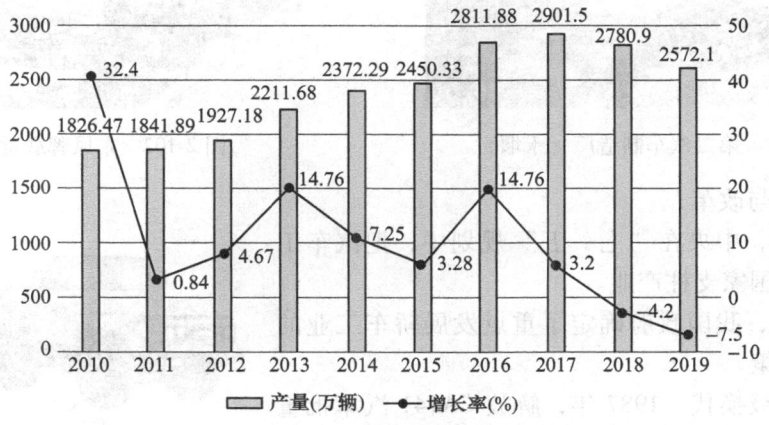

图2-97 中国历年汽车产量和增长率

1. 艰苦创业（1953—1992）

(1) 创建第一汽车制造厂
- 第一汽车厂于 1953 年 7 月在长春破土动工（见图 2-98）。
- 1956 年 7 月生产出第一辆解放牌载货汽车（见图 2-99）。
- 1958 年 5 月生产出第一辆"东风"牌轿车（见图 2-100），8 月生产出第一辆"红旗"牌轿车。

图 2-98　第一汽车制造厂（长春）

图 2-99　第一辆解放牌汽车

图 2-100　第一辆"东风"牌轿车

(2) 创建第二汽车制造厂
- 第二汽车厂于 1967 年 4 月在湖北十堰动工兴建（见图 2-101）。
- 1975 年 6 月东风两吨半越野车投产，1978 年 7 月东风五吨载货车投产（见图 2-102）。

图 2-101　第二汽车制造厂（十堰）

图 2-102　东风牌载货汽车

(3) 调整与改革
- 1985 年，中央在"七·五"规划中，把汽车工业列为国家支柱产业。
- 1987 年，我国政府确定了重点发展轿车工业的战略决策。
- 产品升级换代。1987 年，解放 CA141 汽车批量生产（见图 2-103），结束了生产解放 CA10E 三十年一贯制的历史。

图 2-103　解放 CA141 汽车

- 增加重型汽车生产。1960 年，济南汽车制造厂试制出中国第一辆重型汽车—黄河牌 JN150 型 8t 重型汽车，结束了中国不能生产重型汽车的历史；1989 年 6 月，第一辆国产斯达—斯太尔重型汽车在济汽总厂下线（见图2-104），扭转了我国汽车工业"缺重"的局面。
- 加强轻型（含微型）汽车生产。经国家规划批准，形成天津、柳州（柳微）、哈尔滨（哈飞）、吉林、重庆（长安）、江西（昌河）和陕西（汉江）共7个微型汽车生产厂，适应了市场需求，提高了轻型汽车（含微型汽车）的生产比例。图2-105是长安汽车厂生产的"长安之星"微型汽车。

图2-104 斯达—斯太尔重型汽车

图2-105 "长安之星"微型汽车

- 建设轿车工业。1985年，上海大众公司成立，与德国大众合资生产桑塔纳系列轿车，拉开了大量生产轿车的序幕。其后，一汽大众、二汽雪铁龙、广州本田等中外合资轿车项目纷纷启动，填补了我国轿车基本空白的局面。

（4）至1992年，历经40年，我国汽车年产量达到106万辆。

2. 改革开放与改组兼并（1993—2000）

（1）改革开放进一步深入
- 1994年，国务院颁布《汽车工业产业政策》，提出汽车产业"到2010年成为国民经济的支柱产业"的奋斗目标。
- 截至2000年，我国与国外主要汽车公司合资企业如表2-2所示。

表2-2 国内主要汽车合资企业

企业	合资方（合资时间）	企业	合资方（合资时间）
一汽大众汽车有限公司	一汽、德国大众（1991.2）	广州本田汽车有限公司	广汽、本田（1998.7）
一汽海南汽车有限公司	一汽、日本马自达（1998）	北京吉普汽车有限公司	北汽、克莱斯勒（1984.11）
神龙汽车有限公司	东风、法国雪铁龙（1992.5）	长安铃木汽车有限公司	长安、日本铃木（1993.5）
上海大众汽车公司	上汽、德国大众（1985.3）	东南（福建）汽车工业有限公司	福建、裕隆集团（1995.11）
上海通用汽车有限公司	上汽、通用（1997.3）	南京依维柯汽车有限公司	南京、菲亚特（1996.3）

（2）改组兼并，扩大规模经营
- 一汽组建的第一汽车集团公司（见图2-106），至1997年，已拥有成员企业270家，形成重、中、轻、轿、客、微6大系列、200多个品种，年产能力40万辆，是国内汽车产品系列最全、生产规模最大的汽车企业。
- 二汽组建的东风汽车集团公司（见图2-107），相继形成了十堰、襄樊、武汉、广州四大汽车开发

图2-106 一汽总部大楼

生产基地，拥有东风、神龙、云汽、柳汽、杭汽、风神等11个汽车生产企业，产品覆盖"重、中、轻、轿"多种品种，是国内汽车生产规模最大的汽车工业集团之一。
- 上海汽车集团公司在上海、仪征、柳州、合肥、烟台等地建立了多个汽车生产基地，与德、美、日、英、法和意大利等国家的汽车和零部件企业集团建立了57家合资企业，是目前国内领先的乘用车制造商、最大的微型车制造商和销量最大的汽车制造企业。图2-108所示为1995年11月28日，上海大众第50万辆桑塔纳轿车下线情景。

图2-107　东风总部大楼

图2-108　第50万辆桑塔纳轿车下线

- 1998年从生产集中度看，国内14家企业集团（公司）生产148.5万辆，占全国当年汽车产量的91.21%，初步形成了汽车产业的组织结构优化调整。

（3）至2000年，历经8年，我国汽车年产量翻一番，达到207.7万辆，全球排名第八位。

3. 汽车产量快速增长（2001—2010）

（1）中国汽车年产量连续10年实现快速增长
- 由2001年的234万辆增加到2010年的1826万辆（见图2-109），平均每年增加140多万辆，年均增长速度高达25%。

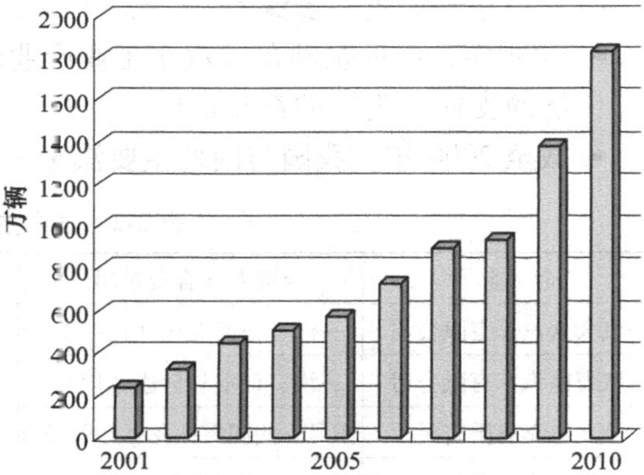

（2）2004年，国家新《汽车产业发展政策》发布
- 重申我国汽车产业在2010年前发展成为国民经济的支柱产业的奋斗目标。
- 国家鼓励汽车企业集团化发展，实现汽车产业结构优化和升级，全面提高汽车产业国际竞争力。
- 鼓励汽车生产企业开展国际合作，坚持引进技术和自主开发相结合。

图2-109　汽车产量跨越式增长

（3）2009年国家出台《汽车产业振兴规划》，我国汽车年产量强势增长，首次突破1000万辆，达1379万辆，居世界汽车产量第一位。

4. 稳步发展（2011—2019）
- 连续11年汽车产销量稳居世界第一，属于全球汽车产销大国。
- 汽车产业结构进一步优化，汽车企业进一步改组兼并。至2019年，上汽、东风、一汽、长安、北汽和广汽等10个骨干汽车企业汽车产销量已经占总量的90.4%（见图2-110）。汽车企业与互联网跨界联合已经开始，上汽与阿里巴巴、北汽与乐视、长安汽车与华为、腾讯、富士康、和谐汽车均已达成战略协议，合作造车。

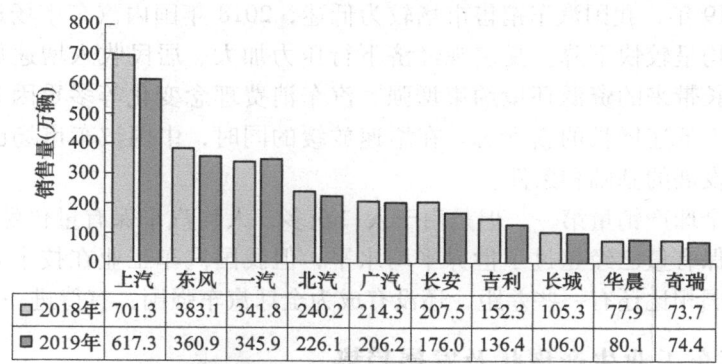

图 2-110　2019 年十大企业集团汽车销售量

- 产品结构日趋合理。乘用车成为我国汽车产品的主体，2019 年已达到汽车总量的 83%；2015—2018 年，在国家政策与环保理念的双重影响下，1.6L 排量以下的乘用车成为销售热点，仅 2018 年就销售 1583.5 万辆，占乘用车销售总量的 66.79%，对于节能减排、促进小排量车型消费起到了很大作用。
- 自主开发能力取得了长足进步。2019 年，中国自主品牌乘用车共销售 840.7 万辆，占乘用车销售总量的 39.2%，乘用车自主开发已开始进入中高档领域。图 2-111 为上汽研发的荣威 950 汽车。
- 新能源汽车发展迅速。2019 年，虽然受新能源汽车补贴退坡影响，但是新能源汽车产销分别完成 124.2 万辆和 120.6 万辆，其中纯电动汽车生产完成 102 万辆，插电式混合动力汽车产销分别完成 22.0 万辆和 23.2 万辆，市场销售和生产规模已经进入 100 万辆级别。截至 2019 年底，我国已经连续四年位居世界新能源汽车产销榜首位。图 2-112 为比亚迪 e6 汽车。

图 2-111　荣威 950 汽车

图 2-112　比亚迪 e6 汽车

- 我国汽车企业开始走出国门。至 2015 年，海外投资设立企业达 1000 多家，奇瑞公司在巴西建立汽车厂，广汽集团产品也成功进入科威特、阿联酋、迪拜、伊朗等市场。东风入股标志雪铁龙，中国化工收购倍耐力 26% 股权，中航集团收购瀚德汽车控股公司，完成在美国的相关交易。
- 上汽在英国、美国、以色列、泰国、印尼和印度建有海外研发基地、生产基地；2010 年，吉利汽车收购沃尔沃轿车所有股权；2017—2018 年，吉利收购宝腾汽车、路特斯及戴姆勒等公司的部分股份；长城汽车在俄罗斯、南非、澳大利亚、中南美洲、南亚地区、中东地区和非洲地区设立销售网络；比亚迪在美国、法国、匈牙利和巴西等国家建立了纯电动客车工厂及客车研发中心。
- 2018—2019年，我国汽车销售市场较为低迷，2018年国内汽车市场进入拐点，汽车产销同比均呈较快下降。受宏观经济下行压力加大、居民收入增速放缓、汽车保有量持续增长带来的资源环境约束增强、汽车消费理念变化等多重因素叠加影响，新车市场进入低速增长的新常态。在增速放缓的同时，中国汽车市场已经具备加快实现高质量发展的基础和条件。
- 目前虽然全球产销量第一，但是由于人口众多，人均汽车保有量仍然较低。2019年，千人汽车保有量已经超过了世界平均水平，但我国汽车工业在技术开发水平上与世界汽车强国相比还有一些差距，还没有成为全球汽车强国，有待进一步做大做强。

2.2.7 世界汽车工业生产现状及发展趋势

1. 汽车保有量

2019年，世界汽车保有量达13.1亿辆（其中轿车占70%以上），平均每千人170辆；美国每千人达837辆，我国汽车保有量已达2.5亿辆，千人汽车保有量达到173辆。

2. 汽车年销量

- 2019年，世界汽车销量达9030多万辆。销量前10名的国家见表2-3。我国居世界第一位。

表2-3 2019年世界各国汽车销量排名

名次	国家	年销量/万辆	名次	国家	年销量/万辆
1	中国	2577	6	印度	382
2	美国	1705	7	巴西	279
3	韩国	792	8	法国	275
4	日本	520	9	英国	269
5	德国	396	10	意大利	192*

*—乘用车销量

- 2019年世界汽车制造商汽车销量排名见表2-4。

表2-4 2019年世界汽车制造商汽车销量排名

名次	汽车制造商	年销量/万辆	与2018年比较/%
1	大众集团（德国）	1097.4	1.3
2	丰田公司（日本）	1074.2	1.4
3	雷诺-日产-三菱联盟	1015.5	-5.6
4	通用集团（美国）	774.5	-8.0
5	现代起亚集团（韩国）	719	-4.2
6	上汽集团（中国）	617.3	-12.4
7	美国福特	538.6	-10.0
8	本田公司（日本）	517.8	1.1
9	FCA集团（菲亚特-克莱斯勒）	441.8	-9.0
10	东风集团（中国）	360.9	-5.77
11	标致-雪铁龙（法国）	348.9	-10.0

项目2 汽车发明与汽车工业发展简史

数据分析表明（表2-4），世界汽车生产销售总体增长放慢，我国已经有两家汽车企业（上汽、东风）进入世界十强。

3. 汽车市场竞争激烈

- 汽车产业各种形式的资产与债务重组、兼并收购层出不穷，大众、铃木正式分手，东风入股标致雪铁龙，长安跟标致雪铁龙正式分手，吉利集团收购戴姆勒公司股份，标致雪铁龙（PSA）和菲亚特克莱斯勒（FCA）成立新集团，全球车企相互并购、拆分及重组已成常态，企业间也开始积极寻求更多的相互合作，以实现企业在新的竞争环境下的转型与发展。

4. 汽车技术发展趋势

- 汽车技术发展方向："安全、节能、环保和智能化"发展趋势不变。
- 新能源汽车发展迅速。截至2019年底，中国新能源汽车保有量达381万辆，与2018年底相比，增加120万辆，增长46.05%。其中，纯电动汽车保有量310万辆，占新能源汽车总量的81.19%。新能源汽车增量连续两年超过100万辆，比亚迪秦（见图2-113）、比亚迪唐和比亚迪宋等产品跻身最畅销车型行列。2014年丰田推出了第一代氢燃料电池车Mirai，第二代氢燃料电池汽车Mirai将于2020年底上市销售。（见图2-114）

图2-113　比亚迪秦汽车

- 智能汽车发展迅速。谷歌自主设计了无人驾驶的智能汽车（图2-115）。苹果公司已启动"泰坦"（Titan）电动智能车计划。

图2-114　丰田氢燃料电池车Mirai

图2-115　谷歌自主设计的智能汽车

四、任务实施

1. 教师播放汽车历史纪录片《汽车百年》。
2. 学生分组学习教材任务2.2，并讨论中国汽车工业发展与现状。
3. 上网检索世界汽车工业生产现状。
4. 完成如下作业工单：

（1）1889年，法国_____成功研制出了齿轮变速器和差速器。1895年，法国_____发明充气式橡胶轮胎。

（2）1908年，_____成功开发了举世闻名的T型车，于1913年建成了世界上第一条汽车流水生产线。

（3）德国大众汽车公司1939年投产的1.192L排量的_____牌汽车，流线型设计，风阻小，外观时尚，风靡全球，从1939—1973年共生产2150万辆，超过福特的T

型车,创下了单产世界记录。

(4) 填写表2-5汽车工业发展历史

表2-5 汽车工业发展历史

发展时期（年份）	发展状况	国家（地区）
1876—1890		
	汽车成长	
		美国
	汽车兴旺	
		亚洲

五、任务评价

在完成本学习任务后,通过小组会议的形式进行总结与反思,并推选代表宣讲知识与技能的掌握情况,小组之间进行互评,评价内容与标准见表1-3。最后由教师进行总结评价。

项目 3
国外著名汽车集团公司及商标

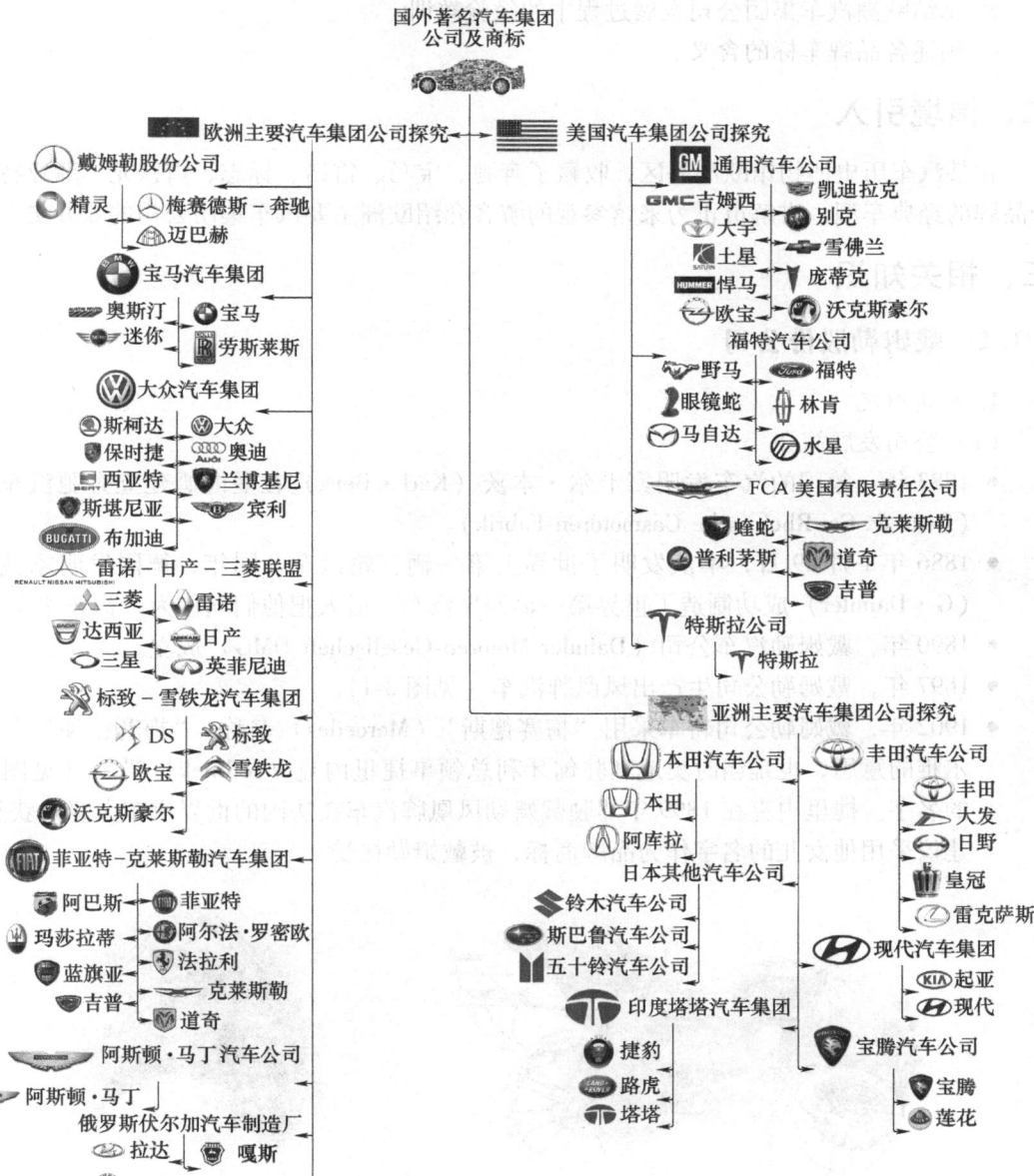

任务3.1　欧洲主要汽车集团公司探究

一、学习目标

完成本学习任务后，您能够：
1. 识别欧洲主要汽车集团旗下的各品牌与车标。
2. 阐述欧洲主要汽车集团公司的发展历史。
3. 总结欧洲汽车集团公司发展过程中的经验教训。
4. 阐述各品牌车标的含义。

二、情境引入

在某汽车历史博物馆欧洲展区，收藏了奔驰、宝马、雷诺、标志、雪铁龙、菲亚特等多个品牌的经典车型，讲解员正为来馆参观的游客介绍欧洲主要汽车集团公司的兼并史。

三、相关知识

3.1.1　戴姆勒股份公司

1. 公司概况

（1）公司发展简介
- 1883年，德国的汽车发明家卡尔·本茨（Karl·Benz）在曼海姆建立奔驰汽车公司（Benz &. Co. Rheinische Gasmotoren-Fabrik）。
- 1886年1月29日，本茨发明了世界上第一辆三轮汽车。同年，德国发明家戴姆勒（G·Daimler）成功制造了世界第一辆四轮汽车，后人把他们同称为"汽车之父"。
- 1890年，戴姆勒汽车公司（Daimler Motoren-Gesellschaft DMG）成立。
- 1897年，戴姆勒公司生产出凤凰牌汽车（见图3-1）。
- 1902年，戴姆勒公司轿车采用"梅赛德斯"（Mercedes）名称。"梅赛德斯"是温文尔雅的意思，也是当时奥地利驻匈牙利总领事捷里内克（Jellinek）爱女（见图3-2）的名字。捷里内克在1899年驾驶戴姆勒凤凰牌汽车在法国的世界汽车大赛中获头奖，建议采用他女儿的名字作为品牌商标，被戴姆勒接受。

图3-1　凤凰牌汽车

图3-2　梅赛德斯

- 1926年，奔驰与戴姆勒两家公司合并，改名为戴姆勒-奔驰公司。他们生产的所有汽车都命名为"梅赛德斯-奔驰（Mercedes Benz）"。
- 1936年，推出了世界上第一款使用柴油发动机的轿车206D。
- 1938年，公司推出了根据空气动力学设计的奔驰320轿车（见图3-3）。
- 1954年，推出300 SL "鸥翼"式汽车。图3-4为1956年产品，折叠式硬篷，铝制的轻型车身，率先使用了世界最先进的电子汽油喷射系统，独特的操纵控制技术等。

图3-3　奔驰320轿车　　　　　　　　　图3-4　奔驰300SL轿车

- 1969年，戴姆勒-奔驰汽车公司推出了C111汪克尔发动机汽车（见图3-5），功率达206kW。
- 1972年，公司开发了一款全新的豪华车280SE（见图3-6）。并且正式命名为S系列车。

图3-5　C111汪克尔发动机汽车　　　　　图3-6　奔驰280SE

- 1998年，戴姆勒-奔驰汽车公司又与克莱斯勒汽车公司合并，成立戴姆勒-克莱斯勒汽车公司，开创了世界大汽车集团跨国合并的先例。
- 2007年，戴姆勒-克莱斯勒公司发表公报称，经股东大会投票表决，该公司已更名为戴姆勒股份公司，从而正式完成了德国戴姆勒与美国克莱斯勒的分离程序。
- 2015年，戴姆勒公司与其供应商博世集团（Robert Bosch）联合研发全自动泊车系统，2017年4月，两家公司联手开发无人驾驶汽车。
- 2018年2月，吉利入股戴姆勒，以90亿美元购得9.69%股权，成为奔驰母公司戴姆勒集团的最大股东。
- 2018年7月，戴姆勒公司与清华大学续签合作意向书，与百度签署谅解备忘录，重点深化双方在自动驾驶和智能交通领域的合作。
- 2019年3月，戴姆勒公司宣布与宝马集团共同投资11亿美元就自动驾驶技术展开共同开发。

2019年3月29日，戴姆勒公司正式确立了与Torc Robotics的合作关系，将Torc Robotics确定为其自动驾驶卡车研发的技术供应商，双方共同开发L4级自动驾驶卡车。

- 2019年7月，与博世联合研发的世界上首个无人驾驶汽车自动代客泊车系统已获准在德国试运行。

(2) 公司现状
- 公司以生产高质量、高性能豪华汽车闻名中外，也是世界上最著名的大客车和重型载货汽车生产厂家。在国内有6个子公司，国外有23个子公司，雇员18.5万人。总部在斯图加特。
- 戴姆勒股份汽车公司在我国与北汽集团、福建汽车集团等企业合资生产奔驰系列汽车。

2. 戴姆勒股份公司商标

(1) 奔驰商标
- 戴姆勒发明了汽车，同时他还巧妙地将希腊文学艺术中心神话与德国制造技术有机地结合在一起，成为世界汽车文化的先驱。
- 在两个嵌套的圆之间加月桂枝树叶（见图3-7），象征一顶桂冠，"桂冠"在文化、艺术、体育等领域也常见到，它代表优异、成功、荣誉和辉煌。喻示奔驰公司在汽车领域独占鳌头，勇夺"桂冠"。

图3-7 奔驰商标（一）

- "桂冠"在希腊神话故事中，有一段动人的美人变桂树的传说：掌管艺术的太阳神阿波罗正要渡贝涅河时，看见了河神的女儿美丽而天真烂漫的达芙奈，便一见钟情，如醉如痴。达芙奈是一个自怜自爱、向往自由的清纯少女，为了逃避阿波罗的求爱而奔向月桂树林，变成月桂树。阿波罗悲痛地向达芙奈倾吐自己矢志不渝的爱情："从现在起，你就是阿波罗最喜欢的树木，我将用你永生的树叶编成桂冠，成为勇士们头上的冠冕，成为诗人和凯旋者光荣的象征。"

(2) 戴姆勒商标
- 标志图案是一个圆环围着一颗三叉星（见图3-8）。三叉星形似简化了的汽车转向盘，表示在陆海空领域全方位的机动性，圆环显示其汽车营销全球的发展势头。戴姆勒与奔驰公司合并后，也常以该商标作为公司商标，置于汽车前端散热器上，随车高速奔驰，迎风傲立，气度高雅。

图3-8 奔驰商标（二）

- 历史记载戴姆勒1873年给妻子的明信片中信手画了颗三叉星，并特别声明：总有一天，这颗吉星会照耀我毕生的工作。1890年，这颗星开始用于戴姆勒公司产品。

(3) 奔驰-戴姆勒商标
由奔驰和戴姆勒商标组合而成，历经多次演变，如图3-9所示。

(1926)

(1933)

(1989)

(2009至今)

图3-9 奔驰-戴姆勒商标

3. 公司主要汽车品牌

戴姆勒股份汽车公司主要汽车品牌有梅赛德斯-奔驰、迈巴赫、精灵等。

（1）梅赛德斯-奔驰（Mercedes-Benz）
- 梅赛德斯-奔驰汽车已经发展成为目前的5个系列共21种车型。
- 奔驰轿车系列共分七大类别，A级（微型轿车）、C级（小型轿车）、E级（中型轿车）、S级（大型豪华轿车）、CLA（运动轿车）、B级（运动旅行车）和R级（大型旅行车）。型号以发动机排量区别，例如C200型轿车的发动机排量是1998mL，C250D型轿车的发动机排量是2479mL，D指柴油发动机。
- SUV系列有G级、GLS、GLE、GLC、GLA。
- 跑车系列有CLS、E级、C级、SLC、GT、S级和SL。
- MPV系列有V级和Vito。
- 新能源车系列有EQC纯电SUV。

（2）迈巴赫（Maybach）
- 威尔海姆·迈巴赫（Wilhelm Maybach）（见图3-10）是戴姆勒汽车公司的创始人之一，担任总工程师。
- Maybach品牌商标由两个交叉的M围绕在一个球面三角形组成（见图3-11），两个M是迈巴赫汽车（Maybach Motorenbau）的缩写。

图3-10　威尔海姆·迈巴赫

图3-11　迈巴赫商标

- 迈巴赫是戴姆勒-奔驰汽车公司的超豪华顶级轿车品牌（见图3-12）。

（3）精灵（Smart）
- 精灵是由奔驰汽车公司和瑞士钟表巨子Swatch公司共同开发的超微型车（见图3-13），Smart车的外形如同一个大玩具车，有人称为"卡通车"。

图3-12　迈巴赫汽车

图3-13　奔驰精灵汽车

3.1.2 宝马汽车集团

1. 集团概况

(1) 公司发展简介

- 1916年，宝马汽车公司前身——巴依尔飞机制造厂成立，以制造侦察机闻名于世。创始人是吉斯坦·奥托（Gustan Otto），其父是鼎鼎大名的四冲程内燃机的发明家奥托（Otto）。1917年，公司更名为宝马（BMW）公司。
- 1928年，BMW推出首辆汽车。
- 1933年，推出BMW 303型高性能双门四座位轿车。
- 1939年，推出宝马328型跑车（见图3-14），流线型造型，身段优美，赢得了当时"巴洛克天使"的美名。极速高达160km/h，是当时速度最快的跑车，很受欢迎。
- 1977年，推出世界著名的宝马7系列豪华汽车（见图3-15）。
- 1998年，购买劳斯莱斯商标和标志，并与大众签订协议，宝马从2003年开始生产劳斯莱斯牌轿车。

图3-14　1939年宝马328型跑车

图3-15　宝马7系列

- 1999年，推出最新宝马8系列豪华汽车。
- 2005年，推出宝马H2R燃料电池汽车（见图3-16），最高速度为302.4km/h，0~100km/h加速时间6s左右。
- 2008年，克里斯·班戈（Chris Bangle）设计出宝马GINA Concept的告别之作，一款极富个性的概念车。全车蒙皮均采用软性材料，超前的材料给了设计师更多发挥的空间（见图3-17）。

图3-16　宝马燃料电池汽车

图3-17　宝马GINA Concept

- 2013年，宝马推出了i系列的首款车型i3（见图3-18），有纯电动和插电混动两个版本。
- 2014年，推出了混合动力宝马i8，造型沿用了在《碟中谍4》中出尽风头的Vision

Efficient Dynamics 概念车的设计（见图 3-19）。

图 3-18　宝马 i3

图 3-19　宝马 i8

- 2016 年，推出宝马 VISION NEXT 100 概念车，作为宝马在百年诞辰之际的一份礼物（见图 3-20）。
- 2018 年 3 月 28 日，宝马和戴姆勒把各自下属的共享汽车品牌 DriveNow 和 Car2Go 等共享出行业务进行整合。
- 2018 年 7 月，与中国长城汽车股份有限公司（以下简称长城）签署了合资经营合同，组建光束汽车有限公司，主要面向全球市场开发新一代纯电动汽车。

图 3-20　宝马 VISION NEXT 100 概念车

- 2019 年 3 月，宝马集团宣布与戴姆勒公司就自动驾驶技术展开共同开发，此前宝马已经与大众、FCA、英特尔及 Mobileye 等公司展开合作。2019 年下半年，陆续签约四维图新、联通和腾讯三大科技公司以及中国信息通信研究院，加快了宝马在自动驾驶和智能网联的密集布局。

（2）公司现状
- 宝马公司目前在世界 13 个国家设有子公司和生产厂，国内有 10 家子公司。宝马总部在德国慕尼黑（见图 3-21）。

2. 公司商标（见图 3-22）
- 采用宝马公司名称 BMW 和飞机螺旋桨图案，蓝色代表蓝天、白色代表白云，飞机螺旋桨表示宝马公司过去在航空发动机技术方面的领先地位，象征公司的一贯宗旨和目标：在广阔的时空中，以最新的科学技术、最先进的观念，满足顾客的最大愿望，反映了公司蓬勃向上的精神和日新月异的面貌。宝马汽车的性能优异是世人所公认的。

图 3-21　宝马总部

图 3-22　宝马商标

3. 主要汽车品牌

宝马汽车公司主要汽车品牌有宝马、劳斯莱斯、迷你、奥斯汀等，如表3-1所示。

表3-1 宝马汽车公司主要汽车品牌

品牌	商标	品牌	商标
宝马（BMW）	BMW	劳斯莱斯（ROLLS-ROYCE）	ROLLS ROYCE
迷你（Mini）	MINI	奥斯汀（Austin）	AUSTIN ROVER

（1）宝马（BMW）
- 汽车品牌有i、X、M、Z和纯数字等5种车型，其中轿车有1、2、3、4、5、6、7、8）等系列。图3-23为2019年款的宝马8系列。

（2）劳斯莱斯（ROLLS-ROYCE）

① 劳斯莱斯发展简介
- 1906年，劳斯莱斯汽车公司成立。创始人是劳斯（ROLLS，法国汽车商）和莱斯（ROYCE，英国汽车工程师）（见图3-24）。由劳斯负责投资营销，莱斯提供发明专利，给汽车起名为劳斯莱斯。

图3-23 宝马8系列

图3-24 劳斯与莱斯

- 1998年6月，被德国大众收购。
- 1998年7月，宝马公司出资4000万英镑购买劳斯莱斯商标和标志，并与大众签订协议，宝马从2003年开始生产劳斯莱斯牌轿车。

② 劳斯莱斯商标
- 劳斯莱斯商标是双R（见图3-25），也就是劳斯（ROLLS）与莱斯（ROYCE）的第1字母，两个字母交叉，表示你中有我，我中有你，团结奋斗，携手共进。
- 劳斯莱斯的另一个传统标志是具有古典风格的"飞翔女神"雕像（见图3-26），出现于1911年，由艺术家查理斯·萨科斯设计。据说其灵感来自巴黎卢浮宫艺术品走廊的一尊古希

图3-25 劳斯莱斯商标

腊女神雕像,身披轻纱的"飞翔女神"两臂后伸,体态轻盈、风姿绰约。当时的总经理约翰逊撰文称:"这是一位优雅无比的女神,她代表着人类的崇高理想和生活的欣狂之魂,她将旅途视为至高无上的享受。"

③ 劳斯莱斯汽车品牌

- 劳斯莱斯汽车以外形独特、古香古色、性能优越著称于世,是当今世界最豪华、最尊贵的汽车,被誉为帝王之车。由于英国多位女王都曾选用,也被誉为"女王车"。
- 图3-27所示为2019年的劳斯莱斯幻影。

图3-26 劳斯莱斯标志

图3-27 劳斯莱斯幻影

(3) 奥斯汀 (Austin) 与迷你 (Mini)

奥斯汀与迷你品牌发展简介:

- 1905年,英国人赫伯特·奥斯汀 (Hetbert Austin) 创建了奥斯汀汽车厂,制造了第一辆奥斯汀牌汽车。
- 1952年时,奥斯汀与莫里斯 (Morris) 等五个汽车厂合并组成英国汽车公司 (British Motor Corporation) 简称BMC。商标如图3-28所示。
- 1959年,英国汽车公司推出著名的"迷你" (Mini) 型微型汽车。商标如图3-29所示。
- 1969年,BMC公司与罗孚汽车公司合并,重新命名为英国利兰汽车公司 (British Leyland Motor Corporation),简称BLMC,商标如图3-30所示。

图3-28 BMC商标

图3-29 迷你商标

图3-30 BLMC商标

- 1975年,利兰公司由政府接管,并改名为路虎集团 (Rover Group),商标改名奥斯汀路虎 (Austin Rover)(见图3-31)。
- 1994年,宝马收购英国公司路虎。
- 2000年,宝马全面出售路虎资产,只留下了MINI一个品牌。

- 2001年，宝马设计出了新MINI（见图3-32）。

图3-31　奥斯汀路虎商标

图3-32　新款MINI

3.1.3　大众汽车集团

1. 集团概况

（1）公司商标
- 采用德文Volkeswagens Werk（大众公司）的"V"在上，"W"在下，又像3个"V"（见图3-33），表示公司产品"必胜-必胜-必胜"。大众汽车顾名思义是为大众生产的汽车。大众商标简捷、鲜明，令人过目不忘。

（2）公司简介
- 创立时间：1938年。
- 创始人：世界著名的汽车设计大师费迪南德·波尔舍（Ferdinand Porsche）。
- 公司总部：德国汽车城沃尔夫斯堡（Woifsburg）（见图3-34）。

图3-33　大众商标

图3-34　大众公司总部

（3）公司规模
- 大众公司是欧洲最大的汽车生产集团，世界四大汽车集团之一。现有雇员33.68万人，在世界22个国家有29家子公司和合资公司。2019年，汽车销量1097.46万辆，世界排名第一，《财富》世界500强排行第九。在中国有上海大众和一汽大众等合资汽车公司。

2. 发展简史
- 1938年大众公司成立。
- 1933年投产的"甲壳虫"大众化汽车（见图3-35），至1978年停产共生产2150万辆，打破了福特T型车的世界纪录。
- 1964年，收购德国的奥迪汽车公司。
- 1973年，开发出高尔夫（Golf）牌轿车（图3-36），迄今已生产第八代，生产量超过3500多万辆，创单一车型世界冠军。车款多达二十多种，车厢十分牢固，空间宽敞，行驶性能安全可靠。

项目3　国外著名汽车集团公司及商标

图 3-35　甲壳虫汽车

图 3-36　高尔夫汽车

- 1983 年，德国大众汽车公司买下了西亚特的大部分股份，使西亚特成为大众汽车公司的子公司。
- 1991 年，收购斯柯达。
- 1998 年，收购了布加迪、兰博基尼、宾利、劳斯莱斯（2002 年 12 月 31 日后归宝马公司），成为欧洲第一大汽车公司。
- 2009 年 5 月 7 日，大众并购保时捷汽车公司。
- 2015 年 10 月 8 日，大众汽车集团承认在美国车辆尾气排放造假事件，面临最高达 180 亿美元罚款。
- 2018 年 11 月，大众宣布进军电动汽车领域，到 2023 年，将投资近 500 亿美元开发电动汽车、自主驾驶和新型移动服务。
- 2019 年 7 月 12 日，大众集团与福特共同宣布，双方全球战略联盟合作内容将扩展至电动汽车和自动驾驶领域。

3. 主要汽车品牌

大众汽车集团主要品牌如表 3-2 所示。

表 3-2　大众汽车集团主要汽车品牌

品牌	商标	品牌	商标	品牌	商标
大众 （Volkswagen）	VW	奥迪 （Audi）	Audi	兰博基尼 （Lamborghini）	LAMBORGHINI
宾利 （Bentley）	B	保时捷 （Porsche）	PORSCHE	西亚特 （Seat）	SEAT
斯柯达 （Skoda）	Skoda	布加迪 （Bugatti）	BUGATTI	斯堪尼亚 （Scania）	SCANIA

（1）大众汽车品牌

大众汽车品牌主要有甲壳虫（Beetles）、波罗（Polo）、高尔夫（Golf）、帕萨特（Passat）、捷达（Jetta）、桑塔纳（Santana）、卡尔维拉小客车（Bus-Caravelle）及文托

61

（Wento）等。新的车型有新甲壳虫（New Beetles）、夏朗（Sharan）、宝来（Bora）、路波（Lupo）和辉腾（Phaeton）等。甲壳虫和高尔夫前面已经介绍，部分其他车型简况如下：

- 新甲壳虫（New Beetles）：于 1996 年开始生产，优点是结实耐用，不讲究豪华，价格大众化。该车款是"旧瓶装新酒"，内部结构、电器装置、喷漆防腐等采用了现代新技术。
- 路波（Lupo）（见图 3-37）：于 1998 年推出，是大众品牌系列中的小型家庭用车，最著名的车型是 1.2L 柴油机轿车，百公里仅耗油约 3L，誉满全球，被称为"3 升路波"。

图 3-37　路波柴油轿车

- 桑塔纳（Santana）（见图 3-38）：是德国大众汽车公司在美国生产的品牌车，该厂坐落在桑塔纳山谷下，该山谷以盛产优质葡萄酒而饮誉世界，并且该山谷还经常刮起一股类似"科罗拉多"旋风，所以当地人就把这种旋风称为"桑塔纳"。我国 1983 年 4 月，在上海组装成功第一辆桑塔纳轿车，1987 年上海大众引进该品牌。
- 辉腾（Phaeton）：是大众汽车公司 2002 年推出的顶级旗舰产品。图 3-39 是 2007 款的配 V6 TDI 发动机的汽车。

图 3-38　桑塔纳轿车

图 3-39　2007 款大众辉腾汽车

（2）奥迪（Audi）

① 基本情况

- 1910 年，由奥迪（Audi）、霍尔茨（Horch）、漫游者（Wanderer）和 DKW 四家公司联合成立了汽车联盟股份公司（Audi Auto Union AG）。
- 1964 年被大众汽车公司收购，目前是大众汽车公司最大的子公司。总部设在德国的英戈尔施塔特。

② 公司商标

- 商标是四个半径相等的连环圆圈（见图 3-40），表示当初公司是由四家公司合并而成，如兄弟手挽手，共创大业，平等、互利和协作，意味着"团结就是力量"。

图 3-40　奥迪商标

③ 公司汽车品牌

- 奥迪汽车公司主要产品有 A 系列、Q 系列、R 系列、RS 系列和 TT 系列及纯电 e-tron 系列。
- 其中 A 系列有 A1、A3、A4、A5、A6、A7、A8。
- 奥迪 A4（见图 3-41）是 1994 年 10 月投产的一款中高档轿车，其销售量在德国一直位居中型轿车销售排行榜的首位。
- 奥迪 A6 轿车是一种高档轿车车型，奥迪 A8 轿车是 A 系列中最高档次的顶级车型。
- 奥迪 e-tron 是奥迪 2019 年推出的首款量产纯电动高性能 SUV。

（3）宾利（Bentley）

① 基本情况
- 宾利汽车公司（Bentley Motors Ltd），原是英国一家独立的汽车公司，建于 1919 年。创始人是沃尔特·欧文·宾利（Walter Owen Bently）（见图 3-42），业内人士都称他为"WO 先生"。
- 1931 年，被劳斯莱斯公司收购，成为劳斯莱斯公司下属的宾利跑车部。

图 3-41　奥迪 A4 轿车

图 3-42　沃尔特·欧文·宾利

- 1999 年成为大众集团的一个品牌，生产豪华轿车。
- 宾利汽车一直以千锤百炼的工艺和完美无瑕的品质占据着豪华汽车的巅峰位置。手工精制是宾利最引以为自豪的传统，每辆车要花上 16～20 星期才能完成，绝大部分的工匠都有 20 年以上的丰富经验。仅每台汽车的喷漆程序就要经过 120 个独立步骤，所有车身油漆都经过 15 次喷漆处理，出厂前的最后打蜡及抛光程序就得花上专人以人工打磨整整 10 个小时才能完成，其品质严谨程度堪称世界汽车生产商之最。

② 公司商标
- 宾利商标是以公司名的第一个字母"B"为主体，生出一对翅膀（见图 3-43），似凌空翱翔的雄鹰，喻示着宾利汽车公司在全球范围内的飞跃发展。

图 3-43　宾利商标

③ 公司汽车品牌
- 宾利汽车品牌主要有雅致（Arnage）、皇室御驾"State Limousine"、欧陆 GT（Continental GT）、Blower、Flying Spur、Mulliner、Bentayga 和 Brooklands 等（见图 3-44～图 3-47）。

图 3-44　1929 年宾利 Blower

图 3-45　宾利 Arnage

图 3-46　英国女皇本特利皇室御驾　　　　图 3-47　2017 年欧陆 GT Supersports，极速为 336km/h

（4）兰博基尼（Lamborghini）

① 基本情况
- 兰博基尼汽车公司原是意大利超级跑车制造商，创建于 1963 年，创始人是弗鲁西欧·兰博基尼（Ferruccio Lamborghini）（见图 3-48）。因生产 V12 发动机而成名。
- 20 世纪 70 年代由著名的博通设计公司设计了造型独特的运动车，车身只有 1m 高，车门是鸥翼式的。该公司的每一种车型都是艺术珍品。
- 总部设在跑车之都莫德拉附近的圣·亚哥大（Sant Agata）。
- 1998 年被大众公司下的奥迪子公司收购。

② 公司商标
- 商标是一头蛮劲十足的斗牛，正准备向对手发动猛烈的攻击（见图 3-49）。据说公司创始人兰博基尼（出生在金牛座）就是这种不甘示弱的牛脾气，同时，这也体现了兰博基尼汽车大功率、高速的运动型轿车的特点。

图 3-48　弗鲁西欧·兰博基尼　　　　图 3-49　兰伯基尼商标

③ 公司汽车品牌
- 兰博基尼主要品牌有康塔什（Countach，意大利的俚语，意思是"难以相信的奇迹"）、米拉（Miura）、Diablo、Huracan、Avertador 等系列跑车，如图 3-50~图 3-56 所示。

图 3-50　1963 年兰博基尼 350GTV　　　　图 3-51　1967 年兰博基尼 Marzal

项目3　国外著名汽车集团公司及商标

图 3-52　1968 年兰博基尼 Miura P400/S

图 3-53　兰博基尼 V12 巨兽 Murcielago

图 3-54　1982 年 Countach5000S 跑车

图 3-55　1993 年兰博基尼鬼怪 VT

- 兰博基尼 V12 巨兽 Murcielago，12 缸发动机，排量 6.2 升，最大功率高达 427kW，最高车速超过 337km/h，0-100km/h 的加速时间仅需 3.8s。

图 3-56　2001 年兰博基尼 Diablo VT 6.0 SE

（5）保时捷（Porsche）

① 基本情况

保时捷公司创始人费迪南德·保时捷（Porsche），又译作费迪南德·波尔舍。1900 年，推出第一辆双座电动跑车罗纳尔-保时捷（Lohner-Porsche）（见图 3-57）轰动世界。1931 年 3 月 6 日，在斯加图特成立了一家设计公司，专门开发汽车、飞机及轮船的发动机，以生产赛车闻名于世，其设计的赛车多次在世界汽车比赛中获奖，其生产的保时捷 911 是迄今为止世界跑车中最畅销的一款。

② 公司商标（见图 3-58）

图 3-57　第一辆双座电动跑车罗纳尔-保时捷　　　图 3-58　保时捷公司商标

商标图形采用公司所在地斯图加特市的盾形市徽，上面是保时捷的姓氏"PORSCHE"。商标中间是一匹骏马，表示斯图加特这个地方盛产一种名贵种马，喻示保时捷跑车的出类拔

65

萃；商标的左上方和右下方是鹿角的图案，表示斯图加特曾是狩猎的好地方；商标左上方和右下方的黄色条纹代表成熟了的麦子颜色，喻指五谷丰登，商标中的黑色代表肥沃的土地，红色象征人们的智慧和对大自然的热爱，由此组成一幅精湛意深、秀气美丽的田园风景画，展现了保时捷公司辉煌的过去，预示了保时捷公司美好的未来。

③ 公司汽车品牌

保时捷公司以生产高性能赛车闻名于世，著名的历史如下：

- 1948 年，推出 Porsche356（见图 3-59），它与众不同，拥有轻巧的车身、低风阻系数、灵活的操纵性能及气冷式发动机，赢得了同级别勒芒 24h 赛事。
- 1963 年，保时捷推出历史上最重要的车型 Porsche911（见图 3-60），经久不衰，赢得多次世界冠军赛。

图 3-59　1948 年推出保时捷 356

图 3-60　1963 年推出保时捷 911

- 1970 年，推出 porsche 917（见图 3-61），获得多项世界赛事冠军。
- 1974 年，推出 911 turbo（930 款）（见图 3-62），掀开了保时捷历史的新纪元，它采用 5.4L 水平对置 12 缸废气涡轮增压发动机，在 7800r/min 产生 808.5kW 的功率，极速达到 400km/h 左右，在 2.1s 内完成 0-100km/h 加速。

图 3-61　1970 年推出保时捷 917

图 3-62　1974 年推出保时捷 911turbo

- 1982 年，推出保时捷 956（见图 3-63），连续四年夺得勒芒 24h 耐力赛冠军，在 1983 年一举包揽前 10 名中的 9 个座次，书写了前无古人后无来者的辉煌战绩。956 的座舱造型与战斗机非常相似，整个车身也仿佛是一片平直的机翼。
- 2010 年，推出保时捷 911 Turbo 旗舰车跑车（见图 3-64），搭载 3.8 升水平对置发动机，采用燃油直接喷射以及可变几何涡轮增压器，其最大输出功率可达 368kW，配备 PDK 双离合变速器，从静止加速到 100km/h 仅需 3.4s，最高车速达 312km/h，百公里油耗仅为 11.4~11.7L。

(6) 斯柯达（Skoda）

① 基本情况

- 捷克斯柯达汽车公司是第一次世界大战后由创建于 1895 年的 L&K 公司和斯柯达·佩

尔森（Skoda Pilsen）集团合并而成。

图 3-63　1982 年推出保时捷 956

图 3-64　2010 年保时捷 911 Turbo 旗舰车跑车

- 斯柯达公司总部位于首都布拉格北部的姆拉达·博雷斯拉夫 Mlada Boleslav（中文意思为"年轻的城市"），现在是捷克汽车城。
- 1924 年，斯柯达生产豪华车型 Hispano Suiza（见图 3-65），是当时世界上最贵的汽车，它的底盘价格比当时的劳斯莱斯还贵。
- 1991 年，斯柯达公司被德国大众集团并购。
- 斯柯达汽车以高性价比、坚实耐用、高安全性、优良的操控性及舒适性兼备而备受广大消费者的青睐。

② 公司商标

- 标志在银色底子上有一支绿色带翅膀的箭，四周环绕着黑色缎带，缎带底部装饰着象征优胜和荣誉的月桂树叶（见图 3-66）。巨大的圆环象征着斯柯达是全世界无可挑剔的产品；鸟翼象征着技术进步的产品行销全世界；向右飞行着的箭头，则象征着先进的工艺和该公司无限的创造性；外环中深红的颜色象征着斯柯达公司百余年的传统；中央铺着的绿色，则表达了斯柯达人对资源再生和环境保护的重视。

图 3-65　斯柯达生产的 Hispano Suiza

图 3-66　斯柯达商标

（7）布加迪（Bugatti）

① 基本情况

- 布加迪汽车公司创建于 1909 年，创始人是埃多尔·布加迪（Ettoren Bugatti）。艺术家出身的布加迪为了追求机器与艺术的完美结合，不计血本地制作了不少著名跑车，创造过多次汽车车速的世界纪录，轰动世界车坛。
- 1987 年，一个意大利富商马可罗买下布加迪的商标所有权。
- 1998 年被大众公司收购。
- 2004 年推出的布加迪 EB16.4 Veyron（威龙）（见图 3-67），打破当今世界汽车工业纪录的数据，最高车速 405.7km/h，0~100km/h 加速时间为 2.9s。每辆售价约 120 万美元，是世界上最贵的车。发动机（见图 3-68）采用 W16 发动机，排量 8L，装有 4 个涡轮增压装置并带有中冷器，最大功率 736kW（6000r/min）。

图 3-67　2004 年布加迪威龙　　　　图 3-68　布加迪威龙发动机

② 公司商标
- 商标（见图 3-69）中的英文字母代表创始人布加迪，上部的 EB 为埃多尔·布加迪（Ettoren Bugatti）英文拼音的缩写，周围一圈小圆点象征滚子轴承，底色为红色。

图 3-69　布加迪商标

③ 公司汽车品牌
- 布加迪的 T 系列轿车和 ID、EB 系列跑车都是精品之作，有的只限量生产几辆，有的打破世界车速记录。部分精品见图 3-67、图 3-70 和图 3-71。

图 3-70　1938 年布加迪 Type 57 SC Atlantic Coupe　　　　图 3-71　1990 ID90 Concept

(8) 西亚特（Seat）

① 基本情况
- 西亚特（Seat）是西班牙最大的汽车公司，于 1950 年成立于巴塞罗那。
- 1983 年，德国大众汽车公司买下了西亚特的大部分股份。
- 1990 年，德国大众获得西雅特的全部股权，使西亚特成为大众汽车公司的子公司。

② 公司商标
- 西亚特商标（见图 3-72）由厂名 SEAT 和图标组成。SEAT 是公司全称的缩写，它的车标就是一个大写的、艺术化的"S"。图标以大红色做底，"S"字母中空状态，看似一只欲展翅腾飞的火凤凰，喻示着西亚特汽车的灵活和动力，能适应时代发展，随时把握时代动向，永不落伍。

图 3-72　西亚特商标

③ 公司汽车品牌

- 汽车品牌有伊比萨（Ibiza，昵称"小斗牛士"）、阿罗莎（Arosa）、图雷多（Toledo）、科多巴（Cordoba）、利昂（Leon）（见图3-73）、西亚特Tribu、Cupra、Proto C 和 Barcelona 等。

（9）斯堪尼亚（Scania）公司

① 基本情况

图3-73 18款西雅特 Leon Cupra R

斯堪尼亚（Scania）公司创办于1891年，1969年与萨博（Saab）合并成立萨博-斯堪尼亚有限公司，于2008年被大众公司收购。

斯堪尼亚公司是世界领先的重型货车和大型客车以及工业发动机制造商之一，全球拥有30000名雇员。

② 公司商标（见图3-74）

斯堪尼亚公司商标是狮身鹰面兽。在古代神话中，狮身鹰面兽一直都是最强大动物的象征，是各种神祇的坐骑，象征力量、速度、敏捷和勇气。喻示公司生产的汽车性能优越。

图3-74 斯堪尼亚公司商标

③ 汽车品牌

公司以生产重型货车和大型客车闻名，其新款R系列重型货车荣膺"2010年度货车"大奖；2007年，推出未来客车，燃用乙醇燃料。

3.1.4 雷诺-日产-三菱联盟

- 1999年3月，法国雷诺汽车公司通过收购股份成为日产的第一大股东，结成雷诺-日产汽车联盟。
- 1999年7月控股罗马尼亚达西亚汽车公司。
- 2000年并购韩国三星汽车公司。
- 2010年4月7日，戴姆勒公司与雷诺-日产联盟宣布建立战略联盟。
- 2013年12月16日，与中国东风汽车集团合资。
- 2014年6月27日，雷诺-日产联盟控股俄罗斯伏尔加汽车公司。
- 2016年，雷诺-日产联盟收购三菱汽车34%的股份，成为三菱汽车公司的最大股东，结成雷诺-日产-三菱汽车联盟（RENAULT NISSAN MITSUBISHI）。新的联盟商标采用三条相互交错的弧线，兼顾了三个品牌原有Logo的特点，表示三方之间将不断强化趋同和合作（见图3-75）。

图3-75 雷诺-日产-三菱汽车联盟商标

- 2017年10月6日，发布2017—2022战略计划-"驾驭未来"。
- 2019年该联盟汽车销量近1015.5万辆，世界排名第三。目前拥有雷诺、日产、三菱、英菲尼迪、达西亚和三星6大品牌，如表3-3所示。

表 3-3　雷诺-日产-三菱联盟主要汽车品牌

品牌	商标	品牌	商标	品牌	商标
雷诺（Renault）		日产（Nissan）		英菲尼迪（Infiniti）	
三星（3-Star）		达西亚（Dacia）		三菱（Mitsubishi）	

1. 雷诺（Renault）汽车公司

(1) 公司商标
- 商标是三个菱形拼成的图案，如图 3-76 左图所示，象征雷诺三兄弟与汽车工业融为一体，表示"雷诺"能在无限的（四维）空间中竞争、生存、发展。1992 年商标改为图 3-76 右图方案，三个菱形合一。

(2) 公司概况
- 法国雷诺汽车公司成立于 1898 年，创始人路易斯·雷诺（Louis Renault）（见图 3-77）和他的两个兄弟。公司总部设在法国巴黎附近的比昂古，雇员总数为 22 万人。

图 3-76　雷诺公司商标

图 3-77　路易斯．雷诺

- 1946 年开发了著名的 4CV 微型汽车，十分畅销，获得巨大的成功。
- 1972 年推出雷诺 5 型，采用掀背式后门和模块化后排座椅设计，成为法国最畅销的轿车，生产 540 万辆以上。
- 雷诺汽车公司是法国第二大汽车公司，也是世界十大汽车公司之一。其产品质量及可靠性也被认为是第一流的。汽车产品十分齐全，除小客车和载货车外，各种改装车、特种车应有尽有，在十大汽车公司也是独此一家。

(3) 汽车品牌
- 主要汽车品牌有梅甘娜（Megane）、克丽欧（Clio）、拉古娜（Laguna）、丽人行（Twingo）、太空车（Espace）、Avantime 等。
- 梅甘娜（见图 3-78）是雷诺近年来欧洲最畅销的车型；"丽人行"微型车（见图

图 3-78　雷诺梅甘娜 CC

3-79)曾多次在欧洲获销量第一。

2. 日产（Nissan）汽车公司

（1）公司商标（见图3-80）

图3-79　雷诺丽人行

图3-80　日产商标

商标用简洁明了的圆表示太阳，中间的字是"日产"两字的日语拼音形式整个图案的意思是"以人和汽车明天为目标"。

（2）公司概况

- 日产"NISSAN"的日语读音近似"尼桑"，所以也被音译为"尼桑"，含义是"以人和汽车的明天为目标"。
- 日产（NISSAN）汽车公司是在1933由日本产业公司与户畑铸造公司联合成立的汽车制造公司，1934年正式更名为日产汽车公司，总部设在东京。该公司是日本的第三大汽车生产厂家。
- 除生产各型汽车外，该公司还涉足机床、工程机械、造船和航天技术等领域，是一个庞大的跨国集团公司。该公司在2019年度《财富》世界500强排行第66。
- 日产目前在中国有郑州日产和东风日产等合资企业。

（3）汽车品牌

- 主要汽车品牌有公爵（Cedric）、蓝鸟（Bluebird）、轩逸（Sylphy）、风度（Cefiro）、阳光（Sunny）、派美（Primera）、ELGRAND、X-Trail、西玛（Cima）、千里马、光荣、桂冠和总统等。
- 公爵（见图3-81）是日产一款豪华高级轿车；蓝鸟（见图3-82）被日产汽车公司称为历史悠久、生产量大、技术先进、可靠性高的日产车。
- 轩逸（见图3-83）与蓝鸟一脉相承，凭借出色的舒适性、燃油经济性和可靠性，销量提升至每年47万台，并夺得"2018中国车市总冠军"。

图3-81　日产公爵

图3-82　日产蓝鸟

图3-83　第十四代轩逸

3. 英菲尼迪（Infiniti）

- 是日产在美国市场使用的品牌，是日产专门开发美国豪华轿车市场的高级轿车品牌，商标如图 3-84 所示。作为豪华品牌的后起之秀，其中顶级车是 Q50（见图 3-85），后轮驱动豪华程度与日产总统牌（日本皇室人员用车，车标如图 3-86 所示）如出一辙。

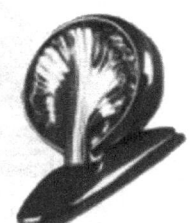

图 3-84　英菲尼迪商标　　　图 3-85　2019 款 Q50　　　图 3-86　日产总统牌车标

4. 三菱汽车公司

（1）公司商标

三菱的标志是岩崎家族的家族标志"三段菱"和土佐藩家族标志"三柏菱"的结合，后来逐渐演变成今天的三菱钻石标志（见图 3-87），以突显其深邃灿烂的菱钻式的造车艺术和公司的三条原则：承担对社会的共同责任、诚实与公平、通过贸易促进国际谅解与合作。

图 3-87　三菱商标

（2）公司概况

其前身为 1870 年岩崎弥太朗创建的九十九商社，1873 年改称为三菱商会，20 世纪 20 年代就生产过汽车。1970 年成立了三菱汽车公司。该公司生产的轿车和越野吉普车，品质优良，性能超群。

（3）汽车品牌

- 主要汽车品牌有 Colt、iMiEV、蓝瑟（Lancer）、蓝瑟翼豪陆神（Lancer Evolution）、日蚀（Eclipse）、劲炫（ASX）、欧蓝德（Outlander）、帕杰罗（Pajero）、奕歌（Eclipse Cross）和得利卡（Delica）等。
- 蓝瑟翼豪陆神（图 3-88）是三菱汽车的旗舰之作，这款高性能四驱驱动运动轿车，通常被称为 EVO。
- 奕歌（见图 3-89）作为雷诺-日产-三菱联盟首款战略车型、也是三菱汽车新百年首款全球战略车型。

图 3-88　Lancer EvolutionX Concept Final　　　图 3-89　2018 年奕歌

5. 其他汽车品牌

（1）三星（3-STAR）

- 韩国三星汽车公司成立于 1997 年。2000 年被雷诺汽车公司并购。
- 雷诺三星目前的主要车型有 SM3、SM5 等。
- 三星商标如图 3-90 所示。

（2）达西亚（Dacia）

- 罗马尼亚达西亚轿车厂成立于 20 世纪 60 年代中期。
- 1999 年 7 月，雷诺获得达西亚汽车制造厂 51% 的股份。
- 目前达西亚的主要车型有 Solenza、Logan 等。
- 达西亚商标如图 3-91 所示。

图 3-90　三星商标

图 3-91　达西亚商标

3.1.5　标致-雪铁龙汽车集团

- 标致-雪铁龙汽车集团（简称 PAS 集团），由著名的法国标致汽车公司和雪铁龙汽车公司组成。

1976 年标致公司兼并了雪铁龙公司，2017 年 3 月，PSA 集团收购通用汽车旗下欧宝和沃克斯豪尔汽车公司，使得 PSA 集团成为欧洲第二大汽车公司，也是法国最大的汽车集团公司。2019 年 10 月 31 日，PSA 集团与菲克集团发布了联合公告，创建一个由双方分别持有 50% 股份的新集团。

- 2019 年汽车销量 350 万辆。主要汽车品牌有标致（Peugeot）、雪铁龙（Citroen）、DS、欧宝（Opel）和沃克斯豪尔（Vauxhall）等五大汽车品牌。
- PAS 集团目前在中国和东风汽车公司建有合资的神龙汽车有限公司等。

1. 标致汽车公司

（1）标致汽车公司发展简史

- 1810 年，标致兄弟公司成立，主要生产小型金属零件。
- 1890 年，标致汽车公司成立，创始人阿尔芒·标致（Armand Peugeot）（见图 3-92），推出第一辆带标致名称的汽车。
- 1929 年，标致 201 推出（见图 3-93）。它是世界上第一批采用前轮独立悬架的车型。
- 1978 年，标致雪铁龙集团收购了克莱斯勒公司在法国、英国以及西班牙三个欧洲子公司，并在 1979 年将其重组为 Talbot 公司。
- 1983 年，标致 205 运动型车面世（见图 3-94），以其精准的操控反应与在 WRC 赛事上杰出的表现而被誉为"神车"，生产了大约 530 万辆，树立了国际品牌的威望。
- 1998 年，推出标致 206（见图 3-95 和图 3-96），共获得包括德国和日本在内的 20 多个"年度车型"奖项，被评为2001和2002年欧洲最佳销量车型。
- 2001年，标致307（见图3-97）上市，获得2002年"欧洲最佳年度车型"的赞誉。

图3-92　阿尔芒·标致

图3-93　标致201

图3-94　标致205

图3-95　标致206

图3-96　标致206 WRC

图3-97　标致307

(2) 标致商标
- 商标是只狮子（见图3-98），标致"PEUGEOT"曾译名为"别儒"。商标来由是因为别儒祖先到美洲、非洲探险，在那里发现了惊人的动物——狮子，因此以狮子作为家族徽章，后来用到汽车上。这尊小狮子后来成为标致汽车公司所在地蒙贝利亚尔省的省徽。
- 狮子历来是雄悍、英武、高贵的象征，古埃及的巨大雕塑"司芬克司"就是狮身人面像，以代表法老的威严和英武。标致商标中的狮子，简洁、明快、刚劲、有力，衬托出标致汽车的力量和节奏感。

图3-98　标致商标

(3) 标致汽车品牌
- 标致汽车从1929年起采用三位数字命名法。第一位数字与车长相关，最后一位是年代顺序，0 在中间补位，并将 101 到 909 的数字组合全部注册为它的汽车商标。2005 年起正式采用中间为两个"0"的四位数字来命名新产品，即命名采用 x00y 格式。

- 目前主要品牌车型有标致 301、308、408、508L（见图 3-99）、3008、4008 和 5008 等。

图 3-99　标致 508L

2. 雪铁龙汽车公司

（1）雪铁龙汽车公司发展简史

- 1913 年，安德烈·雪铁龙在巴黎建立了雪铁龙齿轮厂。
- 1915 年，法国雪铁龙公司成立。创始人安德烈·雪铁龙（A·Citroen）（见图 3-100）。
- 1948 年，开发了 0.375L 排量的 2CV 微型汽车，俗称"丑小鸭"（见图 3-101），它功能多、维修容易、价格便宜，推出后风靡世界市场数十年。
- 1955 年，雪铁龙推出的 DS 车更是一款成功的前轮驱动轿车（见图 3-102），也是法国传奇总统戴高乐最喜欢的座驾。

图 3-100　安德烈·雪铁龙

图 3-101　2CV

图 3-102　DS23

- 1976 年，标致公司兼并了雪铁龙公司，组成 PAS 标致—雪铁龙汽车集团。
- 雪铁龙汽车创造大胆，组合科技，具有艺术魅力。产品为低中档次，其中 ZX 车型曾经是欧洲最畅销的两厢汽车，它具有后轮从动转向技术功能，中国神龙汽车就是引进 ZX 车技术生产的。

（2）雪铁龙商标

- 创始人安德烈·雪铁龙，1900 年发明了人字齿轮，获专利。商标是两个"人"字（见图 3-103），显示人字齿轮，以宣扬其创新，也反应出法国人生性开朗，爱赶时髦，喜欢新颖和漂亮的性格，散发着法国人的浪漫气息，雪铁龙轿车有"法国第一夫人"的美称。

（3）雪铁龙汽车品牌

- 雪铁龙目前的代表车型：轿车系列有全新爱丽舍、C4、C5、C6（见图 3-104）；SUV 系列有新 C3-XR、天逸 C5 等；MPV 系列有 C4 Picasso、Grand C4 Picasso；豪华品牌 DS 有 DS4、DS5、DS6、DS7 等。

图 3-103 雪铁龙商标

图 3-104 雪铁龙 C6

3.1.6 菲亚特-克莱斯勒汽车集团

1. 集团概况

（1）公司商标

- 菲亚特汽车公司是菲亚特克莱斯勒汽车集团的前身，其商标几经变迁，部分商标如图 3-105 所示。图中"FIAT"为菲亚特汽车公司全称（Fabbrica Itliana Auto-mobile di Torino）四个单词的大写首字母。"FIAT"在英语中具有"法令""许可"的含义，因此在客户的心目中，菲亚特轿车具有较高的合法性与可靠性，深得用户的信赖。

图 3-105 菲亚特商标

（2）发展简史

- 1899 年，乔瓦尼·阿涅利创建了意大利都灵汽车制造厂，菲亚特（FIAT）是该公司缩写的译音，总部设在意大利都灵市。
- 1911 年，制造出菲亚特 300（见图 3-106），发动机 213kW，最高速度达 290km/h，创造了当时的世界纪录。
- 1957 年，推出菲亚特 500 汽车，拥有空气冷却的双气缸发动机，产量达到了 368 万辆。
- 1967 年，推出菲亚特 124（见图 3-107），是欧洲最出色的家庭汽车之一，共生产了 400 万辆。

图 3-106 菲亚特 300 汽车

图 3-107 菲亚特 124

- 1969年，菲亚特兼并了蓝旗亚汽车厂并购买了法拉利车厂50%的股份，把世界跑车业的第一品牌法拉利归到了自己旗下。
- 1971年，收购阿巴斯（Abarth）汽车公司。
- 1980年，菲亚特生产熊猫（Panda）微型轿车，创立了小型多功能车的概念，目前该车仍在生产之中，图3-108是2017款菲亚特熊猫汽车。
- 1986年，收购了阿尔法·罗密欧。
- 1993年，收购了玛莎拉蒂。
- 1996年4月，推出面向世界的派力奥（Palio）系列轿车，产量已经超过了100万辆（见图3-109）。

图3-108　菲亚特熊猫汽车　　　　图3-109　菲亚特派力奥汽车

- 1997年，阿尔法·罗密欧推出156，是世界首款搭载共轨柴油发动机的轿车。
- 2000年，菲亚特集团和通用汽车携手成立产业联盟（2005年解散）。
- 2011年1月1日，集团拆分正式生效。在新的公司结构下，菲亚特集团旗下囊括了菲亚特集团汽车、法拉利、玛莎拉蒂、马涅蒂·马瑞利、泰克西、柯马和菲亚特动力科技（乘用车、商用车动力总成部门）。
- 2014年1月，菲亚特收购美国第三大汽车公司克莱斯勒集团，并更名为菲亚特克莱斯勒汽车集团，简称FCA。
- 2018年06月，与谷歌Waymo在自动驾驶领域深化合作。
- 2019年10月31日，FCA集团与PSA集团发布了联合公告，创建一个由双方分别持有50%股份的新集团。

（3）公司规模
- 菲亚特集团汽车部雇员27万左右，在100多个国家有子公司和销售机构。工程车辆公司有伊维柯公司。
- FCA公司几乎垄断了意大利汽车、拖拉机、工程机械、飞机制造、生物工程、土木工程、能源工程等许多技术生产领域，这在世界汽车工业中是罕见的。
- 该企业2019年销售汽车441.8万辆，世界排名第几。
- 1999年4月，菲亚特与我国南京跃进汽车集团合资组成南京菲亚特合资公司。
- 2010年3月，与我国广汽集团组建广汽菲亚特汽车公司。

2．主要汽车品牌

FCA公司主要汽车品牌有菲亚特、克莱斯勒、道奇、吉普、法拉利、阿尔法·罗密欧、蓝旗亚和玛莎拉蒂等，如表3-4所示。

表3-4 菲亚特汽车公司主要汽车品牌

品牌	商标	品牌	商标	品牌	商标
菲亚特 （Fiat）		阿尔法·罗密欧 （Alfa Romeo）		法拉利 （Ferrari）	
克莱斯勒 （Chrysler）		道奇 （Dodge）		吉普 （Jeep）	
蓝旗亚 （Lancia）		玛莎拉蒂 （Maserati）		阿巴斯 （Abarth）	

（1）菲亚特汽车品牌
- 菲亚特汽车品牌主要有熊猫（Panda）、派刀奥（Palio）、西耶那（Siena）、派力奥周末款（Palio W. E.）、马力昂（Marea）、膀托（Abarth）、多能（Multipla）以及多宝（Doblo）等。

（2）阿尔法·罗密欧（Alfa Romeo）

① 阿尔法·罗密欧商标（见图3-110）
- Alfa Romeo 中的"Alfa"是"Anonima Lombarda Fabbrica Automobili"的缩写。
- 阿尔法·罗密欧的标志是中世纪意大利米兰的领主维斯康泰公爵的家徽，也是现在米兰市的市徽。标志中的十字部分来源于十字军从米兰向外远征的故事；右边部分关于蛇正在吞食撒拉逊人的图案，传说之一是维斯康泰的祖先普经击退了使该城人民遭受苦难的"恶龙"。

图3-110 阿尔法·罗密欧商标

② 阿尔法·罗密欧发展简介
- 1910年，阿尔法·罗密欧公司创建，总部设在意大利米兰。
- 1910年，推出最早的成名之作，型号为24HP的汽车。
- 1924年，推出P2车型（见图3-111），在第一届世界赛车锦标赛上勇夺桂冠。
- 1932年，公司被 I. R. I.（Institute for Industrial Reconstruction 工业重建研究院）收购。
- 1986年，并入菲亚特集团。
- 1998年，156车型（见图3-112）在被评为年度汽车，创新时尚的设计和优秀的机械性能，让156车型成为全球车迷都瞩目的一部汽车。

项目3　国外著名汽车集团公司及商标

图3-111　阿尔法·罗密欧P2汽车

图3-112　阿尔法·罗密欧156汽车

- 2000年，147车型面世（见图3-113），并一举夺得2001年度之车的称号。
- 2013年，推出量产版4C跑车，并被评为2013巴黎车展最美车型（见图3-114）。

图3-113　阿尔法·罗密欧147汽车

图3-114　量产版4C跑车

③ 阿尔法·罗密欧汽车品牌
- 阿尔法·罗密欧汽车品牌主要有147（中型轿车）、156/156 Sport Wagon（中高档轿车）、166（高档轿车）、GTV/Spider（运动型轿车）、Giulia（运动型轿车）、4C（跑车）和Stelvio（SUV）等。

（3）法拉利（Ferrari）

① 法拉利商标（见图3-115）

- 法拉利商标由字母和图案组成，下面的字母代表创始人法拉利（Ferrari），图案"跃马"原来是红色，后来为纪念意大利飞行员巴拉克（生前最喜欢跃马）作战勇敢，屡建战功，为国捐躯而改为黑跃马。
- 以跃马作为跑车商标和赛车吉祥物，比喻奔腾向前，搏击长空，一定取胜，与法拉利跑车的刚劲和难以言喻的经典红头造型相结合，更显法拉利跑车魔鬼般令人晕眩的震撼力。

图3-115　法拉利商标

② 法拉利发展简介
- 1929年，世界赛车冠军、汽车设计大师、意大利恩佐·法拉利（图3-116）创建了法拉利汽车公司。恩佐·法拉利，13岁开始驾车，赢得了9次勒芒24小时拉力赛冠军和9次F1总冠军，被誉为"赛车之父"。他设计的F1赛车，截止至2019年底，获得15次一级方程式车手总冠军、16次一级方程式车队总冠军、16次制造商世界冠

79

军、9 次勒芒 24 小时耐力赛冠军、8 次 Mille Miglia 比赛冠军、7 次 Targa Florio 比赛冠军以及不下 5000 多次各种车赛冠军，至今无人打破这个记录。
- 1947 年，第一辆法拉利赛车 125 Sport（见图 3-117）赢得了罗马大奖赛的胜利。

图 3-116　恩佐·法拉利

图 3-117　第一辆法拉利赛车

- 1969 年被菲亚特集团收购。
- 2007 年推出法拉利 F2007（见图 3-118）。
- 2015 年 10 月 21 日，法拉利在纽约证券交易所上市。
- 2019 年 5 月 29 日，法拉利发布了首款量产插电式混合动力车型 SF90 Stradale（见图 3-119），开启混动超跑时代。

图 3-118　法拉利 F2007

图 3-119　法拉利 SF90 Stradale

③ 法拉利汽车品牌
- 法拉利汽车大部分采用手工制造，年产量只有 4000 辆左右，发动机最高转速可达 7000~10000r/min，功率超过 368kW，最高车速可达 300km/h 小时。每一辆法拉利汽车，都可以说是一件绝妙的艺术品。
- 著名的超级跑车有 1962 年 250 GTO、1984 年 288 GTO、1988—1992 年 F40（见图 3-120）、1995—1997 年 F50、1996 年 F50 GT、2003—2005 年 Enzo（见图 3-121）等。

图 3-120　法拉利 F40

图 3-121　法拉利 Enzo

- 目前在售车型有 812Superfast、812GTS、SF90Stradale、F8Tributo、F8Spider、488Pista、488Pista Spider GTC4Lusso、Portofino 等。

（4）玛莎拉蒂（Maserati）

① 玛莎拉蒂商标

树叶形的底座置于一个椭圆中，其上放置一件三叉戟（见图3-122）。相传这个兵器是罗马神话中的海神尼普顿（Neptune，在希腊神话中海神则被称为波赛顿）手中的武器。它显示出海神巨大无比的威力。这个商标也是公司所在地意大利博罗尼亚市的市徽。该商标表示玛莎拉蒂牌汽车就像三叉戟一样威力无比，所向披靡。

图3-122 玛莎拉蒂商标

② 玛莎拉蒂发展简介

- 1914年，玛莎拉蒂（Maserati）家族六兄弟于意大利的科隆纳创建了玛莎拉蒂汽车公司，专门生产运动车。
- 1926年，自行设计制造出第一辆玛莎拉蒂 Tipo 26 汽车（见图3-123）参加竞赛。
- 其后的十余年间，玛莎拉蒂公司又相继推出 Tipo 26B，玛莎拉蒂 V4，玛莎拉蒂 4CTR，玛莎拉蒂 4CL 等经典车型，以其性能与品质的完美结合赢得多次赛事的胜利。
- 1957年玛莎拉蒂 250F（见图3-124）取得了第五个冠军称号。

图3-123 玛莎拉蒂 Tipo 26

图3-124 玛莎拉蒂 250F

- 三十余年的参赛历史，玛莎拉蒂取得了近500场参赛的胜利，共取得了23个冠军称号。
- 1968年，玛莎拉蒂公司又相继开发了一些经典车型鸟笼（Birdcage）系列（见图3-125）等。
- 1993年，被菲亚特集团收购。
- 2002年，推出玛莎拉蒂 Coupe 等。
- 2013年，玛莎拉蒂推出全新产品：轿车 Ghibli（见图3-126）和全新 Quattroporte 总裁轿车，销量迎来了井喷式的增长。

图3-125 玛莎拉蒂"鸟笼"概念车

图3-126 玛莎拉蒂 Ghibli

- 2016年，玛莎拉蒂推出了首款 SUV 车型 Levante（见图3-127），车名寓意纪念品牌的开创，百年前，玛莎拉蒂兄弟在博洛尼亚市的 Via Emilia Levante 大街1号开始了他们最初的梦想。

③ 玛莎拉蒂汽车品牌

玛莎拉蒂运动车在造型设计上,将自己的传统风格与流行款式相结合,在外观造型、机械性能、舒适安全性等各方面,在运动车中都是一流的,品牌车型有玛莎拉蒂 Mistral、Sebring、Ghibli、Coupe、Birdcage、GranCabrio、GranTurismo、Levante、Quattroporte(见图3-128)及其 Quattroporte GT 等。

图 3-127　玛莎拉蒂 Levante

图 3-128　2019 款玛莎拉蒂 Quattroporte

(5) 蓝旗亚(Lancia)

① 蓝旗亚商标(见图3-129)

蓝旗亚也译成蓝西亚。商标有双重意义,一是取自公司创始人之一维琴佐·蓝旗亚的姓氏;二是"蓝旗亚"在意大利语中解释为"长矛"。骑着高头大马,手持挂旗子的长矛者,便是中世纪意大利骑士的主要特征。最早的商标是在旗子的后面加上车轮形状的图案,20世纪50年代才把图案置于盾形框架之中。商标喻示了蓝旗亚企业不畏艰难的拼搏精神。

② 蓝旗亚发展简介

- 1906 年,赛车手维琴佐·蓝旗亚在都灵创办蓝旗亚公司。
- 1907 年,蓝旗亚车首次推出 Alpha(见图3-130)高性能车型。
- 1918 年,推出双排 8 缸发动机和 V 型 12 缸发动机。

图 3-129　蓝旗亚商标

图 3-130　蓝旗亚 Alpha

- 1922 年,推出的 Lambda 车型,具有承重能力的车身和一个独立的前悬架两项突破。
- 1969 年,菲亚特兼并了蓝旗亚汽车厂。

③ 蓝旗亚汽车品牌

蓝旗亚汽车保持一种高雅、尊贵的格调,在众多爱车族的眼中意味着健康、向上的生活品质。主要汽车品牌有蓝旗亚 Ypsilon(见图3-131)、Thesis(见图3-132)、Lybra Lanbda、Augusta、Artena、Astura、Aprilia 以及 Delta 等。

项目3　国外著名汽车集团公司及商标

图 3-131　蓝旗亚 Ypsilon

图 3-132　蓝旗亚 Thesis

（6）阿巴斯（Abarth）

① 公司商标

商标是一只小蝎子（见图 3-133），但能力却无比惊人。最新标志中加入绿色、白色和红色条纹，以示其起源于意大利。

② 公司发展简介

- 1950 年阿巴斯公司在意大利成立。创始人是奥地利的卡尔·阿巴斯（Karl Abarth）（见图 3-134）。
- 20 世纪 50 年代初期到中期，公司开始为菲亚特公司进行量产车型的改装，汽车性能得到极大提高。
- 20 世纪 60 年代，设计制作方程式 1 赛车与跑车，在很多比赛中取得胜利。
- 1971 年被菲亚特汽车公司收购。为菲亚特 Abart 设计的赛车总共赢得了 21 项世界拉力赛冠军。

图 3-133　阿巴斯商标

③ 公司汽车品牌

主要有 Abarth500、1000、1300、1600、阿巴斯 SIMCA 2000 GT（图 3-135）等。

图 3-134　卡尔·阿巴斯

图 3-135　阿巴斯 SIMCA 2000 GT

3.1.7　阿斯顿·马丁汽车公司

1. 公司概况

- 阿斯顿·马丁现归属英国 Prodrive 公司。
- 1913 年，英国莱昂内尔·马丁（Lionel Martin）和罗伯特·班福特（Robert Bamford）（见图 3-136）共同创建。
- 1923 年，公司改名为阿斯顿·马丁。因为马丁曾驾驶自己制造的赛车在阿斯顿·克林顿山举行的山地汽车赛中获胜，为了纪念胜利而将公司和产品改名。

- 1947年，公司卖给了英国拖拉机制造商戴维·布朗（David Brown）。第二年，DB1（见图3-137）车型投产。

图3-136 罗伯特·班福特（左）和莱昂内尔·马丁（右）

图3-137 阿斯顿·马丁DB1汽车

- 1987年福特收购了其75%股份，1994年成为福特公司的全资子公司。
- 2007年3月，福特将其转售给由两大国际投资机构INVESTMENT DAR和ADEEM INVESTMENT组成的企业财团。
- 2015年4月20日，阿斯顿·马丁与乐视合作推进车载互联网技术。
- 2017年4月，阿斯顿·马丁与乐视中止了电动汽车合作。
- 2017年，阿斯顿·马丁公布的收入为8.76亿英镑，比2016年增长48%，创下历史新高。
- 2018年10月，阿斯顿·马丁在伦敦IPO上市。

2. 汽车标志

- 阿斯顿·马丁商标（见图3-138）是一只展翅飞翔的大鹏，分别加以ASTON MARTIN或LACONDA（拉贡达）字样。因为阿斯顿·马丁公司原来是与拉贡达公司合并而成的，商标喻示着公司如大鹏般远大的志向。

3. 汽车品牌

- 阿斯顿·马丁以生产敞篷旅行车、赛车和限量生产的跑车而闻名于世，一直是造型别致、精工细作、性能卓越的运动跑车的代名词。著名车型有DB系列、飞鼠（Vantage）、Vanquish（见图3-139）、ONE-77以及Valkyrie等。

图3-138 阿斯顿·马丁商标

图3-139 2012年阿斯顿·马丁旗舰车Vanquish

3.1.8 俄罗斯伏尔加汽车制造厂

1. 公司概况

- 1930年5月，苏联自行建设了高尔基汽车厂（简称GAZ——嘎斯，后改称伏尔加汽车制造厂），由美国福特公司提供技术设备。
- 1932年，高尔基汽车厂生产出第一批自己的产品——嘎斯AA型载货汽车。

- 1956年10月15日，第一批伏尔加牌嘎斯-21型轿车（见图3-140）诞生，并正式以俄罗斯的母亲河——伏尔加河的名字命名。
- 1958年，伏尔加轿车在布鲁塞尔国际工业展上夺得最高奖。同时，伏尔加轿车实现了出口到75个国家。

2. 汽车标志

伏尔加制造厂原为高尔基汽车厂（GAZ），也常将其音译称为"嘎斯"汽车。商标是盾牌中有GAZ标志和一只梅花鹿（见图3-141），预示生产的汽车像盾牌一样坚固，像梅花鹿一样善于奔跑。

图3-140　嘎斯-21型轿车

图3-141　汽车标志

3.1.9　荷兰世爵汽车公司

1. 公司概况

（1）公司商标（见图3-142）

- 世爵汽车公司（Spyker）由一个水平的飞机螺旋桨穿越镌刻公司名称和座右铭的轮辐。螺旋桨显示其制造飞机的历史；"NULLA TENACI INVIA EST VIA"中文意思是"执着强悍、畅行无阻"，体现了公司为车主制造出全球最先进，设计最独特的跑车。

图3-142　世爵汽车公司商标

（2）公司发展简史

- 1880年，荷兰商人雅克布斯（JACOBUS）和亨德里克·让·世派克（HENDRIK-JAN·SPIJKER）兄弟创立公司，制造四轮马车。公司总部在阿姆斯特丹。
- 1900年，为了庆祝威廉敏娜女王加冕，制造了著名的黄金马车（见图3-143）。
- 1903年12月，制造出世界上第一辆六缸四驱并带四轮制动的世爵60hp汽车（见图3-144）。

图3-143　1900年黄金马车

图3-144　世爵60hp汽车

- 1907年，推出了世爵14hp/18hp的旅行车。在从北京到巴黎的著名拉力赛中荣获亚军。
- 1914年，世爵公司与荷兰飞机制造股份公司合并。
- 1925年，世爵公司因为各种原因停止了汽车的生产，销声匿迹了75年。
- 2000年生产出C8SPYDER跑车，获得了"专业少量汽车生产商优秀技术大奖"。
- 2005年9月12日，世爵C8 Spyder被美国《DuPont Registry》杂志评为"全球最独一无二，最富激情"的汽车品牌。
- 2010年2月1日，世爵公司从美国通用汽车公司购得萨博（Saab）汽车品牌。

2. 汽车品牌

有世爵（Spyder）和萨博（Saab）品牌。

（1）世爵

世爵品牌主要有C8系列（见图3-145和图3-146）

图3-145　世爵C8 Laviolette汽车　　　图3-146　世爵C8 Aileron汽车

（2）萨博（Saab）

① 基本情况

- 公司创建：萨博（Saab）也称绅宝，原来是瑞典飞机公司，1937年成立，1946年开始转产汽车。1990年被美国通用公司收购50%股权，2000年被美国通用汽车公司收购100%股权，2010年2月1日，通用将萨博汽车以4亿美元卖给世爵汽车公司。2011年12月，萨博正式向瑞典法院递交破产申请。2012年8月被瑞典国家电动车公司（简称"NEVS"）收购。
- 公司特色：以生产安全性能较好的豪华轿车和涡轮增压发动机而闻名于世。目前主要汽车品牌有Saab 9-3、Saab 9-5等。

② 萨博商标（见图3-147）

由文字"SAAB"和"头戴皇冠的鹰头飞狮"组成，王冠象征着轿车的高贵，狮子为权利象征。半鹰、半狮的怪兽图案象征着一种警觉，这是瑞典南部两个县流行的一种象征，而萨博汽车和萨博飞机的生产就起源在这里。

③ 萨博历史名车（见图3-148和图3-149）。

图3-147　萨博商标　　图3-148　1946年第一辆定型车Saab92　　图3-149　世爵b6 Venator Spyder概念车

四、任务实施

现场感受情境引入中的工作氛围，采用小组合作形式，通过角色扮演汽车博物馆讲解员，完成此次实训任务。

1. 讲解戴姆勒股份汽车公司的发展简史。
2. 介绍大众商标的含义与各品牌。
3. 介绍欧洲车系的特点。
4. 完成如下作业工单：

（1）填写表3-5 经典车型。

表3-5　经典车型

经典车型					
汽车名称					

（2）填写表3-6 汽车品牌。

表3-6　汽车品牌

商标					
品牌名称					

（3）布加迪的_____轿车和_____系列跑车都是精品之作，有的只限量生产几辆，有的打破世界车速记录。

（4）1913年，雪铁龙在巴黎建立了_____；1915年，法国雪铁龙公司成立，创始人_____，1929年的标致201是世界上第一批_____的车型。

（5）1903年12月，制造出世界上第一辆_____的世爵60hp汽车。

五、任务评价

在完成本学习任务后，通过小组会议的形式进行总结与反思，并推选代表宣讲交流知识与技能的掌握情况，小组之间进行互评，评价内容与标准见表1-3。最后由教师进行总结评价。

任务3.2　美国汽车集团公司探究

一、学习目标

完成本学习任务后，您能够：

1. 识别美国主要汽车集团旗下的各品牌与车标。
2. 阐述美国主要汽车集团公司的发展历史。
3. 罗列出美国主要汽车集团公司发展过程中的经验教训。
4. 阐述各品牌车标的含义。

二、情境引入

老师带学生走进学校汽车文化展厅，文化墙上贴满了美国主要汽车集团简介和各个时期的代表车型，展柜里摆放着一辆辆精致的经典汽车模型，伴随着老师专业的讲解，时间仿佛从现在拉回到相片中的时代。

三、相关知识

3.2.1 通用汽车公司

1. 公司概况

（1）公司商标（见图3-150）

- 商标"GM"用公司英文名称的前两个单词的第一个大写字母组成，蓝底白字，简洁明快。

（2）公司简介

- 创立时间：1908年9月16日。
- 创始人：威廉·杜兰特（William C. Durant）（见图3-151）。
- 公司总部：美国汽车城底特律（见图3-152）。

图3-150　通用汽车公司商标

图3-151　威廉·杜兰特

图3-152　美国汽车城底特律

公司规模：从1928—2015年，一直是全世界最大的汽车公司，下属20多个分部、20余万员工。1984年有员工81.3万人，1993年世界500强排第1名（销售额），被誉为"世界汽车巨人"。2019年汽车销量774.5万辆，居世界第四。2019年《财富》世界500强排行榜发布，通用汽车公司排名第32位。

2. 公司发展简史

- 1904年，美国最大的马车制造商杜兰特买下了别克（Buick）汽车公司。
- 1908年，杜兰特成立了通用汽车公司，收赚了奥兹莫比尔（Oldsmobile）汽车公司。
- 1909年，收购了奥克兰汽车公司。1932年奥克兰更名为庞蒂亚克（Pontiac）汽车公司。通用公司又并购了凯迪拉克（Cadillac）等汽车公司。

- 1910年，过快的发展使公司产生财务危机，杜兰特被免职。
- 1915年，杜兰特创立了雪佛兰汽车公司。他通过秘密收购通用汽车公司的股票，1917年再次获得了通用汽车公司的控制权，重新担任公司总裁。
- 1917—1920年，杜兰特又先后购进了17家小汽车公司，4年规模扩大了8倍，但各分公司各自为政，产品重复，一系列的失误，导致了通用公司濒临倒闭。通用汽车公司被杜邦公司收购，杜兰特再次被免职。
- 1923年，著名"经营之神"阿尔弗雷德·斯隆（Alfred Sloan）（见图3-153）担任公司总经理，建立了集中制定政策和分散管理模式，提出"为每一个消费者和每一种用途生产一种车"的产品策略，推出新雪佛兰轿车与福特公司竞争，取得极大成功，1928年成为世界上最大的汽车公司，其国内市场占有率达到43%。斯隆担任通用汽车公司总裁长达23年，为通用公司的发展做出了卓越的贡献，也为全球开创了大集团公司现代管理的先河。

图3-153 阿尔弗雷德·斯隆

- 1925年，并购了沃克斯豪尔汽车有限公司。
- 1929年，收购欧宝公司。
- 1939—1945年，第二次世界大战期间，公司接受了大量军事订货，从而大大地壮大了公司的经济实力。战争期间美国1/4左右的坦克、装甲车和飞机，1/2左右的子弹和步枪，2/3的重型载重汽车均来自通用汽车公司。
- 20世纪50年代末到90年代，世界经济危机、石油危机以及汽车市场的激烈竞争，使公司"大的就是好的"汽车设计思想遭到了严重打击。投资700亿美元进行设备和产品更新，导致1990~1991年的巨额亏损（1991年亏损近50亿美元），公司不得不进行大规模调整、改组和裁员。
- 20世纪前后，通用公司着眼于向全球市场扩张，包括进军日本（参股五十铃、富士和铃木汽车公司）、中国（合资上海通用、一汽通用）、韩国（通用大宇）、巴西及俄罗斯等国。
- 2009年6月1日，通用汽车申请破产保护。7月10日更名为通用汽车有限公司，结束破产保护。
- 2010年2月，通用将萨博汽车品牌卖给荷兰世爵汽车公司。
- 2010年2月29日，与法国标致雪铁龙结成联盟。
- 2016年1月，宣布收购共享乘车服务Sidecar的技术和资产。
- 2016年，通用汽车以现金5.81亿美元收购了自动驾驶公司（Cruise Automation）。
- 2017年3月6日，将通用旗下的欧宝、沃豪公司转让给标致雪铁龙集团。
- 2018年，Cruise Automation分别获得SoftBank Investments以及本田公司的22.5亿美元和27.5亿美元，与本田开展自动驾驶汽车研究。
- 2019年9月16日，通用汽车公司超过4.9万名工人举行罢工。美国媒体报道称，这是12年来规模最大的一次。

3. 子公司（分部）及其品牌

通用目前的子公司（分部）及其品牌如表 3-7 所示。

表 3-7　通用子公司（分部）及其汽车品牌

品牌	商标	品牌	商标	品牌	商标
凯迪拉克 （Cadillac）		庞蒂克 （Pontiac）		吉姆西 （GMC）	
悍马 （Hummer）		雪佛兰 （Chevrolet）		沃克斯豪尔 （Vauxhall）	
				土星 （Saturn）	
别克 （Buick）		欧宝 （Opel）		大宇 （Daewoo）	

（1）凯迪拉克（Cadillac）

① 基本情况
- 公司创始人：美国人亨利·利兰德（Henry Leland）（见图 3-154）。
- 公司创建时间：创建于 1902 年。1909 年被通用公司并购，成为其一个分部。
- 公司特色：以生产豪华汽车著称，其突破性的外形设计和引领潮流的科技创新赢得了世人的推崇。
- 其主要产品有：CT4、CT5、CT6、XT4、XT5、XT6、ATS-L、XTS、Escalade、CUE 等。

② 公司商标
- 凯迪莱克：英国的贵族，其后代安东尼·门斯·凯迪拉克到美国传教，并创建底特律城，为纪念他的功绩，1902 年，亨利·利兰德在底特律城建立汽车公司，并以凯迪拉克命名。
- 早期公司商标：凯迪拉克车标在不同时代不断变化，百余年来竟达 30 多次。早期公司商标由"冠"和"盾"组成（见图 3-155）。其中，"冠"上有 7 颗明珠，象征凯迪拉克的皇家贵族尊贵血统，隐喻汽车高贵、豪华、气派、风度；
"盾"象征凯迪拉克军队是一支金戈铁马、英勇善战、攻无不克、无坚不摧的英武之

图 3-154　亨利·利兰德

图 3-155　凯迪拉克车标 1

项目3 国外著名汽车集团公司及商标

师，隐喻其生产的汽车拥有巨大的市场竞争能力。"盾"被两根深褐色棒平分为四个等分，第二和第三等分有两根相互交叉的褐色棒，表示十字军战士在遥远战场上拥有骑士般的勇猛。第一和第四等分中各有三只黑色的鸟，这两等分又被黑色棒一分为二，并把三只相同的鸟分开，两只在上，一只在下，按照当时的风俗，没有腿和嘴的鸟，如果以三只同时出现，就表示神圣，这些鸟还表示大胆和热情的基督教武士和智慧、富有、聪敏的头脑及完美的品德。"盾"中的各种颜色也有深刻的含义，如红色表示勇猛和赤胆；银色表示婚姻、纯洁、博爱和美德；黄色表示丰收和富有；蓝色表示创新和探险；黑色表示土地。

- 凯迪拉克新车标：21世纪初，凯迪拉克再次对徽标进行了一系列令人耳目一新的革新（图3-156）。新徽标色彩明快、轮廓鲜明，呈现简单化，突出了凯迪拉克品牌的经典、尊贵和突破精神。

图3-156　2014年至今凯迪拉克车标2

③ 凯迪拉克历史名车见图3-157～图3-164。

图3-157　1905年凯迪拉克Osceola，四缸发动机，5座，木质车身，铝皮包裹

图3-158　1914年装有V8发动机的凯迪拉克

图3-159　1927年凯迪拉克拉赛尔（La Salle）汽车，由时尚设计师哈利·厄尔（Harley Earl）设计

图3-160　1931年装载V-16大排量发动机的凯迪拉克跑车

图3-161　1949年凯迪拉克Rhinebace，尾部设计是一个时代的象征

图3-162　1959年凯迪拉克Eldorado Convertible

图3-163　1989款的凯迪拉克弗利特伍德（Fleetwood）礼仪车，长12.19m

图3-164　2016款凯迪拉克CT6，3.0L直喷双涡轮增压发动机，298kW

(2) 别克（Buick）

① 基本情况
- 公司创始人：美国人大卫·别克（David Dunbar Buick）（见图3-165）。
- 公司创建时间：创建于1903年。1908年并入通用公司。
- 公司特色：主要设计制造中档家庭轿车，其销量占通用公司第3位。

② 公司商标
- 别克商标经过多次变化（见图3-166），目前最新的商标为三把利剑，从左到右，红、白、蓝递升，而且高度节节上升，给人一种积极进取，不断攀登的感觉，它表示别克分部采用顶级技术，游刃有余，是无坚不摧，勇于攀登的勇士。

图3-165　大卫·别克

图3-166　别克商标

③ 别克历史名车（见图3-167~图3-170）

图3-167　1936年别克Roadmaster

图3-168　1951年别克LeSabre概念车，风靡一时的"高尾鳍"设计

项目3　国外著名汽车集团公司及商标

图3-169　1959年别克旗舰车Electra

图3-170　1996—2005年别克林荫大道（Park Avenue）

主要产品有世纪（Century）、皇朝（Regal）、林荫大道（Electra/Parkavenue）等。

(3) 雪佛兰（Chevrolet）

① 基本情况

- 公司创始人：通用公司创始人威廉·杜兰特和瑞士的赛车手、工程师路易斯·雪佛兰（Louis Chevrolet）（见图3-171）。
- 公司创建时间：创建于1911年。1918年并入通用公司。
- 公司特色：主产经济型轿车及中、高级跑车。其产品被称为"地道美国车"，先后十多次获得美国《汽车时尚》杂志的"年度最佳轿车"奖。主要产品有卢米娜（Lumina）、卢米娜多用途车（LuminaAPV）、星旅（Astro）、科迈罗（Camaro）、雪佛兰科沃兹（Cavalier）、克尔维特（Corvette）、科鲁兹（Cruze）、新赛欧（Sail）、乐骋（Aveo）、乐风（Love）、美宜堡（Malibu）、万程（Venturo）、飞越运动厢体车（TransSport）以及科帕奇（Captiva）等。

② 公司商标

- 雪佛兰商标是抽象化了的蝴蝶领结（见图3-172），象征雪佛兰汽车的大方、气派和风度。

图3-171　路易斯·雪佛兰

图3-172　雪佛兰商标

③ 雪佛兰历史名车，见图3-173~图3-176。

(4) 庞蒂克（Pontiac）

① 基本情况

- 公司创始人：爱德华·墨菲。
- 公司创建时间：创建于1907年奥克兰汽车公司。1908年并入通用公司成为奥克兰分部，1932年改名为庞蒂克分部。（2009年4月29日，通用正式宣布砍掉庞蒂克这个品牌，历史悠久的庞蒂克品牌从此消失。）
- 公司特色：主要生产中档汽车。主要产品有太阳火（Sunfire）、博纳威（Bonneville）、格兰艾姆（Grandam）以及火鸟（Firebird）等。

图3-173　1917年雪佛兰"490"轿车，售价490美元，开创了产品高性价比和大众化的新篇章

图3-174　1934年雪佛兰Suburban Carryall，是今天运动型多用途汽车（SUV）的鼻祖，率先采用独立悬架系统，极大提高了行驶的舒适性

图3-175　1977年雪佛兰凯普瑞（Caprice），荣获《汽车趋势》杂志的"年度最佳小轿车"大奖，成为美国最热销的小轿车

图3-176　2007年雪佛兰Camaro跑车

② 公司商标
- 庞蒂克：是一个印第安酋长的名字，18世纪他曾率部在底特律附近抵抗英法殖民者。为纪念他，靠近底特律的一座小城被命名为庞蒂克市。
- 商标（见图3-177）：由"PONTIAC"（庞蒂克）和带十字标记的箭头组成。十字形标记表示庞蒂克是通用汽车公司的重要成员，也象征庞蒂克汽车安全可靠；箭头则代表庞蒂克的技术超前和攻关精神。

图3-177　庞蒂克商标

③ 庞蒂克历史名车（见图3-178~图3-179）。

图3-178　1926年庞蒂克轿车"六缸之冠"，在纽约汽车展览上名声大振

图3-179　1967年，庞蒂克高性能、高品质的运动型轿车"火鸟"（Firebird）

(5) 土星（Saturn）

① 基本情况
- 公司创建时间：1985年通用公司唯一从内部建立起来的分部，以抵御外国轿车大规模进入美国市场。2009年，因次贷危机，土星汽车与庞蒂克、悍马被宣告为重整后取消品牌。
- 公司特色：主要产品分为豪华轿车SL、旅行轿车SW和跑车SC。

② 土星商标
- 土星汽车标志由图形和文字组成（见图3-180）。SATURN是土星的英文名。图形是在红色背景前的土星两条轨迹，给人一种高科技、新观念、超时空的感觉，寓意土星汽车技术先进，设计超前且最具时代魅力。

图3-180 土星商标

(6) 欧宝（Opel）

① 基本情况
- 公司创始人：德国人亚当·欧宝（Adam Opel）（见图3-181）。
- 公司创建时间：1863年生产缝纫机和自行车，1899年开始生产汽车，1914年成为德国最大的汽车生产厂家。1929年被通用公司并购。2017年3月6日，欧宝被转售给标致雪铁龙集团。
- 公司特色：欧宝汽车公司重视汽车技术创新，向广大社会群体提供价廉物美的产品。旗下有欧美佳、威达、雅特和赛飞利等品牌轿车，性能优良，价位合理。

② 欧宝商标

欧宝汽车标志为"闪电"图案（见图3-182），代表了公司的技术进步与发展，又像闪电一样划破长空，震撼世界，即喻示欧宝汽车如风驰电掣，力量和速度无与伦比，同时也炫耀它在空气动力学方面的研究成就。

图3-181 亚当·欧宝

图3-182 欧宝商标

③ 欧宝历史名车（见图3-183和图3-184）

(7) 沃克斯豪尔（Vauxhall）

① 基本情况
- 公司创始人：英国人亚历山大·威尔逊。
- 公司创建时间：1857年建立蒸汽机制造厂，1903年开始制造汽车，1925年被美国通用汽车公司收购。是通用子公司欧宝下属的两大子品牌之一。2017年3月6日，被标致雪铁龙集团收购。

图 3-183　1924 年欧宝绿蛙（Laubfrosch），配置了先进的干式多片离合器及四轮油压制动

图 3-184　2001 年欧宝概念车 Speedster，极速 250km/h，每 100km 燃油消耗 2.5L

- 公司特色：以生产高性能轿跑车知名。目前是英国产量较大的轿车厂商。

② 沃克斯豪尔商标（见图 3-185）

选用了 13 世纪英国沃克斯豪尔地区土地主使用的狮身鹫首怪兽，它矫健的翅膀展开，即将腾飞，并显露出锋利的前颚，体现了英国传统文化理念中的征服与霸气。

图 3-185　活克斯豪尔商标

③ 沃克斯豪尔历史名车（见图 3-186 和图 3-137）

图 3-186　沃克斯豪尔 DX

图 3-187　沃克斯豪尔轿跑车

（8）通用公司其他汽车品牌与合作伙伴

① 悍马（Hummer）

美国 AMG 公司以生产悍马（Hummer）汽车而扬名世界（见图 3-188）。AMG 的创始人是自行车制造商乌特，1903 年成立越野汽车部，几经易手，如今通用汽车公司已从 AMG 公司得到了悍马的商标使用权和生产权，悍马 H2 就是在通用旗下诞生的第一辆悍马。悍马以其霸气、强悍、富有冒险精神的品牌形象高居越野车市场之首。2009 年，腾中重工从通用手中收购悍马以失败告终，最后，通用宣布悍马品牌在 2010 年 8 月月底完全关闭，为其 18 年的民用运营画上句号。

图 3-188　悍马 H2

② 吉姆西（GMC）

通用卡车公司，成立于 1911 年，以生产皮卡为主。

③ 霍尔登（Holden）

1931年，通用收购澳大利亚的霍尔登（Holden）汽车公司，与通用澳大利亚分公司合并成通用-霍尔登汽车公司。霍尔登汽车品牌在澳大利亚颇受欢迎。2017年10月23日，最后一辆霍尔登汽车从阿德莱德伊丽莎白的工厂推出后，工厂正式停止了所有汽车生产线，这也标志着霍尔登在澳大利亚近70年和760万辆车的生产历史的结束。

④ 大宇（Daewoo）

大宇汽车公司是韩国第二大汽车生产企业，1967年金宇中创建，总部在韩国首尔，主要产品以轿车和货车为主。由于经营不利，于2000年11月8日正式宣布破产。2002年10月，通用公司接手大宇，成立通用大宇汽车科技公司，被通用公司定为全球小型轿车开发基地。

⑤ 其他

通用汽车公司还与日本的丰田、本田、铃木、五十铃、富士重工、德国的戴姆勒、宝马、法国的雷诺、中国的上汽、一汽以及俄罗斯的AVTOVAZ等汽车公司开展合作生产和销售汽车。

3.2.2 福特汽车公司

1. 公司概况

（1）公司商标

- 福特公司商标采用蓝底白字，选用艺术化的"福特"英文字母（见图3-189），形似一只活泼可爱、充满活力的小白兔奔向前方，以象征福特汽车奔驰在世界各地，令人爱不释手。福特生前十分喜爱动物，商标设计也暗示了福特对动物的宠爱。

（2）公司简介

- 创立时间：1903年6月16日。
- 创始人：亨利·福特（Henry Ford）（见图3-190）。
- 公司总部：福特汽车的总部（见图3-191）位于美国密歇根州的里尔本市。

图3-189 福特汽车公司商标　　图3-190 亨利·福特　　图3-191 福特汽车公司总部

- 公司规模：世界最大的汽车企业之一，美国第二大汽车公司。2019年汽车销量538.6万辆，居世界第七。2019年《财富》世界500强排名第30。

2. 公司发展简史

- 1903年，亨利·福特和11个股东用28000美元共同创立福特汽车公司。
- 1908年，福特汽车公司成功开发了举世闻名的T型车，共生产1546万辆，创下当时汽车单产世界纪录。
- 1913年建成了世界上第一条汽车流水生产线。

- 1922年福特汽车公司收购了"林肯"（Lincoln）品牌。
- 1927年，由于福特故步自封，坚持单一车型，无视富裕了的美国人民要求，没有进一步推出新的车型，使汽车市场占有率从最高时期的70%下降到不足20%，T型车被迫停产，福特全国各地的工厂关闭半年。历史证明，逆水行舟，不进则退。
- 1935年自创水星品牌。
- 1949年，推出福特49型汽车（见图3-192），拥有独立前悬架和可开启的新型后角窗。车身与翼子板的融合是一种创新。
- 1955年，福特雷鸟（Thurderbird）汽车（见图3-193）诞生，它是美国历史上最成功的小型运动车。

图3-192　福特49型汽车

图3-193　福特雷鸟汽车

- 1964年，推出轮廓鲜明的四座福特野马（Mustang）（见图3-194），成了美国的"宠儿"。时至今日，它在人们的心中还是魅力不减。
- 1987年，收购阿斯顿·马丁（Aston Martin）公司，2007年又转售了出去。
- 1989年，福特收购捷豹（Jaguar）汽车公司。2008年，捷豹品牌被印度塔塔集团收购。

图3-194　1964年福特野马汽车

图3-195　1993年福特特使汽车

- 1991年，推出既省油又标新立异的福特特使（Taurus）型汽车，为汽车的空气动力设计潮流奠定了基础，在1992年至1996年期间雄踞"全美最畅销汽车"的宝座（见图3-195），2003年福特特使汽车如图3-196所示。
- 1993年推出福特首辆家庭型全球车福特蒙迪欧（见图3-197）。

图3-196　2003年福特特使汽车

图3-197　1993年福特蒙迪欧汽车

- 1995年，参股中国江铃汽车公司。
- 1996年，收购马自达（Mazda）的股份扩大到33.4%，成为马自达最大的股东。
- 1999年收购沃尔沃（Volvo）轿车业务。2010年3月，中国吉利汽车集团收购沃尔沃轿车100%股权。
- 2000年，福特从宝马手中收购路虎（Land Rover）品牌。
- 2001年，参股中国长安汽车集团。
- 2008年，路虎品牌被印度塔塔集团收购。
- 2016—2017年，福特投资了激光雷达制造商Velodyne，三维地图初创公司Civil Maps和人工智能公司Argo AI，并且收购了共享乘车服务商Chariot，为自驾系统铺路。
- 2017年，Navigant Research最新发布的一份自动驾驶领域实力报告显示，福特汽车排名第一。
- 2018年7月24日，整合旗下自动驾驶业务，福特投入40亿美元成立福特自动驾驶汽车子公司（Ford Autonomous Vehicles LLC），将开发4级自动驾驶汽车。

3. 公司主要汽车品牌

福特汽车公司主要汽车品牌如表3-8所示。

表3-8 福特汽车公司主要汽车品牌

品牌	商标	品牌	商标	品牌	商标	品牌	商标
福特（Ford）		林肯（Lincoln）		水星（Mercury）		马自达（Mazda）	

（1）福特（Ford）汽车品牌
- 福特主要的品牌有：T型车（Modela）、雷鸟（Thunderbird）、野马（Mustang）、F系列（Fseries）、雅士（Escort）、特使（Taurus）、稳达（Windstar）、皇冠维多利亚（CrownVictoria）、伊普拉（Explorer）、全顺（Transit）、福克斯（Focus）、福睿斯（Escort）、蒙迪欧（Mondeo）、金牛座（Taurus）、锐界（Edge）、撼路者（Everest）及福特探险者（Explorer）等。其中福克斯（见图3-198）是福特旗下最畅销的紧凑型轿车之一，到2019年已得到了260万中国消费者的喜爱。

图3-198 2020款福克斯汽车

- 福特·野马和眼镜蛇商标："野马"牌跑车是美国名牌跑车，商标采用了一匹正在奔驰的野马，（见图3-199左侧），这种野马是墨西哥和美国加利福尼亚州出产的一种名贵野马，身强力壮、善于奔跑。商标中的野马形象强劲有力，热情奔放，表示该车的速度极快。"眼镜蛇"跑车由"野马"跑车改装而成，"野马"商标仍在车的前部，"眼镜蛇"商标在后（见图3-199右侧），像是"眼镜蛇"追击"野马"不得不急驰，这与中国文化

图3-199 福特·野马和眼镜蛇商标

极其相似，如同中国相声中的台词"如果有一只大老虎追在后面，谁都可以拿冠军"，形容跑车速度之快，给人留下极深的印象。

（2）林肯（Lincoln）汽车品牌
- 林肯汽车公司：1907年由亨利·利兰德（HenryLeland）创立，1922年被福特汽车公司收购。
- 林肯汽车商标：林肯是美国第16任总统名字，借助总统的名字来树立公司的形象。林肯汽车商标（见图3-200）是一个矩形中含有一颗闪闪放光的星辰，表示林肯总统是美国联邦统一和废除奴隶制度的启明星，也喻示林肯轿车光辉灿烂，是顶级轿车。
- 林肯品牌：主要有城市（Town Car）、Navigator、Aviator、LS、MKC、Continental 和 MKZ等。自1939年美国的富兰克林罗斯福总统以来，它一直被选为总统用车，1967年林肯大陆轿车如图3-201所示。

图3-200　林肯汽车商标　　　　　图3-201　1967年林肯大陆轿车

（3）水星（Mercury）汽车品牌
- 水星品牌是福特汽车公司1935年开发出的中档汽车品牌，它一直是创新和富于个性的美国车的代表。2010年6月2日，福特官方在全球金融危机的背景下，正式宣布同年年底关闭水星的生产线。
- 水星商标（见图3-202）取太阳系中的水星。在一个圆中有三个行星运行轨迹，很容易让人联想到福特汽车具有太空科技和超时空的创造力。

（4）马自达（MAZDA）汽车品牌
- 日本马自达公司成立于1920年，创始人"松田"，其拼音为MAZDA（马自达）。1931年，开始生产小型三轮货车。20世纪60年代曾经是日本产量最大的汽车公司。1984年，公司也正式更名为马自达公司。1979年福特购买了该公司25%的股份，1996年股份扩大到33.4%，成为马自达最大的股东。

图3-202　水星汽车商标

- 马自达商标（见图3-203）是椭圆中展翅飞翔的海鸥，同时又组成"M"字样。"M"是"MAZDA"的第一个大写字母，预示该公司将展翅高飞，以无穷的创意和真诚的服务，迈向新世纪。
- 马自达生产的汽车设计新颖、质量优异，畅销日本和欧美地区，主要品牌有：Econovan、德米欧（Demio）、昂克赛拉（Axela）、阿特兹（Atenza）、MX-5、RX（见图3-204）、CX系列等。

项目3　国外著名汽车集团公司及商标

图 3-203　马自达商标　　　　　　　　　图 3-204　搭载转子发动机的 RX-8

3.2.3　FCA 美国有限责任公司

1. FCA 美国有限责任公司概况

（1）公司商标

- FCA 美国有限责任公司的前身是克莱斯勒汽车公司，商标像五角星勋章（见图 3-205），体现了克莱斯勒人的远大抱负，正五边形被五星分割成 5 个部分，寓意克莱斯勒的汽车遍布亚、非、欧、美、澳五大洲。
- 20 世纪 90 年代中期开始使用飞翼商标（见图 3-206），增加了一对跃跃欲飞的翅膀，象征着克莱斯勒的欣欣向荣。2009 年更新为三层羽翼合一，强化了金属质感和鲜明感。

（2）公司简介

- 克莱斯勒汽车公司成立于 1925 年，创始人瓦尔特·克莱斯勒（Walter Chrysler）（见图 3-207），总部在美国汽车城底特律。2014 年，克莱斯勒被菲亚特收购，并将克莱斯勒改名为 FCA 美国公司有限责任公司。

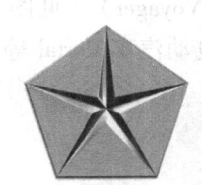
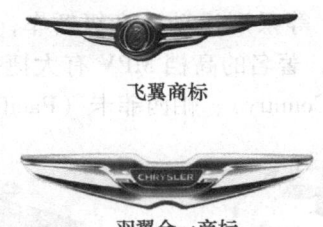

图 3-205　克莱斯勒公司商标　　　图 3-206　克莱斯勒公司商标　　　图 3-207　克莱斯勒

- 公司规模：美国第三大汽车制造企业，以生产轿车为主。1936~1949 年，汽车产量超过福特汽车公司，成为美国第二大汽车制造企业。现在在美国有汽车制造厂及汽车零部件厂 30 多家。

2. 公司发展简史

- 1925 年，公司成立。同年，买下马克斯韦尔汽车公司。
- 1928 年，成立普利茅斯（Plymouth）部，生产低档经济轿车。
- 1928 年 7 月，收购了道奇（Dodge）汽车公司。
- 1987 年，兼并了美国汽车公司（AMC），成立鹰·吉普部（Eagle Jeep）。
- 1998 年 5 月 7 日，与奔驰公司合并成立了戴姆勒-克莱斯勒汽车公司。
- 2007 年 5 月 14 日，戴姆勒-克莱斯勒汽车公司将克莱斯勒公司 80.1% 的股权出售给美国瑟伯勒斯（Cerberus）资本管理公司，并单独成立克莱斯勒控股公司（Chrysler Holding LLC）。
- 2009年4月30日宣布破产。
- 2014年1月21日，菲亚特收购克莱斯勒100%股权。
- 2014年12月16日，克莱斯勒改名为FCA美国有限责任公司（FCA菲亚特克莱斯勒汽车公司的简称）。

3. 主要汽车品牌

公司主要汽车品牌有克莱斯勒、吉普、道奇、普利茅斯等，如表3-9所示。

表3-9　FCA美国有限责任公司主要汽车品牌

品牌	商标	品牌	商标
克莱斯勒（Chrysler）		道奇（Dodge）	
吉普（Jeep）		普利茅斯（Plymouth）	

（1）克莱斯勒（Chrysler）
- 克莱斯勒品牌下的著名车型有PT Cyuiser、LHS、君王（Concorde）、赛百灵（Sebring）、纽约客（New Yorker）、卷云（Cirrus）等中高档轿车，300M、300Hime以及新300C（见图3-208）等系列运动型高级轿车，时尚跑车有交叉火力（Cross Fire）（见图3-209）、Citadel，著名的高档MPV有大捷龙（Grand Voyager）（见图3-210）、城市和乡村（Town & Country）、帕西菲卡（Pacifica）以及电动汽车Portal等。

图3-208　克莱斯勒300C汽车

图3-209　克莱斯勒交叉火力汽车

- 克莱斯勒的捷龙（Voyager）是现代MPV车型的鼻祖，后来发展为大捷龙。上市35年来共推出七代车型，截止到2019年2月，克莱斯勒MPV系列车型的销售已经突破1460万辆。

（2）道奇（Dodge）

① 道奇简介
- 1914年，由道奇兄弟约翰·道奇（见图3-211

图3-210　2019克莱斯勒大捷龙汽车

项目3　国外著名汽车集团公司及商标

左侧）和霍瑞斯·道奇（见图3-211右侧），创建了道奇（Dodge）汽车公司。
- 1923年，首次推出了全钢制封闭式车身的轿车。
- 1925年，首次采用了汽车外表面光亮喷漆工艺。

② 道奇车标

图形车标是在一个五边形中有一个神气羊头的形象（见图3-212），表示"道奇"汽车强壮剽悍，善于决斗，又表示道奇车朴实无华的平民倾向。

图3-211　道奇兄弟

图3-212　道奇车标

③ 道奇汽车品牌
- 轿车品牌有超级跑车蝰蛇（Viper）、无畏（Interpid）、隐形（Stealth）、小精灵（Spirit）、影子（Shadow）、霓虹（Neon）、挑战者（Challenger）和战马（Charger）等。
- 超级跑车蝰蛇（见图3-213）车标是一个张着血盆大口的蝰蛇（见图3-214）。蝰蛇是美国最凶猛的蛇种之一，该商标的设计者卡罗尔·谢尔比，在设计中特别突出了蝰蛇那双烁烁放光的眼睛和锐利的牙齿，象征道奇汽车像蝰蛇一样威猛无比。

图3-213　道奇蝰蛇汽车

图3-214　蝰蛇车标

（3）普利茅斯（Plymouth）

① 普利茅斯车标（见图3-215）

该车标是为了纪念英国移民在1620年乘坐"五月花"号船自"Plymouth"港口登船前往美州而设计的。商标中采用了他们所乘坐的帆船——"五月花"号的船形图案。

② 普利茅斯汽车品牌

主要生产价格低廉的克莱斯勒道奇的车型。

（4）吉普（Jeep）

① 吉普车标
- 吉普英文是JEEP。传说中人们把"PPeye"连环画中的一种既不是鸟也不是四脚兽，但知道所有答案的动物称为"吉普"。

图3-215　普利茅斯车标

- 吉普车标是雄鹰展翅（见图3-216）。鹰在美国被誉为神鸟，也是对著名战斗机飞行员的俚称，古埃及的智慧神和保护神克纳姆就是鹰首人身。用鹰比喻该车具有雄鹰的优秀品质，能迎风斗险，勇攀技术高峰。

图3-216 吉普车标

图3-217 大切诺基

② 吉普汽车品牌
- 吉普品牌车型主要有牧马人（Wrangler）、切诺基（Cherokee）、自由客（Liberty）、大切诺基（Grand Cherokee）（见图3-217）、指挥官（Commander）、指南者（Compass）、自由光（Cherokee）和自由侠（Renegade）。
- 切诺基是吉普家族一个著名的越野跑车，从20世纪80年代畅销到现在；大切诺基是吉普的优秀代表，其强劲的动力和电子全时驱动系统使它成为越野车的新霸主。
- "切诺基"取自美洲印第安部族切诺基人，世代居住山区，能攀善爬，表示该车越野性好。

3.2.4 特斯拉公司

1. 公司概况

（1）公司商标（见图3-218）
- 特斯拉的T型车标不仅是发明家特斯拉（Tesla）名字的首字母缩写，风格化的"T"实际上也是对公司产品的暗示，代表着电机的横截面。字母T的主体部分代表电机转子的一部分，而顶部的第二条线则代表了电机定子部分，如图3-219所示。

图3-218 特斯拉商标

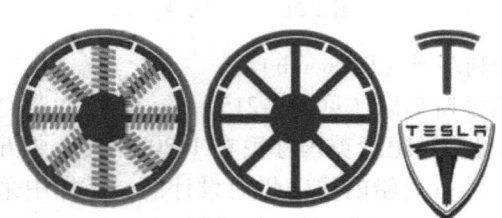

图3-219 特斯拉商标含义

（2）公司简介
- 创立时间：2003年7月1日
- 创始人：马丁·艾伯哈德（Martin Eberhard）和马克·塔彭宁（Marc Tarpenning）（见图3-220）。
- 公司总部：加利福尼亚州硅谷的帕罗奥多（Palo Alto）（见图3-221）。

项目3　国外著名汽车集团公司及商标

图 3-220　马丁·艾伯哈德（左）和马克·塔彭宁（右）　　图 3-221　特斯拉公司总部

（3）公司规模
- 员工总数约 4.2 万名，目前拥有加利福尼亚州弗雷蒙特工厂、纽约州布法罗（Buffalo）的太阳能工厂、特斯拉上海超级工厂。2019 年 11 月 12 日，CEO 马斯克宣布特斯拉将在德国柏林建设第二座海外电动车工厂。2019 年销量共计 36.75 万辆，全球新能源汽车企业销量居世界第一。与 2018 年相比，2019 年世界《财富》500 强排名第 144，跃升了 116 位。

2. 公司发展简史
- 2003 年 7 月 1 日，马丁·艾伯哈德与马克·塔彭宁创立特斯拉汽车公司，并将总部设在美国加州的硅谷地区。
- 2004 年 2 月，埃隆·马斯克（Elon Musk）（见图 3-222）出资 630 万美元入股特斯拉，出任首席执行官，并取得所有事务的最终决定权。
- 2004—2007，埃隆·马斯克不断融资，用于 Roadster 的研发，截至 2009 年 1 月，Tesla 一共融资超过了 1.87 亿美元。
- 2008 年 2 月，特斯拉第一款两门运动型跑车 Roadster 开始交付（见图 3-223）；同年 10 月，开始量产 Roadster。

图 3-222　埃隆·马斯克　　　　图 3-223　特斯拉第一代 Roadster

- 2009 年，戴姆勒奔驰公司入股；获得美国能源部 4.65 亿美元的低息贷款。
- 2010 年，收购新联合汽车制造工厂；获得松下、丰田投资；在纳斯达克特斯拉 IPO 上市。
- 2011 年，第二次增发股份获得 1.72 亿美元。
- 2012 年，全新电动汽车系列 Model S 开始交付（见图 3-224），并公布 Model X（见图 3-225）；再次发行企业债。

105

图 3-224 特斯拉 Model S

图 3-225 特斯拉 Model X

- 2013 年 5 月，Tesla 发布 2013 年第一季度财报，实现 10 年来首次盈利；11 月特斯拉北京体验店开业，标志着特斯拉正式进入中国。
- 2014 年，发布大众亲民车型 Model 3（见图 3-226）。

图 3-226 特斯拉 Model 3

- 2016 年 11 月 17 日，收购美国太阳能发电系统供应商 SolarCity，使得特斯拉转型成为全球唯一垂直整合的能源公司。
- 2017 年 2 月 1 日，特斯拉汽车公司正式改名为特斯拉。
- 2017 年 7 月 7 日，特斯拉在澳大利亚打造"世界最大锂电池"；8 月，开始交付 Model 3；11 月，发布半挂电动货车 Semi（见图 3-227）和第二代 Roadster（见图 3-228）。

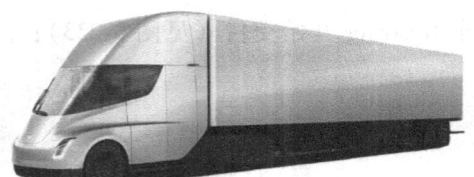

图 3-227 电动货车 Semi

图 3-228 第二代 Roadster

- 2018 年 7 月 10 日，上海市政府和美国特斯拉公司签署合作备忘录，特斯拉第一个海外超级工厂落户上海。
- 2018 年 12 月，特斯拉入围 2018 世界品牌 500 强，位列第 81。
- 2019 年 1 月 7 日，特斯拉上海超级工厂正式动工。
- 2019 年 3 月 15 日，特斯拉在加州 Hawthorne 发布了 Model Y 紧凑型 SUV（见图 3-229）。
- 2019 年 5 月 31 日，特斯拉正式宣布国产特斯拉 Model 3 开放预订。
- 2019 年 10 月 2 日，国家企业信用信息公示系统显示，特斯拉在 2019 年 9 月 27 日成立特斯拉建设（上海）有限公司，注册资本 100 万美元，由特斯拉汽车香港有限公司全资拥有。
- 2019 年 11 月 22 日，特斯拉 Cybertruck 电动皮卡（见图 3-230）正式发布。

项目3　国外著名汽车集团公司及商标

图 3-229　特斯拉 Model Y

图 3-230　Cybertruck 电动皮卡

3. 公司主要汽车品牌
- 特斯拉以生产高性能纯电动车而闻名于世，以造型别致、强大的续航能力、优异的动力性能等成为行业典范。主要车型有 Roadster、Model S、Model X、Model 3、Model Y 和 Semi 电动货车以及 Cybertruck 电动皮卡等。
- Model S 作为一款安全、高性能的电动轿车（见图 3-224），0-100km/h 加速最快仅需 2.6s。搭载 Autopilot 系统可实现自动辅助驾驶。由美国最权威的绿色环保汽车杂志组织的"2011 年度未来绿色车型"评选当中，Model S 是五款入围决赛的车型之一。
- Model 3 是特斯拉旗下最畅销的车型，雅号"小特斯拉"，并最早实现国产化，尾部有"特斯拉"字样（见图 3-231）。高性能全轮驱动版，拥有 595km 续航里程以及 3.4s 百公里加速的优异表现。

图 3-231　国产版特斯拉 Model 3

四、任务实施

1. 采用小组合作形式分组学习教材任务 3.2，阐述校内汽车文化墙上美国主要汽车集团公司概况。
2. 检索美国汽车公司集团的兼并史与旗下的各品牌以及经典车型。
3. 介绍美国车系的特点。
4. 完成如下作业工单：
（1）填写表 3-10 美国汽车集团公司概况

表 3-10　美国汽车集团公司概况

公司	GM	CHRYSLER	Ford	TESLA
创立时间				
公司总部				
创始人				

（2）1903年，亨利·福特和_____个股东用_____美元共同创立福特汽车公司。1908年，福特汽车公司成功开发了举世闻名的_____型车，共生产_____万辆，创下当时汽车单产世界纪录。_____年建成了世界上第一条汽车流水生产线。

（3）克莱斯勒的捷龙（Voyager）是_____的鼻祖，后来发展为_____。上市35年来共推出_____代车型，截止至2019年2月，克莱斯勒MPV系列车型全球销量突破1460万。

（4）Telsa汽车品牌有Roadster、_____、_____、_____、Model Y和Semi电动卡车等。

五、任务评价

在完成本学习任务后，通过小组会议的形式进行总结与反思，并推选代表宣讲交流知识与技能的掌握情况，小组之间进行互评，评价内容与标准见表1-3。最后由教师进行总结评价。

任务3.3　亚洲主要汽车集团公司探究

一、学习目标

完成本学习任务后，您能够：
1. 识别亚洲主要汽车集团旗下的各品牌与车标。
2. 阐述亚洲主要汽车集团公司的发展历史。
3. 总结亚洲汽车集团公司发展过程中的经验教训。
4. 阐述各品牌车标的含义。

二、情境引入

在某汽车博物馆亚洲展区，收藏了本田、现代和起亚等多个品牌的经典车型，讲解员正为来馆参观的游客进行热情的介绍。

三、相关知识

3.3.1　丰田汽车公司

1. 公司概况

（1）公司创立时间与创始人
- 创立时间：1933年。早期是织布机厂，1933年成立汽车部，1937年成立汽车工业公司。
- 创始人：丰田喜一郎（Kiichiro Toyoda）（见图3-232）。
- 公司总部：日本爱知县丰田市（见图3-233）和东京都文京区。

项目3　国外著名汽车集团公司及商标

图3-232　丰田喜一郎

图3-233　爱知县丰田市丰田公司总部

（2）公司商标

公司名称取自创始人丰田喜一郎（TOYOTA）的姓氏；商标如图3-234所示，将三个外形近似的椭圆巧妙地组合在一起，每个椭圆都是以两点为圆心绘制的曲线组成，象征用户的心与汽车厂家的心是连在一起的，具有相互信赖感。而且使图案具有空间感，并将拼音"TOYOTA"字母寓于图形商标之中。大椭圆内的两个椭圆垂直交叉组合成一个"T"字，代表丰田汽车公司；大椭圆表示地球，中间的"T"字与外面的椭圆重叠，使"T"字最大限度地占据了椭圆空间，更突显和喻示丰田汽车面向未来，走向世界。

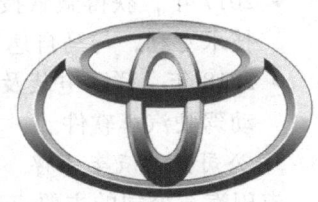

图3-234　丰田商标

（3）公司规模

- 员工总数30多万人，子公司500多家。2019年汽车销量1074.2万辆，位居世界第二。2019年世界《财富》500强排名第十。

2. 丰田汽车公司发展简史

- 1933年，在丰田自动织机制作所内设立汽车部。
- 1936年，丰田AA型轿车问世。丰田喜一郎提出了"just time"（准时化生产方式）的理念。
- 1937年，丰田汽车工业公司诞生。
- 1951年，开始推行"动脑筋，提方案"制度。
- 1954年，开始试行"精益管理法"。
- 1955年，生产出第1辆皇冠轿车（见图3-235）。
- 1966年，COROLLA花冠车问世（见图3-236）；开始与日野汽车工业公司进行业务合作。

图3-235　1955年皇冠轿车

图3-236　1966年花冠轿车

- 1967年，开始与大发工业公司进行业务合作。
- 1984年，与美国通用的合资公司NUMMI在美国建成投产。

- 1997年，PRIUS（普锐斯，混合动力汽车）投产上市（见图3-237）。
- 2000年，四川丰田汽车有限公司建成投产（现四川一汽丰田汽车有限公司）。
- 2002年，与中国第一汽车集团公司就全面合作达成协议。
- 2004年，广州丰田汽车有限公司成立。
- 2016年，与铃木联手将在新能源汽车、安全以及信息技术领域展开合作。
- 2017年，获得微软授权使用其部分车联网技术专利，与马自达、松下等在新能源领域达成合作协议。
- 2018年，联手电装及爱信精机共同投资28亿美元组建合资公司，将共同生产研发自动驾驶汽车软件。

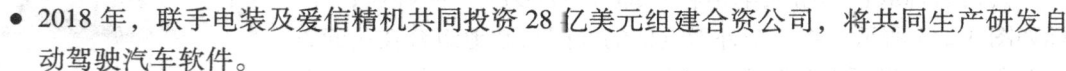

图3-237 普锐斯轿车

3. 公司主要汽车品牌

丰田汽车公司的主要汽车品牌含丰田（Toyota）、大发（Daihatsu）和日野（Nino）三大部分，如表3-11所示。

表3-11 丰田汽车公司的主要汽车品牌

品牌	商标	品牌	商标	品牌	商标
丰田（Toyota）	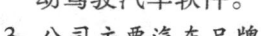	大发（Daihatsu）		日野（Hino）	

（1）丰田（Toyota）品牌

丰田主要品牌有皇冠（Crown）、雷克萨斯（Lexus）、凯美瑞（Camry）、亚洲龙（Avalon）、世纪（Century）、卡罗拉（Corolla）、雷凌（Levin）、埃尔法（Alphard）、普瑞维亚（Previa）、荣放（Rav4）、汉兰达（Highlander）、普拉多（Prado）、普锐斯（Prius）、陆地巡洋舰（Land Cruiser）、柯斯达（Coaster）、海狮（Hiace）和赛昂（Scion）等。

① 皇冠（Crown）

- 皇冠品牌是丰田历史最长的中高级豪华轿车，现已生产第15代皇冠轿车。有运动版和豪华版两种。
- 皇冠商标是一顶皇冠（见图3-238），象征着此车的高贵和典雅，英文"CROWN"是皇冠的意思。

② 雷克萨斯（Lexus）

- 雷克萨斯（Lexus）原来译为"凌志"，是1989年丰田汽车公司专门为国外销售豪华轿车而成立的一个分部。

图3-238 丰田皇冠商标

- 商标是在一个椭圆中镶嵌英文"Lexus"的第一个大写字母L（见图3-239），喻示该车像一匹黑马，驰骋在世界各地的道路上。
- Lexus是1993年丰田公司投入近4000名最优秀的工程技术人员，花了六年多时间紧张开发而成的豪华汽车，主要车型有CT200h、ES200、ES260、ES300h、LS400、

项目3 国外著名汽车集团公司及商标

LS430、LS350、LS500h、RX300、RX450h、RX450hL、GS300、IS300、RC300、LC500h 和 LX570 等。其中 LS400（见图 3-240）被称为雷克萨斯的元老。

③ 凯美瑞（Camry）

凯美瑞（Camry）是一款深受富裕人士及商务高级人员喜爱的中型豪华轿车（见图 3-241），在全球市场上同级别的车型中一直非常畅销。2019 款凯美瑞拥有 2.0L 和 2.5L 以及 2.5L 双擎混动 3 种动力总成。

图 3-239 雷克萨斯商标

图 3-240 雷克萨斯 LS400 轿车

图 3-241 2019 款凯美瑞双擎运动版

④ 世纪（Century）

丰田世纪（Century）是丰田轿车系列中最高级的品牌车（见图 3-242），有人称为日本的"劳斯莱斯"。这是丰田针对行政和商务领导群体而打造的高级轿车。配置 V 型 12 缸发动机。

⑤ 卡罗拉（Corolla）

- 卡罗拉（Corolla）原来译为"花冠"，是丰田公司的一款经济型家用轿车。自 1966 年底推出，直至第九代车型，总产量达 2800 万辆。第十代 COROLLA 轿车将中文名从"花冠"改为"卡罗拉"（见图 3-243）。丰田卡罗拉 2019 年度总销量合计 123.6 万辆，成为全球汽车销量冠军，也是世界汽车业单一品牌产量最大的轿车。

图 3-242 2018 款丰田世纪

图 3-243 第十代丰田卡罗拉

⑥ 普锐斯（Prius）

1997 年，Prius 投产上市，这是第一款大批量商业化生产的混合动力轿车。

（2）大发（Daihatsu）

① 基本情况

- 日本大发工业株式会社成立于 1907 年，原名为大阪发动机制造株式会社，1951 年改为现名。1923 年开始汽车制造，主要生产微型轿车和客车。以生产小型轿车和发动机闻名世界。公司总部设在日本大阪。
- 目前丰田汽车公司占有大发的多数股份。
- 1984 年，大发汽车公司将夏利牌微型轿车转让给中国天津市，合作生产夏利微型轿车。

② 大发商标（见图 3-244）

商标是向上发展的流线型字母"D"，取自于大发拼音"DAIHATSU"的第一个大写字母，商标把大发拼音的"D"图案化，寓意着大发汽车公司"永葆青春活力"，显示着公司的向上发展。

图 3-244　大发商标

③ 汽车品牌

- 目前主要的车型有西龙（Sirion）、感动（Move）、YRV、特锐（Terios）等。

（3）日野（Hino）

① 基本情况

日本日野汽车公司成立于是 1942 年，是日本最大的中型货车制造商，领域包括柴油机货车和大客车等商用汽车，并在这一领域以质量和技术著称。2001 年 4 月丰田汽车公司向日野汽车公司注资比例达到 50.1%，使日野成为丰田的一个子公司。

② 日野商标（见图 3-245）

商标由一个艺术化了的"H"和日野拼音组成，艺术化了的"H"看似一个轴对称图形，由一主轴连接两端，喻示着日野将在丰田公司的领导下向前发展，整个图形成半闭合状态，又喻示着公司将前途无量。

图 3-245　日野商标

③ 汽车品牌

现在有城市客车和旅游客车两大类。城市客车主要以蓝带都市和彩虹系列为主，而旅游客车以 SELEGA、MELPHA 和 LIESSE 系列为主。

3.3.2　本田汽车公司

1. 公司商标

- 本田商标是从来自世界各地的 2500 多件设计图稿中，确定了现在的三弦音箱式商标（见图 3-246），也就是带框的"H"。图案中的 H 是"本田"拼音 HONDA 的第一个字母。这个标志体现了本田公司年轻、技术先进、设计新颖的特点，把技术创新、团结向上、经营有力、紧张感和轻松感表现得淋漓尽致。

2. 公司发展与现状

（1）公司发展简介

- 1948 年，本田宗一郎（见图 3-247）创建了本田公司。

图 3-246　本田商标

图 3-247　本田宗一郎

- 1962年本田研制出了划时代的轻便轿车"N360"。
- 1971年，开发了低公害的CVCC（复合涡流调速燃烧）发动机汽车。
- 1982年11月，第一辆雅阁（Accord）轿车在美国工厂下线。
- 1986年，本田在美国推出阿库拉（Acura）品牌。
- 1998年7月，广州本田汽车有限公司和东风本田发动机有限公司成立。
- 2003年7月，东风本田汽车有限公司成立。
- 2003年9月，本田汽车（中国）有限公司成立。
- 2005年9月，本田汽车零部件制造有限公司成立。
- 2006年9月，广州本田第二工厂投产，公司总产能达到36万辆。
- 2018年10月，本田与通用汽车达成协议，并为通用汽车的无人驾驶汽车公司Cruise注资27.5亿美元，双方将在无人驾驶领域展开深度合作。

（2）公司现状

- 总部设在东京，雇员总数20多万人。在世界29个国家拥有了120多个生产基地。
- 2019年，汽车销量517.8万辆，居世界第8位，是日本第二大汽车公司。2019年世界《财富》500强排名第34。
- 本田公司素有日本汽车技术发展的排头兵之称，它的电子陀螺仪、四轮防侧滑电子控制器、自动控制车身高度电子装置和复合涡流调速燃烧发动机都是世界上汽车高技术的领先成果。

3. 汽车品牌

公司主要汽车品牌有本田（Honda）、阿库拉（Acura）。

（1）本田品牌

本田品牌下的主要车型有雅阁（Accord）、思域（Civic）、序曲（Rreelude）、里程（Legend）、奥德赛（Odyssey）、飞度（Fit saloon）、Stream、Insight、CR-V、S2000、FCX、Pilot、Elemet等。

- 雅阁（Accord）是日本汽车历史上最成功的车型之一。从1976年问世以来雅阁已经历十代，第十代本田雅阁见图3-248。
- 思域（Civic）（见图3-249）是标准家庭用轿车的代表，历来处于时代的领先地位。
- 本田FCX是一部以氢气为能源的燃料电池车，1999年首次发布"FCX-V1"，现已推出"FCX-V4"（见图3-250），2002年12月2日正式交付日本和美国使用，是全球第一次批量交付使用的氢能燃料电池车。

图3-248　第十代本田雅阁

图3-249　本田思域

图3-250　燃料电池汽车

(2) 阿库拉（Acura）品牌
- 阿库拉（见图3-251）是本田汽车公司的高档豪华轿车品牌，它诞生于1986年3月，现有CDX、RDX、MDX、NSX、TLX-L、TSX和RSX等车型。
- "Acura"意为"高速、精密、准确"其商标（见图3-252）是英文字母A的变形，犹如一把卡钳（专门用于精确测量的工具），体现了企业汽车制造"精确"的主题。

图3-251　阿库拉汽车　　　　　　　图3-252　阿库拉商标

3.3.3　日本其他汽车公司

日本汽车企业众多，除上面已经述及的丰田、本田、马自达、大发等汽车公司外，还有日产、三菱（见3.1.4 雷诺-日产-三菱联盟）、铃木、富士和五十铃等汽车企业。

1. 铃木汽车公司

其前身为铃木织机制作所，于1909年10月由铃木道雄先生创建。1954年改名为铃木汽车公司。所生产的汽车主要为小型和微型轿车，轻型和微型货车，连续三十年保持日本国内小型车销售量冠军的地位。2001年铃木汽车公司与中国重庆长安汽车公司合资建立了长安铃木汽车公司。

铃木公司的注册商标是用铃木道雄姓氏日语中外来语"SUZUKI"和其第一个字母"S"设计而成（见图3-253），给人以力量的感觉，象征着发展中的"铃木"。

2. 斯巴鲁（Subaru）汽车公司

斯巴鲁（Subaru）汽车公司是富士重工业株式会社（FHI）旗下专业从事汽车制造的公司，是生产多种类型、多用途运输设备的制造商，成立于1953年。斯巴鲁汽车公司生产的水平对置式发动机和全时四轮驱动系统，技术独特。2006年创下全球销售历史记录。

斯巴鲁汽车的标志采用六连星的昴宿星座的形式（见图3-254），象征着组成其母公司富士重工各分公司。

图3-253　铃木商标　　　　　　　图3-254　斯巴鲁商标

3. 五十铃汽车公司

五十铃汽车公司的前身是于1916年成立的东京石川岛造船所，1922年生产A9型轿车，1949年改名为五十铃汽车公司，以生产大、中型载货汽车为主，同时生产部分中、小型轿车。在中国合资建立江铃和重庆汽车公司。

五十铃（ISUZU）公司现使用双柱商标（见图3-255），左边那根柱子象征着和用户并肩前进的五十铃公司，右边那根柱子象征着与世界各国合作发展的五十铃公司。

3.3.4 现代汽车集团

1. 集团概况

（1）公司商标

- 商标是在椭圆中的斜体字 H（见图3-256），H 是现代汽车公司名 Hyundai 的第一个大写字母。椭圆既代表汽车的方向盘，又可以看作是地球，与其间的 H 结合在一起，代表了现代汽车遍布全世界，体现了现代汽车公司在世界上腾飞这一理念，象征现代汽车公司在和谐与稳定中发展。

图3-255 五十铃商标

（2）公司发展与现状

- 现代汽车公司成立于1967年，总部设在韩国首尔，创始人是郑周永（见图3-257）。
- 1998年，收购韩国起亚（KIA）汽车公司，组成现代汽车集团，成为韩国最大的汽车公司。

图3-256 现代汽车商标

图3-257 郑周永

- 2002年，北京现代汽车有限公司和东风悦达起亚汽车有限公司成立。
- 2004年，现代汽车（中国）投资有限公司成立。
- 2012年，四川现代成立，工厂开始生产。
- 2014年，现代第五家海外技术研发所落户烟台。
- 2019年，汽车销量719万辆（含起亚），世界排名第五，《财富》世界500强名列第94位。
- 2019年9月，与自动驾驶技术供应商安波福（Aptiv）共同出资40亿美元，组建自动驾驶合资公司。

2. 主要汽车品牌

- 主要汽车品牌有现代（Hyundai）和起亚（Kia）两个主品牌。起亚商标如图 3-258 所示。
- 现代汽车公司的主要车型有索纳塔（Sonata）、名图（Mistra）、领动（Elantra）、菲斯塔（La Festa）、悦动（Celesta）、悦纳（Verna）、瑞纳（Reina）、胜达（Santafe）、途胜（Tucson）、ix35、ix25 和昂希诺（Encino）等。索纳塔（图3-259）是一款中高级汽车，是现代生产历史最长而且具有韩国特点的车型。

图 3-258 起亚商标

图 3-259 第九代索纳塔汽车

- 起亚小型厢式车是其主要产品，约占韩国同类车型市场的40%，比较有名的厢式车有狮跑（Spoytags）、索兰托（Sorento）以及嘉华（Carnival）等；轿车系列有赛菲亚（Sephia）、丽欧（Rio）、欧迪玛（Optima）等。

3.3.5 印度塔塔汽车集团

1. 公司概况

（1）公司简介

塔塔汽车公司是印度最大产业集团塔塔集团的子公司，总部在孟买，是印度最大的汽车公司。车辆出口至欧洲、非洲、中东地区、东南亚、南亚以及南美地区。2008年成功地收购了捷豹和路虎两大汽车品牌，进一步加强了公司的实力。

（2）汽车标志

由集团名称TATA和图案组成，图案用T字母形成高速公路图案（见图3-260），喻示TATA汽车走向世界。

2. 公司发展简史

- 1868年，印度詹姆斯特吉·塔塔（Jamsetji Tata）（见图3-261）创立塔塔集团。
- 1945年，塔塔集团子公司塔塔汽车公司成立。
- 1954年，同德国戴姆勒奔驰公司签订15年合作协议，开始生产商用车辆。
- 1998年，研制生产出印度第一辆本土汽车Indica。
- 2002年，研制生产出Indigo轿车。
- 2008年3月26日，印度塔塔集团收购福特旗下的捷豹和路虎两大汽车品牌。
- 2009年，推出了世界上最经济小型车Nano（见图3-262）。

图 3-260 塔塔集团商标

图 3-261 詹姆谢特吉·塔塔

图 3-262 塔塔 Nano

3. 主要汽车品牌

主要汽车品牌有捷豹、路虎和塔塔（轻型商用车塔塔 Ace、运动型功能车塔塔 Safari、乘用车塔塔 Indica 和小轿车 Nano 等）。

（1）捷豹（Jaguar）汽车品牌
- 捷豹（又译美洲虎、美洲豹）公司是英国人威廉·里昂斯（William·Lyons）于 1922 年由制造摩托车的边斗车起家。1931 年，转型生产汽车，以生产豪华的美洲豹运动车而闻名于世。
- 捷豹商标（见图 3-263）为一只正在跳跃前扑的美洲豹，矫健勇猛，怒目咆哮，盛气凌人，形神兼备，具有时代感与视觉冲击力，它既代表了公司的名称，又表现出向前奔驰的力量与速度，象征该车如美洲豹一样驰骋于世界各地。图 3-263 中右图是捷豹汽车的另一种标志。
- 捷豹的经典车型有 SS100、XK 型、XJ 型、E 型、S 型、X 型。其中 XK8 跑车（见图 3-264）被媒体认为是 E 型车及其他经典捷豹跑车的真正传世之作。

图 3-263　捷豹商标　　　　　　　　图 3-264　捷豹 XK8 跑车

（2）路虎（Land Rover）汽车品牌
- 路虎全称是兰德·路虎（Land Rover），ROVER 曾译为路虎，由英国莫利斯·加吉（Morris Gardge）即 MG 等多家英国汽车公司合并而成，公司成立于 1877 年，是世界上最好的四轮驱动汽车制造商。1994 年，被德国宝马公司收购，2000 年，福特从宝马公司收购路虎四轮驱动系列产品。
- 路虎商标："Rover" 的英语含义中包含流浪者、航海者的意思。Rover Mascot（吉祥物）源自世界上最著名的海盗集团—维京人的双关语。所以路虎汽车商标采用了一艘海盗船（见图 3-265 上），张开的红帆象征着公司乘风破浪、所向披靡的大无畏精神。而路虎越野汽车的标志（见图 3-265 下）是椭圆里面的公司名字兰德·路虎（Land Rover），意寓路虎汽车遍布全世界。
- 路虎的经典车型有：神行者（Free Lander）、卫士（Defender）（见图 3-266）、发现（Discovery）、揽胜（Range Rover）。

图 3-265　路虎商标　　　　　　　　图 3-266　路虎 Defender 汽车

117

3.3.6 宝腾汽车公司

1. 公司概况

（1）公司简介

宝腾（Proton）汽车公司成立于1983年，是马来西亚国有企业。先后与日本三菱公司和法国雪铁龙公司合作研发汽车。1996年收购了英国莲花（LOTUS）汽车公司，加强了公司的实力；之后又收购底特律汽车设计中心，使宝腾公司具有独立完成从轿车开发到生产的能力。宝腾汽车的排放已达到欧洲现行标准，正在开发的宝腾发动机将接近"零排放"，并大量出口海外。

（2）汽车标志

在盾牌上镶嵌一个马来虎侧面图案设计（见图3-267），突显宝腾汽车的强劲与威风；PROTON是马来西亚文Perusahaan Otomobil Nasional（国家轿车项目）的简写。

2. 汽车品牌

宝腾汽车公司主要汽车品牌有PerdanaV6、Satria GTI、Wira、Persona（见图3-268）等型号轿车和莲花公司的Elise等。

图3-267　宝腾汽车公司车标

图3-268　宝腾Persona汽车

（1）莲花汽车公司发展简介

- 1951年，英国杰出的工程师柯林·查普曼（见图3-269）创建了莲花汽车公司，总部设在英国诺里奇市。他亲自参与设计及研制各种赛车，还组建了一支骁勇的莲花车队，在赛场屡建奇功，自1958年以来先后7次在F1车赛中夺冠。

图3-269　柯林·查普曼

图3-270　72型单座赛车（Colin Chapman）

- 1963—1978年，莲花汽车曾经7次蝉联世界最佳小客车优胜奖。
- 1970年，查普曼推出了一辆72型单座赛车（见图3-270）。该车后轮大得出奇，前轮又小得出奇，在所参加的5个赛季中夺得了20项大赛和3项品牌奖。
- 1983年中期，由英国汽车拍卖集团（BCA）主管大卫-威金斯接掌营运。
- 1983年7月，日本丰田汽车公司买下莲花汽车公司66.5%的股票。
- 1986年初，通用汽车公司控制了莲花汽车公司的58%股权，次年再将控股增加至97%。
- 1991年，莲花伊兰汽车获世界汽车最佳设计奖。
- 1993年11月，通用汽车公司将莲花汽车公司卖给意大利，之后与布加迪（Bugatti）汽车厂合并。
- 1996年被韩国大宇汽车公司收购。
- 1997年，马来西亚的宝腾集团并购莲花汽车公司。
- 2011年6月，Lotus品牌正式进入中国，并发布其中文官方名称"路特斯"。
- 2017年6月23日，浙江吉利控股集团收购豪华跑车品牌路特斯51%的股份。

（2）莲花汽车公司商标（见图3-271）

莲花汽车公司的标志是由CABC几个英文字母重叠在一起组成的，这是公司创始人柯林·查普曼（Colin Anthony Bruce Chapman）名字的缩写。优雅、灵动、恒久、精炼、圣洁的莲花，是莲花汽车的高雅象征。

（3）汽车品牌

莲花汽车与法拉利、保时捷一起并称为世界三大跑车制造商。其汽车重心低，造型具有良好的流线型，风阻系数只有0.3左右。

该公司开发的莲花爱丽丝（ELISE）（见图3-272）为轻质量高性能汽车确立了标准，首次将蜂窝结构管状车架应用于汽车；率先采用超级轻灵的新材料，复合玻璃纤维以及黏合型铝合金超轻结构，迄今已荣获50多项大奖。

莲花的经典车型有Elise、Seven、Elan、Europa、Esprit（见图3-273和图3-274所示）。

图3-271 莲花汽车公司商标

图3-272 莲花爱丽丝（ELISE）

图3-273 莲花Europa S（2008）

图3-274 莲花340R（2000）

四、任务实施

现场感受情境引入中的工作氛围，采用小组合作形式，通过角色扮演汽车博物馆讲解员，完成此次实训任务。

1. 讲解丰田汽车公司的概况。
2. 讲解现代汽车公司的发展史。
3. 介绍日系汽车的特点。
4. 完成如下作业工单：

（1）填写表3-12的汽车名人

表3-12 汽车名人

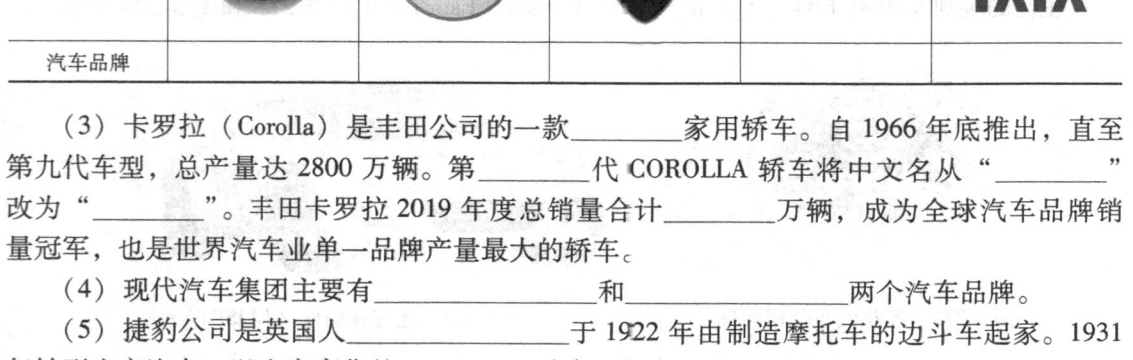

照片					
汽车公司					
创始人					

（2）填写表3-13的汽车品牌

表3-13 汽车品牌

商标	JAGUAR	LOTUS	PROTON	KIA	TATA
汽车品牌					

（3）卡罗拉（Corolla）是丰田公司的一款_____家用轿车。自1966年底推出，直至第九代车型，总产量达2800万辆。第_____代COROLLA轿车将中文名从"_____"改为"_____"。丰田卡罗拉2019年度总销量合计_____万辆，成为全球汽车品牌销量冠军，也是世界汽车业单一品牌产量最大的轿车。

（4）现代汽车集团主要有_____和_____两个汽车品牌。

（5）捷豹公司是英国人_____于1922年由制造摩托车的边斗车起家。1931年转型生产汽车，以生产豪华的_____运动车而闻名于世。

五、任务评价

在完成本学习任务后，通过小组会议的形式进行总结与反思，并推选代表宣讲交流知识与技能的掌握情况，小组之间进行互评，评价内容与标准见表1-3。最后由教师进行总结评价。

项目 4
中国主要汽车集团公司及商标

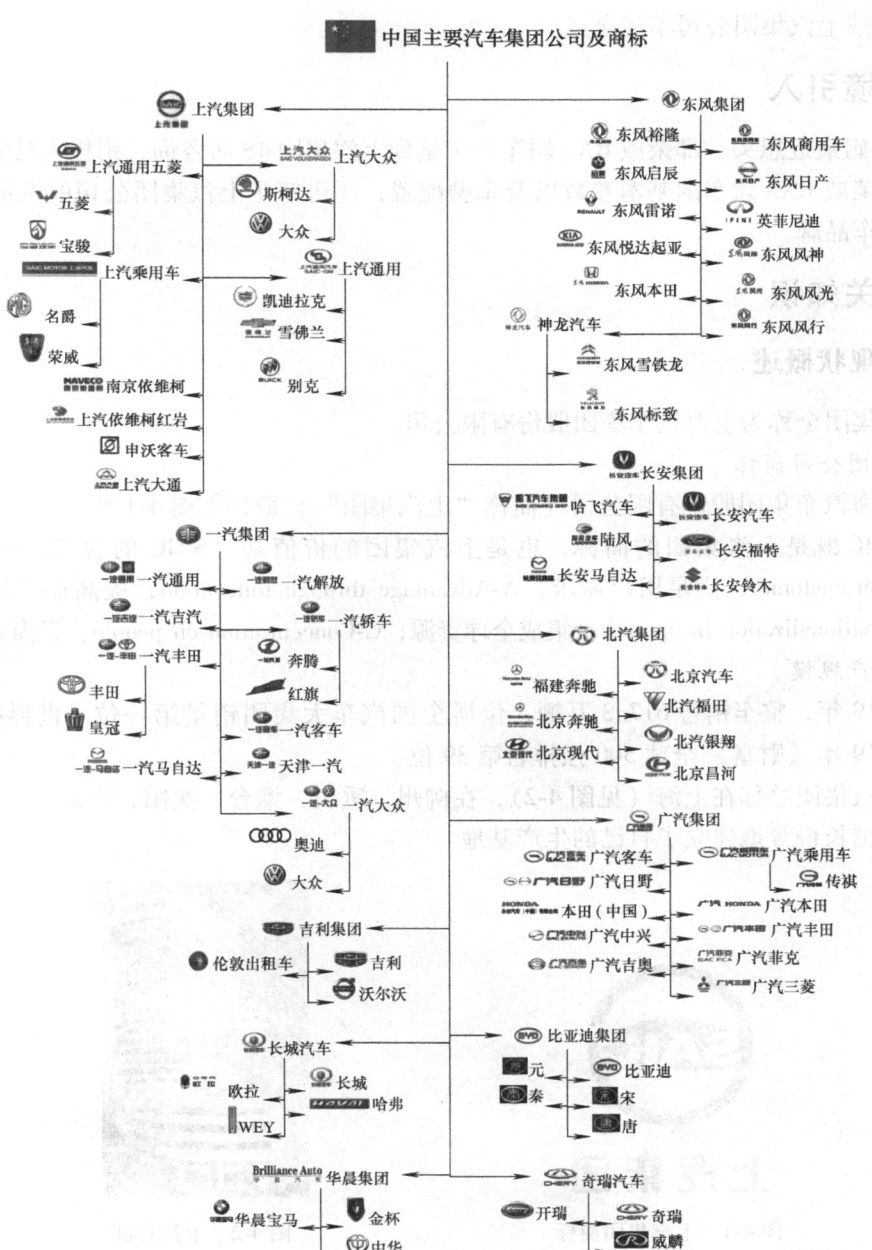

任务 4.1　上汽集团探究

一、学习目标

完成本学习任务后，您能够：
1. 识别上汽集团公司的商标与品牌。
2. 阐述上汽集团公司发展历史及现状。
3. 阐述上汽集团公司车标含义。

二、情境引入

刘小姐最近想买一部荣威 RX5 轿车，于是到上汽集团 4S 店咨询，销售人员为刘小姐详细介绍了荣威 RX5 轿车的基本参数以及车型配置，还讲解了上汽集团公司的发展史和旗下主要的汽车品牌。

三、相关知识

4.1.1　现状概述

上汽集团全称为上海汽车集团股份有限公司。

1. 集团公司商标
- 上海汽车集团股份有限公司（简称"上汽集团"）商标如图 4-1 所示。
- SAIC 既是上汽集团的简称，也是上汽集团的价值观（SAIC 的含义，S-Satisfaction from customer，满足用户需求；A-Advantage through innovation，提高创新能力；I-Internationalization in operating 集成全球资源；C-Concentration on people，崇尚人本管理）。

2. 生产规模
- 2019 年，整车销售 617.3 万辆，位居全国汽车大集团销量第一位。世界排名第六，2019 年《财富》全球 500 强排名第 39 位。
- 上汽集团总部在上海（见图 4-2），在柳州、重庆、烟台、沈阳、青岛、仪征、南京、英国长桥等地建立了自己的生产基地。

图 4-1　上汽集团商标

图 4-2　上汽总部

项目 4 中国主要汽车集团公司及商标

- 目前,上汽在伦敦、硅谷、特拉维夫设立有创新研发中心,打造了泰国、印尼、印度整车基地和 93 个海外零部件基地,建成 12 个区域营销服务中心、4 家海外物流分公司和 3 条远洋航线,在印尼成立多元金融公司,整车产品进入 5 大洲 60 余个国家,形成了泰国、英国、印尼、智利、澳新、中东 6 个"万辆级"区域市场。

4.1.2 主要汽车品牌

上汽集团主要汽车品牌如表 4-1 所示。

表 4-1 上汽集团主要汽车品牌

品牌	商标	主 要 车 型
上汽乘用车	SAIC MOTOR 上海汽车	荣威品牌（RX3、RX5、RX5MAX、RX8、i5、i5GL、i6PLUS、Ei5、ERX5、RX5eMAX、e950、ei6PLUS）,名爵品牌（名爵 6、名爵 HS、名爵 GS、名爵 ZS、名爵 EZS、名爵 eHS）
上汽大众	上汽大众 SAIC VOLKSWAGEN	大众品牌（POLO、桑塔纳、帕萨特、途观、途安、途岳、途铠、途昂、Lavida、凌渡、辉昂、Viloran）,斯柯达品牌（昕锐、昕动、明锐、晶锐、速派、柯迪亚克、柯珞克、柯米克等）
上汽通用	上汽通用汽车 SAIC-GM	别克系列（昂科雷、昂科威、昂科拉、GL6、GL8、君越、君威、威朗、英朗、凯越、阅朗、VELITE6）、雪佛兰系列（沃兰多、科鲁兹、科沃兹、迈锐宝 XL、探界者、创界、创酷、科迈罗 RS、库罗德、索罗德、科鲁泽）、凯迪拉克系列（ATS-L、XT4、XT5、XT6、XTS、CT5、CT6、CT6 Plug-in、ESCALADE 等）
上汽通用五菱	上汽通用五菱 SGMW	宝骏系列（RS-3、RS-5、RM-5、RM-6、310、310W、E100、E200 等）；五菱系列（宏光、荣光、之光等）
上汽大通	上汽大通 MAXUS	V80、V90、G10、G20、G50、T60、T70、D60、D90、EV30、EV80、EG10、RG10
申沃客车		申沃客车、沃尔沃客车
上汽依维柯红岩	上汽依维柯红岩 SAIC-IVECO HONGYAN	红岩杰卡系列牵引车、红岩杰狮系列牵引车、红岩杰狮系列载货车及各种专用车
南京依维柯	NAVECO 南京依维柯	依维柯系列汽车

（1）荣威（Roewe）

- 荣威汽车是上汽集团 2006 年自主开发的汽车品牌。图 4-3 荣威 RX5 轿车被评为 2017 年第四届轩辕奖年度大奖。
- 荣威商标如图 4-4 所示。"荣威"中文体现了创新殊荣、威仪四海的价值观。荣威外文命名"Roewe"源自西班牙语 Loewe,蕴含"雄狮"之寓意,以"R"为首,意在

123

传达创新与皇家尊贵之意。最后的"WE"暗含"我们"之意，体现众志成城的精神与信念。

图4-3 荣威RX5轿车

图4-4 荣威商标

- 荣威徽标整体结构是一个稳固而坚定的盾形，暗寓其产品可信赖的尊崇品质，及上海汽车自主创新、国际化发展的坚强决心与意志。
- 色彩感观以红、黑、金三个主要色调构成，这是中国最经典、最具内蕴的三个色系，红色代表中国传统的热烈与喜庆，金色代表中国的富贵，黑色则象征威仪和庄重。
- 两只站立的东方雄狮，气宇轩昂、凛然不可冒犯，代表着吉祥、威严、庄重。图案的中间是双狮护卫着的华表。华表是中华文化中的经典图腾符号，不仅蕴含了民族的威仪，同时具有高瞻远瞩、祈福社稷繁荣、和谐发展的寓意。
- 图案下方用现代手法绘成的符号是字母"RW"的融合，是品牌名称的缩写，同时"RW"在古埃及语中亦代表狮子。
- 图案的底部为对称分割的四个红黑色块，暗含着阴阳变化的玄机，代表了求新求变、不断创新与超越的企业意志。这也突出了中国传统文化中的对称构造特色。

（2）桑塔纳（Santana）

上海大众桑塔纳轿车是上海大众汽车合作成功的第一个品牌产品，其动力强劲，经济省油，控制自如。全新桑塔纳（见图4-5）是现代经典车，它集现代设计、制造工艺和配备于一身。

图4-5 全新桑塔纳

4.1.3 发展简史

- 1957年9月，上海汽车装修厂试制成功第一辆58型越野车（见图4-6）。
- 1958年9月28日，上海汽车装配厂试制成第一辆凤凰牌轿车，实现上海汽车工业轿车制造"零"的突破（见图4-7）。

图4-6 58型越野车

图4-7 第一辆凤凰牌轿车

- 1964 年，凤凰牌轿车改名为上海牌轿车（见图 4-8）。
- 1984 年 10 月 10 日，上海大众汽车有限公司成立。
- 1995 年，上海汽车工业总公司更名为上海汽车工业（集团）总公司。
- 1995 年 12 月 26 日，南京依维柯汽车有限公司成立。
- 1997 年 6 月 12 日，上汽通用汽车有限公司成立。

图 4-8　上海牌 SH761 轿车

- 2000 年 6 月 30 日，上海申沃客车有限公司成立。
- 2002 年 11 月 18 日，上汽通用五菱汽车股份有限公司成立。
- 2006 年，发布了首款自主品牌中高档轿车荣威（Roewe）750。
- 2007 年，上汽依维柯红岩商用车有限公司成立。
- 2011 年 3 月 21 日，上汽大通汽车有限公司成立。
- 2012 年 12 月 3 日，上汽正大有限公司成立。
- 2018 年 6 月 26 日，大众集团将上汽大众股份中的 1% 转让给奥迪公司。

四、任务实施

1. 以各小组为单位，探讨上汽集团公司现阶段发展状况。
2. 通过互联网查找荣威 RX5 汽车的参数并分组讨论该车型特点。
3. 完成如下作业工单：

（1）上汽集团的全称为_____，2019 年《财富》全球 500 强排名第_____位。

（2）荣威 RX5 轿车被评为 2017 年第四届_____年度大奖，上海大众_____轿车是上海大众汽车合作成功的第一个品牌产品。

（3）1958 年 9 月 28 日，上海汽车装配厂试制成第一辆_____轿车，实现上海汽车工业轿车制造"零"的突破。

（4）填写表 4-2 上汽集团商标的汽车品牌

表 4-2　上汽集团商标的汽车品牌

商标	汽车品牌	商标	汽车品牌
上汽通用五菱 SGMW		上汽通用汽车 SAIC-GM	
上汽大通 MAXUS		⊘	

五、任务评价

在完成本学习任务后，通过小组会议的形式进行总结与反思，并推选代表宣讲交流知识与技能的掌握情况，小组之间进行互评，评价内容与标准见表 1-3。最后由教师进行总结评价。

任务 4.2　一汽集团探究

一、学习目标

完成本学习任务后，您能够：
1. 识别一汽集团公司的商标与品牌。
2. 阐述一汽集团公司发展历史及现状。
3. 阐述一汽集团公司车标含义。

二、情境引入

小张这学期末刚到一汽大众顶岗实习，人事主管做了岗前培训，内容包括集团公司的发展史和主要汽车车型的介绍。

三、相关知识

4.2.1　现状概述

一汽集团全称为中国第一汽车集团有限公司。

1. 集团公司商标

图 4-9　一汽集团商标

- 商标如图 4-9 所示。取阿拉伯数字"1"和汉字"汽"巧妙布置，构成一只展翅翱翔的雄鹰。"1"又代表第一，外围椭圆代表全球。寓意第一汽车集团公司展翅高飞，走向世界，勇夺第一的雄心壮志。
- 一汽货车在车前标有"FAW"，是第一汽车制造厂的英文字母"First Automobile Workshop"的第一个字母组合。

2. 生产规模

- 2019 年整车销售 345.9 万辆，位居全国汽车企业销量第三位。2019 年《财富》全球 500 强排名第 87 位。
- 一汽集团总部在吉林长春，形成了东北、华北、华南、西南四大基地，分布在哈尔滨、长春、吉林、大连、北京、天津、青岛、无锡、成都、柳州、曲靖、佛山、海口等城市。

4.2.2　主要汽车品牌

一汽集团主要汽车品牌、车型与制造商如表 4-3 所示。

项目4 中国主要汽车集团公司及商标

表 4-3 一汽集团汽车品牌、车型与制造商

品牌	商标	主要车型
一汽解放	一汽解放	解放系列重、中、轻型卡车
一汽轿车	一汽轿车	红旗系列轿车；奔腾系列轿车
一汽客车	一汽客车	解放、远征、太湖、华西
天津一汽	天津一汽	骏派
一汽大众	一汽-大众	探岳、探歌、探影、捷达、宝来、高尔夫、速腾、迈腾、CC、蔚领 C-TREK、GTI 轿车；奥迪 A 系列、Q 系列、R 系列、T 系列、e-tron 轿车
一汽马自达	一汽-马自达	阿特兹、睿翼、马自达系列等轿车
一汽丰田	一汽-丰田	皇冠、锐志、卡罗拉、威驰、RAV4、普拉多、柯斯达、亚洲龙、奕泽
一汽吉汽	一汽吉汽	佳宝系列、森雅系列
一汽通用	一汽通用	轻型商用车系列

（1）红旗
- 红旗轿车是我国最早的自主品牌轿车，商标图案（见图 4-10）是面红旗，旗杆象征着"龙"，旗面象征着"凤"，是对中华民族最古老的两个部落图腾"龙、凤"的简化。龙凤结合，表示团结统一的中华民族，腾飞的龙凤代表着东方巨龙的觉醒和美好的未来。
- 红旗 L5 轿车（见图 4-11），将中国的哲学思想、古典美学与现代科技相结合，蕴涵着中国式的尊贵。自主开发的 V 12 缸发动机，排量 6.0L，最大功率 300kW，匹配 6 速手自一体变速器，四连杆独立前悬架和多连杆独立后悬架，同时配备双向充气式液压减振器，四分区自动空调系统，豪华舒适。

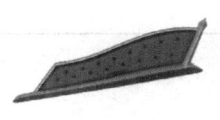

图 4-10 红旗商标

图 4-11 红旗 L5 轿车

(2) 解放

解放汽车是新中国成立后生产的第一款汽车，现已形成了轻、中、重三大系列，产品从 1~30t 级，囊括了普通载货车、自卸车、牵引车、半挂车、搅拌车、邮政车等 600 多个品种，年产销量突破 20 万辆，并连续五年取得全国市场销售量第一、全国市场占有率第一。图 4-12 为解放 J6 商用车。

图 4-12 解放 J6 系列商用车

4.2.3 发展简史

- 1953 年 7 月 15 日，第一汽车制造厂在长春破土动工，中国汽车工业从此起步。
- 1956 年 7 月 15 日，第一辆国产解放牌汽车诞生。
- 1958 年 5 月，生产出第一辆"红旗"牌轿车。
- 1982 年，组建第一汽车集团公司。
- 1986 年 7 月 15 日，转产 CA141 汽车。
- 1991 年，与德国大众汽车公司合资成立一汽大众汽车有限公司。
- 2003 年 9 月，天津一汽丰田股份有限公司成立。
- 2004 年 7 月 20 日，一汽海马汽车有限公司成立。
- 2006 年 1 月 17 日，一汽客车（成都）有限公司成立揭牌。
- 2009 年 8 月 30 日，一汽通用轻型商用汽车有限公司成立。
- 2019 年 7 月 12 日，一汽集团和吉林大学联合挂牌成立"红旗学院"。

四、任务实施

1. 以各小组为单位，探讨一汽丰田几款车型特点。
2. 查找相关资料，试列出一汽集团几款畅销车型。
3. 完成如下作业工单：

（1）一汽集团的全称为＿＿＿＿＿＿＿＿＿＿＿＿＿＿＿＿＿＿＿。

（2）一汽货车在车前标有"＿＿＿＿＿"，是第一汽车制造厂的英文字母的第一个字母组合。

（3）＿＿＿＿＿＿＿是我国汽车的最早自主品牌轿车；＿＿＿＿＿＿＿汽车是新中国成立后的第一款汽车。

（4）填写表 4-4 一汽集团汽车品牌的主要车型

表 4-4 一汽集团汽车品牌的主要车型

汽车品牌	主 要 车 型
一汽大众	
一汽丰田	

五、任务评价

在完成本学习任务后，通过小组会议的形式进行总结与反思，并推选代表宣讲交流知识与技能的掌握情况，小组之间进行互评，评价内容与标准见表1-3。最后由教师进行总结评价。

任务4.3　东风集团探究

一、学习目标

完成本学习任务后，您能够：
1. 识别东风集团公司的商标与品牌。
2. 阐述东风集团公司发展历史及现状。
3. 阐述东风集团公司车标含义。

二、情境引入

李先生在《名车展台》电视节目中，看到东风汽车集团公司发布会上的几款新车型，想对东风汽车集团公司发展历史有所了解。

三、相关知识

4.3.1　现状概述

东风集团全称为东风汽车集团股份有限公司。

1. 东风商标
- 商标"风神"是一对燕子在空中飞翔的尾翼（见图4-13），喻示双燕舞东风，给人以启迪和力量。
- 东风汽车集团前身是第二汽车制造厂，二汽的"二"字寓意于双燕之中，象征着东风牌汽车的车轮不停旋转，奔驰在祖国大地，奔向全球。
- "风神"在世界大多数国家也视为"吉祥"和"美好"。

2. 生产规模
- 东风汽车集团目前拥有23家附属公司，图4-14为东风新总部大楼。公司主要业务分布在十堰、襄阳、武汉、广州等国内20多个城市，形成了"立足湖北，辐射全国，面向世界"的事业布局。

图4-13　东风商标

图4-14　东风新总部大楼

- 2019年汽车销售量360.9万辆，排名国内第二，世界排名第十。2019年《财富》全球500强排名第82位。

4.3.2 主要汽车品牌

东风集团主要汽车品牌如表4-5所示。

表4-5　东风集团主要汽车品牌

品牌	商标	主要品牌车型
东风商用车	东风商用车 DONGFENG TRUCKS	天龙、天锦、大金刚、霸龙、龙卡、EQ1230V2、EQ3260GL、EQ4196L、乘龙、金霸、东风之星、皮卡、风圣、多利卡康霸、凯普特、小霸王
东风日产	NISSAN 东风日产	蓝鸟、逍客、楼兰、轩逸、天籁、骐达、奇骏、骊威、西玛、劲客、途达、纳瓦拉、NV200、优迪狮系列重卡等
英菲尼迪	INFINITI	Q50L、QX50 等
东风风神	东风风神	AX3、AX4、AX5、AX7、A9、E70 500 等
东风风光	东风风光	风光 IX5、580、S550、370S、S330
东风风行	东风风行	风行 CM7、F600、SX6、T5；景逸 S50、S50EV、X5、X6；菱智 M3、M5、V3
神龙汽车	神龙汽车	东风雪铁龙系列（C5、C6、C3-XR、C4L、C4 AIRCROSS、C5 AIRCROSS、C4 世嘉、爱丽舍等），东风标致系列（301、308、308S、408、2008、3008、4008、5008）
东风本田	HONDA 东风HONDA	思域、思铂睿、艾力绅、杰德、竟瑞、哥瑞、UR-V、CR-V、XR-V、INSPIRE 等
东风悦达起亚	KIA 东风悦达·起亚	K2、K3、K5、KX3、KX5、KX7、智跑、奕跑、焕驰、凯绅、KX CROSS、华骐 300E 等
东风雷诺	RENAULT	科雷嘉、科雷傲
东风启辰	启辰 VENUCIA	D60、T70、T90、M50V
东风裕隆	东风裕隆	锐 3、U5、纳 5、优 5、大 7 MPV

（1）东风天龙重卡（见图4-15）

东风天龙覆盖3个类别、11个系列、51个车型，发动机动力为260hp至420hp。荣获国际"最省油奖""跑得快奖"、年度受欢迎车型大奖等各种奖励。

（2）东风多利卡

东风多利卡（见图4-16）系列已有近百种车型。其动力强劲，可选装东风康明斯4BT、玉柴4110等多种发动机，底盘可以改制成厢式车、冷藏车、翻斗车等特种车辆。

图4-15　东风天龙重卡

图4-16　东风多利卡货车

（3）东风小霸王

新款东风小霸王（见图4-17）轻型货车经过26项技术改进，实现了全铆接大梁、可翻驾驶室、电熄火装置，驾驶室外覆盖件全部采用双面镀锌冷扎薄钢板，成为国内主力轻型货车型之列，产品远销亚、非、欧美等30多个国家和地区。

（4）东风风神S30（见图4-18）

东风乘用车公司首款自主品牌产品，汇聚东风40年造车经验和近20年轿车领域合资合作的积累，经1000余名工程师历时4年开发的全新车型。自2009年4月份上海车展亮相以来，荣获了20多项大奖。

图4-17　东风小霸王轻型货车

图4-18　东风风神S30

4.3.3　发展简史

- 1969年9月，第二汽车厂成立。
- 1975年7月1日，二汽EQ204两吨半越野车投产。
- 1992年5月18日，神龙汽车有限公司成立。
- 1999年7月15日，东风汽车股份有限公司创立。
- 2001年5月18日，东风汽车集团股份有限公司成立。
- 2001年9月，东风电动车辆股份有限公司成立。
- 2001年11月27日，东风、悦达、起亚三方在北京签署合作协议。

- 2003年6月9日，东风汽车有限公司成立（与日产汽车合资）。
- 2003年7月16日，东风本田汽车有限公司成立。
- 2004年10月12日，东风汽车集团股份有限公司成立。
- 2007年，东风日产汽车金融有限公司成立。
- 2007年7月25日，东风乘用车公司成立。
- 2014年4月29日，完成认购PSA的14.1%股份。
- 2014年9月，东风英菲尼迪汽车有限公司成立。

四、任务实施

1. 以各小组为单位，探讨东风汽车集团现阶段发展状况。
2. 查找相关资料，试列出东风汽车集团几款畅销车型。
3. 完成如下作业工单：

（1）东风汽车集团前身是＿＿＿＿＿＿汽车制造厂。

（2）＿＿＿＿＿＿为东风乘用车公司首款自主品牌产品。

（3）＿＿＿＿＿＿荣获国际"最省油奖""跑得快奖"、年度受欢迎车型大奖等各种奖励。

（4）填写表4-6 东风集团汽车品牌的主要车型

表4-6 东风集团汽车品牌的主要车型

汽车品牌	主　要　车　型
东风日产	
东风本田	

五、任务评价

在完成本学习任务后，通过小组会议的形式进行总结与反思，并推选代表宣讲交流知识与技能的掌握情况，小组之间进行互评，评价内容与标准见表1-3。最后由教师进行总结评价。

任务4.4　长安集团探究

一、学习目标

完成本学习任务后，您能够：

1. 识别长安集团公司的商标与品牌。
2. 阐述长安集团公司发展历史及现状。
3. 阐述长安集团公司车标含义。

二、情境引入

吴先生在一次车展中看中了陆风X8这款汽车，现场销售人员为吴先生介绍了陆风X8

项目 4 中国主要汽车集团公司及商标

的基本参数以及车型配置。

三、相关知识

4.4.1 现状概述

长安集团全称是中国长安汽车集团股份有限公司。

1. 汽车商标

长安商用车的标志（见图4-19）蓝色背景配合大小方圆，寓意长安汽车畅行天下、注重科技。核心的V形有Victory（胜利）和Value（价值）之意，寓意长安汽车致力于打造世界一流汽车企业，为消费者和股东创造价值。

2. 生产规模

长安集团总部设在北京，是中国兵器装备集团有限公司对旗下汽车产业进行整合优化，成立的一家特大型企业集团，在全球有12个生产基地、33个整车及发动机工厂。2019年汽车年销量176.0万辆，排名国内第六，是最大的中国自主品牌汽车企业。2019年《财富》全球500强排名第367位。

图4-19 汽车商标

4.4.2 主要汽车品牌

长安集团主要汽车品牌如表4-7所示。

表4-7 长安集团主要汽车品牌

品牌	商标	主要车型
长安汽车	长安汽车	乘用车：逸动、悦翔、奔奔、CS15、CS35、CS55、CS75、CS85、CS95、锐程CC、凌轩等 商用车：欧尚、欧诺、长安之星、长安星卡等 轻型车：睿行、长安神骐等
长安福特	Ford 进无止境	福克斯、福睿斯、金牛座、领界、撼路者、锐界、锐际、翼虎、翼搏、蒙迪欧、途睿欧、全顺
长安铃木	长安铃木	天语、雨燕、奥拓、维特拉、骁途、启悦、尚悦等系列
长安马自达	mazda 长安马自达	马自达CX-5、马自达CX-8、马自达3、昂克赛拉等系列
陆风	陆风汽车	陆风系列
哈飞汽车	哈飞汽车集团 HAFEI AUTOMOBILE GROUP	赛马、中意、民意、锐意、骏意、赛豹、路宝、路尊等

（1）长安奔奔

"奔奔"（见图4-20）是长安的第一款自主品牌轿车。它是长安汽车集团公司历经三年，由上百名中外专家和技术人员设计和研发完成的。装有 1.3L 排量发动机，百公里油耗仅为 4.4L，是目前国内经济型轿车领域的典范。

（2）长安之星 2 代（见图 4-21）

图 4-20　长安奔奔

图 4-21　长安之星 2 代

全车采用 23 项专利技术，288 项技术升级和 300 多项零部件性能提升，受到广大微车用户推崇。

（3）福克斯（Focus）

长安福特福克斯（见图 4-22）采用全铝合金反置式发动机与运动悬架、"后副车架+后防倾杆"设计，安全舒适；2.0L 发动机，曾在 31 个厂家的 407 种车型中一举获得 2.0L 排量最低油耗冠军。

（4）哈飞赛豹（见图 4-23）

哈飞赛豹于 2004 年与宾法公司联合开发的三厢轿车。发动机排量 1.584L，最大功率 74.2kW，最高车速 180km/h。继 2006 年 12 月获得国家集成创新奖后，2007 年 1 月，哈飞赛豹 5 系又获得最具民族品牌影响力运动型轿车称号。

图 4-22　福克斯轿车

图 4-23　哈飞赛豹

4.4.3　发展简史

- 1958 年，原长安厂生产出国内第一辆吉普车。
- 1983 年，第一辆"长安牌"微型汽车诞生。
- 1993 年 5 月，重庆长安铃木汽车有限公司成立。
- 1996 年，重庆长安汽车股份有限公司成立。
- 1998 年，长安汽车（集团）有限责任公司成立。
- 2001 年 4 月，长安福特汽车有限公司成立。
- 2004 年 11 月，江铃控股有限公司成立。
- 2006 年 3 月，长安福特马自达汽车有限公司成立。
- 2005 年 12 月，中国南方工业汽车股份有限公司成立。

项目4　中国主要汽车集团公司及商标

- 2009年7月1日，中国长安汽车集团股份有限公司成立。
- 2011年11月20日，长安标致雪铁龙汽车有限公司成立。
- 2012年7月17日，万友汽车投资有限公司成立。
- 2013年4月20日，南方佛吉亚汽车部件有限公司成立。
- 2015年4月，本特勒建安汽车系统（重庆）有限公司成立。
- 2018年11月28日，由中国长安与本特勒汽车组建的本特勒建安汽车系统项目正式投产。
- 2019年11月29日，长安汽车将长安标致雪铁龙的50%股权转让给深圳前海锐致投资公司。

四、任务实施

1. 以各小组为单位，探讨长安集团公司现阶段发展状况。
2. 通过互联网查找陆风X8汽车的参数并分组讨论该车型特点。
3. 完成如下作业工单：
（1）长安集团全称是＿＿＿＿＿＿＿＿＿＿。
（2）＿＿＿＿＿＿＿是长安的第一款自主品牌小轿车。
（3）长安铃木的主要车型有＿＿＿＿＿＿＿＿＿＿＿＿＿＿＿＿＿＿＿＿＿。
（4）填写表4-8 长安集团商标的汽车品牌

表4-8　长安集团商标的汽车品牌

商标	汽车品牌	商标	汽车品牌
长安汽车		陆风汽车 LANDWIND	
Ford 进无止境		长安铃木	

五、任务评价

在完成本学习任务后，通过小组会议的形式进行总结与反思，并推选代表宣讲交流知识与技能的掌握情况，小组之间进行互评，评价内容与标准见表1-3。最后由教师进行总结评价。

任务4.5　北汽集团探究

一、学习目标

完成本学习任务后，您能够：
1. 识别北汽集团公司的商标与品牌。
2. 阐述北汽集团公司发展历史及现状。
3. 阐述北汽集团公司车标含义。

二、情境引入

朱先生家附近新开了一家北京现代4S店,通过了解才知道北京现代是北汽集团公司的一个汽车品牌。

三、相关知识

4.5.1 现状概述

北汽集团全称是北京汽车集团有限公司。

1. 集团商标（见图4-24）

图4-24 北汽集团商标

商标"北"指北京,被简化成两个把手,连成一个转向盘,意指敞开大门,融世界,创未来,产品走向世界各地。

2. 生产规模

北汽集团以北京为中心,建立了分布全国十会城市的8大乘用车、9大商用车生产基地,并在全球20多个国家建立整车工厂。

集团2019年汽车销售量226.1万辆,排名全国第四。2019年《财富》全球500强排名第129位。

4.5.2 主要汽车品牌

主要汽车品牌如表4-9所示。

表4-9 北汽集团主要汽车品牌

品牌	车标	主要车型
北京汽车		北京BJ20、北京3J40、北京BJ80、X25、X35、X65、D50、智达X3、智道U7、智行；勇士、陆霸、越铃、锐铃、战旗、BJ212、BW007、北京重卡等
北汽福田		瑞沃、拓陆者、雷萨、普罗科、风景、奥铃、时代、欧曼、欧辉、图雅诺、萨瓦纳、伽途、祥菱、欧马可等
北汽银翔		幻速S2、S3、S3L、S6、H2、H3、H3F
北京昌河		昌河Q7、昌河Q25、昌河Q35、昌河A6、昌河M60等
北京现代		瑞纳、伊兰特、悦动、悦纳、名图、索纳塔、ix25、ix35、途胜、胜达、领动、逸动、昂希诺、菲斯塔等
北京奔驰		奔驰A级、C级、E级、GLC、GLA等
福建奔驰		V-Class、威霆、凌特

项目 4　中国主要汽车集团公司及商标

(1) 北汽陆霸

陆霸汽车（见图 4-25）是 2003 年推出的四轮驱动越野汽车。陆霸造型粗犷、勇猛，又端庄、俊雅。最大爬坡度不小于 30°，具有极强的通过性和越野性。早在 2003 年投产前的路试阶段，陆霸 3400 就已经勇敢地穿越了罗布泊、阿尔金山、可可西里和藏北高原四大无人区，经历了最恶劣的地形和路况的考验，在氧气含量只有海平面的 60%，海拔 5200 多米的珠穆朗玛峰大本营，陆霸发动机燃烧充分，排气无黑烟。

图 4-25　陆霸越野车

(2) 北汽福田

- 北汽福田汽车股份有限公司（简称北汽福田）由全国 99 家企业出资组建，成立于 1996 年 8 月 28 日，是一家跨地区、跨行业、跨所有制的国有控股上市公司。在国内 9 个省市和日本、欧洲等国家拥有汽车制造企业。
- 北汽福田商标如图 4-26 所示，钻石造型突出了珍贵、恒久之意，象征福田人对优异质量和完美境界的追求；钻石图案所反映的透明、纯净感，体现了企业诚信的价值观；三条边象征多元化经营的业务结构；三条斜线构图自下而上代表了"突破、超越、领先"的三阶段竞争策略。
- 目前福田汽车旗下的欧曼重型货车（见图 4-27）品牌始创于 2002 年，作为一个民族品牌，发展成为了今天重型车辆市场最炙手可热的产品。2004 年，欧曼包揽了重型汽车行业"最佳商用车（物流类）"、"2004 年度最佳安全重卡奖"两项大奖。

图 4-26　福田商标

图 4-27　欧曼重型货车

(3) 奔驰 E 230（见图 4-28）

梅赛德斯-奔驰 E 230 是奔驰公司全球最受欢迎的主力产品之一，2005 年 12 月在我国生产。E 230 配备了 2.5L 6 缸发动机，最大功率 150kW，动力强劲、运行平稳、噪声低。还配置了预防性乘客安全保护系统、7 速自动变速器、智能照明系统、直接控制系统。赢得了同级别中"最安全与舒适的豪华轿车"盛誉。

图 4-28　奔驰 E230 汽车

(4) 北京 BJ40（见图 4-29）

历经 6 年于 2013 年推出的新一代北京吉普，搭载 2.4L 自然吸气发动机，105kW 的最大功率，配备 5 速手动变速器，以及手动分时四驱系统，集时尚硬派设计与超强越野性能于一身。

（5）索纳塔（见图4-30）

是韩国现代开发的最成功的车型。2015年3月20日上市，搭载1.6T-GDi发动机，缸内直喷、涡轮增压、D-CVVT可变正时、7速双离合器、智能自适应巡航、车道偏离警示系统、倒车影像等功能。

图4-29　北京BJ40汽车

图4-30　第九代索纳塔汽车

4.5.3　发展简史

- 1953年，创建第一汽车附件厂。
- 1958年，改名北京汽车制造厂。
- 1965年，开发生产我国第一代BJ212越野汽车。
- 1973年7月30日，北京市汽车工业公司成立。
- 1983年5月5日，与美国汽车公司（AMC）合资成立北京吉普汽车有限公司（BJC）。
- 1996年8月28日，全国99家企业出资组建了北汽福田公司（FOTON）。
- 2000年9月28日，北京汽车股份有限公司成立。
- 2002年4月29日，北京现代汽车股份有限公司成立。
- 2002年6月4日，与日本三菱汽车公司签署了在中国生产帕罗杰SPORT车型的协议。
- 2005年8月8日，北京奔驰-戴姆勒·克莱斯勒汽车有限公司（简称BBDC）成立。
- 2007年8月26日，北京海纳川汽车零部件有限公司成立。
- 2009年11月14日，北京新能源汽车股份有限公司成立。
- 2009年12月14日，完成对瑞典萨博汽车公司相关知识产权的收购工作。
- 2010年11月，更名为"北京汽车集团有限公司"。
- 2013年11月25日，北汽收购昌河汽车70%股份。
- 2016年3月14日，北汽收购福建奔驰35%股份。
- 2017年7月5日，北汽与戴姆勒合作生产纯电动车。

四、任务实施

1. 以各小组为单位，探讨北汽集团公司现阶段发展状况。
2. 查找相关资料，试列出北汽集团几款畅销车型。
3. 完成如下作业工单：

（1）北汽集团全称是_____。

（2）目前福田汽车旗下的_____货车品牌始创于2002年，作为一个民族品牌，

项目4　中国主要汽车集团公司及商标

发展成为了今天重型车辆市场最炙手可热的产品。

（3）商标"北"指_____，被简化成两个把手，连成一个方向盘，意指敞开大门，融世界，创未来，产品走向世界各地。

（4）填写表4-10北汽集团商标的汽车品牌

表4-10　北汽集团商标的汽车品牌

商　标	汽车品牌	商　标	汽车品牌

五、任务评价

在完成本学习任务后，通过小组会议的形式进行总结与反思，并推选代表宣讲交流知识与技能的掌握情况，小组之间进行互评，评价内容与标准见表1-3。最后由教师进行总结评价。

任务4.6　广汽集团探究

一、学习目标

完成本学习任务后，您能够：
1. 识别广汽集团公司的商标与品牌。
2. 阐述广汽集团公司发展历史及现状。
3. 阐述广汽集团公司车标含义。

二、情境引入

吴先生到一家大型购物中心，销售人员正在展示传祺GS8小轿车，并介绍传祺GS8的基本参数以及车型配置。

三、相关知识

4.6.1　现状概述

广汽集团全称是广州汽车集团股份有限公司。

1. 集团公司标志

广汽集团新标志如图4-31所示。"G"，是广汽集团英文缩写"GAC"的首字母。新标识代表着广汽集团的精湛品质与全球视野，是对"至精·志广"企业精神的全新演绎，意味着广汽集团将立足国内、放眼全球，以更博大的胸襟，融合全球科技与人

图4-31　广汽集团新标志

139

才，创造更大的成就与辉煌，成为卓越的国际化企业集团。

2. 生产规模

- 广汽集团是由广州汽车工业集团有限公司、万向集团公司、中国机械工业集团公司、广州钢铁企业集团有限公司、广州市长隆酒店有限公司共同发起设立的大型国有控股股份制企业集团。目前集团旗下拥有广汽乘用车、广汽丰田、本田（中国）、广汽客车、广汽日野、广汽长丰、广汽部件、广汽丰田发动机、广汽商贸、广爱公司、同方环球、中隆投资、广汽汽研院等数十家知名企业。
- 2019 年汽车销售量为 206.2 万辆，排名全国第五。2019 年《财富》全球 500 强排名第 189 位。

4.6.2 主要汽车品牌

广汽集团主要品牌汽车，如表 4-11 所示。

表 4-11 广汽工业集团主要汽车品牌

品牌	车标	主要车型
广汽乘用车	广汽乘用车 GAC MOTOR	传祺 GA4、GA6、GA8、GM6、GM8、GS3、GS4、GS5、GS7、GS8
广汽本田	广汽 HONDA	皓影、冠道、雅阁、奥德赛、缤智、飞度、凌派、锋范、理念 VE-1
广汽丰田	广汽丰田	雷凌、威兰达、凯美瑞、致炫、致享、埃尔法、汉兰达、C-HR、iA5
广汽菲克	广汽菲克 GAC FCA	Jeep 自由光、Jeep 自由侠、Jeep 指南者、Jeep 大指挥官、菲翔、致悦、菲亚特 500
广汽三菱	广汽三菱	奕歌、欧蓝德、祺智 EV、帕杰罗、劲炫
广汽吉奥	广汽吉奥 GAC GONOW	财运、星旺、GP150
广汽中兴	广汽中兴 GAC ZXAUTO	广汽中兴 C3、中兴威虎、中兴小老虎、旗舰 A9
本田（中国）	HONDA 本田汽车（中国）有限公司	雅阁、JAZZ、Fit、全球 KD 零部件出口
广汽日野	广汽日野	牵引车、搅拌车、自卸车、轿车、厢式车、300J 系列轻型货车、320D 系列轻型货车、270Y 系列轻型货车
广汽客车	广汽客车 GAC BUS	城市客车系列、GZ6180RV1 公交客车、旅游团体系列、6~7.5m 轻型客车

（1）2020 款传祺 GS8（见图 4-32）

2019 年 10 月 19 日上市，2020 款传祺 GS8 搭载传祺第三代 390T 发动机，额定功率 185kW，最大转矩 390N·m，功率提升了 25%，转矩提升 22%。这款发动机是国内率先搭载 350bar 高压直喷技术的 2.0T GDI 发动机,加上包含 GCCS 燃烧控制专利技术在内的多项国际领先"黑科技"加持,在提升动力效能的同时,将 2020 款传祺 GS8 的油耗降低至 7.9L,不使用 GPF 即可满足国六 B 要求,大幅降低了颗粒物排放。新车上搭载的爱信 6AT 第三代手自一体变速器,大大提高传动效率,让新车达到动力与经济的优越组合。

图 4-32　传祺 GS8

（2）雅阁（Accord）

2018 年 4 月 16 日,本田推出了第十代雅阁轿车（见图 4-33）。配备了 1.5T 直喷 VTEC 涡轮增压发动机,输出功率达 143kW,CVT 无级变速器,前麦弗逊独立悬架/后多连杆独立悬架,100km/h 等速油耗仅为 6.0L,远低于同级别产品。

（3）凯美瑞（Camry）

日本丰田凯美瑞是全球销量最大的中高档轿车之一,连续 8 次成为美国年度最畅销轿车,全球累计销售量已超过 1000 万辆。

广州丰田凯美瑞（见图 4-34）自 2006 年上市以来,多次卫冕国内中高级轿车市场月销量冠军。

图 4-33　第十代雅阁轿车

图 4-34　广州丰田凯美瑞轿车

4.6.3　发展简史

- 1986 年 9 月,中法合资广州标致汽车公司投产。
- 1997 年 6 月,广州汽车集团有限公司成立。
- 1998 年 4 月 28 日,广州本田汽车有限公司成立。
- 2000 年 6 月 8 日,广州汽车工业集团有限公司成立。
- 2000 年 7 月,广州骏威客车有限公司成立。
- 2004 年 9 月 1 日,广州丰田发动机有限公司正式成立。
- 2005 年 6 月 28 日,广州汽车集团股份有限公司创立。
- 2006 年 7 月,广汽集团汽车工程研究院成立。
- 2007 年 12 月 24 日,广汽日野汽车有限公司成立。
- 2008 年 7 月,广州汽车集团乘用车有限公司成立。
- 2009 年 5 月 21 日,广汽长丰汽车股份有限公司成立。
- 2009 年 11 月,广汽集团收购长丰汽车 29% 的股份,成为长丰汽车第一大股东。
- 2010 年 3 月 9 日,广汽菲亚特汽车有限公司成立。
- 2010 年 12 月 9 日,广汽吉奥汽车有限公司成立。
- 2012 年 10 月 12 日,广汽三菱汽车有限公司成立。

- 2013年5月16日,与宜昌市政府、中兴汽车签署合作协议,联手打造宜昌汽车产业基地。
- 2015年10月,广汽本田第三工厂、发动机工厂落成。
- 2017年7月,广汽集团全资设立的"广汽新能源汽车有限公司"注册成立。
- 2017年12月,广汽集团与蔚来公司签署战略合作暨新能源汽车项目协议。
- 2019年1月,广汽底特律研发中心成立。

四、任务实施

1. 以各小组为单位,探讨广汽集团现阶段发展状况。
2. 通过互联网查找传祺GS8汽车的参数并分组讨论该车型特点。
3. 完成如下作业工单。

(1) 广汽集团标志"G",是广汽集团英文缩写_____的首字母。

(2) 本田推出了第十代雅阁轿车。配备了全新_____发动机,输出功率达200kW。

(3) 广州丰田_____2006年上市以来,多次卫冕国内中高级轿车市场月销量冠军。

(4) 填写表4-12广汽集团汽车品牌的主要车型

表4-12 广汽集团汽车品牌的主要车型

汽车品牌	主 要 车 型
广汽丰田	
广汽本田	

五、任务评价

在完成本学习任务后,通过小组会议的形式进行总结与反思,并推选代表宣讲交流知识与技能的掌握情况,小组之间进行互评,评价内容与标准见表1-3。最后由教师进行总结评价。

任务4.7 吉利集团探究

一、学习目标

完成本学习任务后,您能够:
1. 识别吉利集团公司的商标与品牌。
2. 阐述吉利集团公司发展历史及现状。
3. 阐述吉利集团公司车标含义。

二、情境引入

2019第十七届中国(广州)国际汽车展览会上,豪华中型轿车沃尔沃全新S60正式开启预售，工作人员为顾客小王做该车独特性能及沃尔沃品牌的介绍。

三、相关知识

4.7.1 现状概述

吉利集团全称为浙江吉利控股集团有限公司。

1. 集团公司商标
- 老商标如图 4-35 所示，"圆"象征地球，表示吉利汽车面向世界、走向国际化；中间图案是六个"六"，有多个含意，象征太阳的光芒，象征如意、吉祥，象征一步一个台阶，不断超越，发展无止境；图案内圈蔚蓝，象征广阔的天空，超越无止境，发展无止境；外圈深蓝，象征无垠的宇宙，超越无限，空间无限。

2. 生产规模
- 吉利控股集团是中国最早也是最大的民营汽车企业，总部在杭州市，在台州、宁波、湘潭、济南、成都等地建有汽车整车和动力总成制造基地。吉利控股集团旗下拥有吉利汽车、领克汽车、沃尔沃汽车、Polestar、宝腾汽车、路特斯汽车、伦敦电动汽车、远程新能源商用车、太力飞行汽车、曹操专车、荷马、盛宝银行、铭泰等众多国际知名品牌。吉利控股集团还是沃尔沃集团第一大持股股东、戴姆勒股份公司第一大股东。拥有各种专利 6500 多项。
- 2019 年汽车销售量 136.2 万辆，排名全国第七。2019 年《财富》全球 500 强排名第 220 位。
- 全球鹰车标（见图 4-36 左）：外廓为椭圆形，象征着全球化的背景，寓示吉利在全球市场的动态平稳的发展前景。椭圆形状呈犄角之势，意喻吉利开拓、奋进、忠诚和使命感。标识中间部分将东方神鸟朱雀幻化，以傲起之姿雄视全世界，又是吉利首字母"G"的变体，同时又是阿拉伯数字"6"形状，含有"吉祥顺利"的寓意。

全球鹰　　　　帝豪　　　　英伦

图 4-35 吉利商标　　　图 4-36 吉利车标

- 帝豪车标（见图 4-36 中）：源于六块腹肌的创意灵感，代表年轻、力量、阳刚和健康，寓意吉利年轻、向上，充满活力；图形为勋章/盾牌形状，给人安全感和信赖感，显示吉利"安全呵护与稳健发展"的品牌特征；图形内由六块宝石组成，蓝色代表天空，黑色代表大地，象征吉利汽车驰骋天地之间；6 个区域格局，昭示中正严谨、清晰醒目，六六大顺。
- 英伦车标（见图 4-36 右）：采用中国传统的太极图形状，左侧星形图案使人联想到中国国旗上的五星，右侧"不列颠尼亚女神"反映出英伦百年品牌的英国历史背景和文化根基；六段线条源自于吉利集团的六六大顺标志，象征着幸运和财富，也寓意"团队精神、学习精神、创新精神、拼搏精神、实事求是、精益求精"的吉利精神。热情的红，浩瀚的蓝，雍容的暗金，智慧的黑，配合以风格经典、流畅自如的"ENGLON"字体，带给人无限的联想空间，体现了中西合璧的背景，象征英伦品牌不断开拓创新、放眼全球的战略目标。

4.7.2 主要汽车品牌

主要汽车品牌如表 4-13 所示。

表 4-13 吉利集团主要汽车品牌

品牌	车标	主要车型
吉利		金刚、缤越、缤瑞、博越、星越、嘉际、博瑞、帝豪 GL-PHEV、GS、GSe、GL、PHEV、EV500、远景 S1、X1、X3、X6 等
沃尔沃		XC90、S40、S60、S70、S80、S90、V40、V70、V90
伦敦出租车		TX4、TX5

（1）吉利熊猫（见图 4-37）

吉利熊猫 2008 年 11 月正式上市，该系列有七个车型。造型融入了国宝"大熊猫"的造型元素，大嘴巴、黑眼圈，尾灯一大四小像大熊猫脚印，获得"2009 年度最佳造型奖"。采用五星安全标准设计，高刚性防撞车身，六气囊、侧气帘配置，溃缩吸能转向柱，标配 ABS、EBD、转向锁止防盗、后车门儿童安全锁、塑料防爆工程油箱等。

（2）吉利美人豹（见图 4-38）

吉利美人豹是我国自主设计的第一款跑车，被称为中国"第一跑"，首次出现于 2001 年 6 月上海车展。2003 年 11 月 28 日投放市场。被评为"中国风云车最佳跑车""中国工业设计创新特别奖"，并被中国国家博物馆永久收藏与展示。

图 4-37 吉利熊猫汽车

图 4-38 吉利美人豹

（3）吉利博瑞（见图 4-39）

2015 年上市的中高级轿车，设计师为前沃尔沃集团的副总裁彼得·霍布里，获得 C-NCAP 五星安全评价。标准型配备 1.8T GDT 涡轮增压直喷发动机，最大功率 120kW，国五

项目4 中国主要汽车集团公司及商标

排放，DSI 六速手自一体变速器，多功能方向盘，EPS 电子助力转向，一键起动，HUD 抬头显示系统、PM2.5 空气净化器、自动分区空调、低噪声；ACC 智能自适应导航，KDW 主动偏航警告系统，7 安全气囊，自动泊车辅助系统等。

（4）沃尔沃（Volvo）汽车品牌

- 瑞典沃尔沃（也有译为"富豪"）公司创立于 1924 年，总部设在瑞典哥德堡。

图 4-39 吉利博瑞汽车

- 沃尔沃商标（见图 4-40）由图标和文字两部分组成，图形图标画成车轮形状，并有指向右上方的箭头，文字商标"VOLVO"为拉丁语，是滚滚向前的意思，寓意沃尔沃汽车的车轮滚滚向前和公司兴旺发达，前途无量。
- 沃尔沃公司注重汽车质量、安全和对环境的影响，发明了汽车安全底盘、三点式紧缩安全带和侧撞防护系列等。沃尔沃主要品牌有 S 系列的 S40、S60、S70、S80、S90，V 系列的 V40、V70、V90 和 XC90（见图 4-41）等。

图 4-40 沃尔沃商标

图 4-41 沃尔沃 XC90 汽车

4.7.3 发展简史

- 1986 年 11 月 6 日，李书福（见图 4-42）以冰箱配件为起点，开始了吉利创业历程。
- 1996 年 5 月，成立吉利集团有限公司。
- 2000 年，吉利学院成立。
- 2003 年 3 月 24 日，浙江吉利控股集团有限公司成立；
- 2003 年，推出了自行研制的中国第一辆初级方程式赛车（见图 4-43）。

图 4-42 李书福

图 4-43 吉利方程式赛车

- 2005 年，出资兴建海南三亚学院。
- 2006 年 9 月，"吉利轿车安全技术的研发与产业化"荣获中国汽车工业科学技术一

145

等奖。
- 2006年11月，吉利集团与英国锰铜集团，在上海成立合资公司。
- 2007年4月14日，吉利集团受中国汽车工程学会委托投资建立的浙江汽车工程学院在杭州正式开学。
- 2009年3月27日，吉利收购全球第二大自动变速器公司——澳大利亚DSI公司。
- 2010年3月28日，吉利收购沃尔沃轿车100%的股权以及相关资产。
- 2010年，创建湖南吉利汽车职业技术学院。
- 2013年2月1日，吉利收购英国锰铜控股。
- 2016年3月4日，收购东风南充汽车有限公司，成立子公司南充吉利商用车研究院有限公司。
- 2017年6月，吉利集团与马来西亚DRB-HICOM集团签署最终协议，收购DRB-HICOM旗下宝腾汽车（PROTON）49.9%的股份以及豪华跑车品牌路特斯（Lotus）51%的股份。
- 2017年11月13日，吉利集团全资收购了Terrafugia（太力）飞行汽车公司。
- 2018年2月24日，吉利集团收购戴姆勒股分公司9.69%具有表决权的股份。

四、任务实施

1. 以各小组为单位，探讨吉利集团公司现阶段发展状况。
2. 通过互联网查找沃尔沃S60汽车的参数并分组讨论该车型特点。
3. 完成如下作业工单：

（1）吉利集团全称为_____。

（2）_____是我国自主设计的第一款跑车，被称为中国"第一跑"。

（3）沃尔沃公司注重汽车质量、安全和对环境的影响，发明了_____、_____和侧撞防护系列等。

（4）填写表4-14 吉利集团商标的汽车品牌

表4-14 吉利集团商标的汽车品牌

商　标	汽车品牌	商　标	汽车品牌

五、任务评价

在完成本学习任务后，通过小组会议的形式进行总结与反思，并推选代表宣讲交流知识与技能的掌握情况，小组之间进行互评，评价内容与标准见表1-3。最后由教师进行总结评价。

项目4 中国主要汽车集团公司及商标

任务4.8 长城汽车公司探究

一、学习目标

完成本学习任务后，您能够：
1. 识别长城汽车公司的商标与品牌。
2. 阐述长城汽车公司发展历史及现状。
3. 阐述长城汽车公司车标含义。

二、情境引入

陈先生出差国外，发现国外有好多人驾驶长城 SUV 车型，长城汽车公司国外销量这么好，生产规模究竟如何呢？

三、相关知识

4.8.1 现状概述

长城汽车公司全称是长城汽车股份有限公司。

1. 公司商标

商标如图 4-44 所示。椭圆外形寓意立足中国，走向世界；烽火台象征中国长城，剑锋箭头，充满活力，蒸蒸日上，敢于亮剑，无坚不摧；立体"1"表示永争第一。

图 4-44 长城汽车商标

2. 生产规模

长城汽车公司是中国最大的 SUV 制造企业，旗下拥有哈弗、WEY、欧拉和长城四个品牌，产品涵盖 SUV、轿车、皮卡三大品类，拥有八个整车生产基地，下属控股子公司 70 余家。

2019 年汽车销售量 106.0 万辆，排名全国第八。SUV 车型已连续 17 年保持了全国销量第一。2019 年入选《财富》"2019 中国 500 强企业"，排名第 94 位。

4.8.2 主要汽车品牌

长城汽车公司主要汽车品牌如表 4-15 所示。

表 4-15 长城汽车公司主要汽车品牌

品牌	车标	主要车型
长城	长城汽车	C30、炮、风骏5、风骏6、风骏7
哈弗	HAVAL	H2、H2s、H4、H5、H6、H6 Coupe、H7、H9、M6、F5、F7、F7x
WEY		VV5、VV6、VV7、P8

147

(续)

品牌	车标	主要车型
欧拉	ORA 欧拉	欧拉 iQ、欧拉 R1

（1）长城 C50（见图 4-45）

搭载了长城自主研发的 GW4G 1.5T 涡轮增压发动机，最大功率为 98kW，匹配 CVT 自动变速器和 5 速手动变速器。自 2011 年上市以来，得到众多消费者青睐，获得汽车顶级大奖（2012—2013 年度）——极限性能奖。

（2）长城哈弗 H9 汽车（见图 4-46）

2016 款哈弗 H9 在越野性能、科技装备、整车舒适性三方面进行优化升级。采用了 16G 超大地图内存，支持模糊搜索和语音搜索功能；对前后螺旋弹簧及稳定杆进行优化，配备了后桥电子差速锁；配置 360°影像环视系统、车道偏离预警系统以及 Nuance 语音识别系统，保障驾乘人员的行车安全。

图 4-45　长城 C50 汽车

图 4-46　长城哈弗 H9 汽车

4.8.3　发展简史

- 1984 年，长城汽车制造厂成立。
- 2000 年 6 月 18 日，长城内燃机制造有限公司成立。
- 2001 年 6 月 12 日，长城汽车股份有限公司成立。
- 2002 年 9 月 2 日，成立长城汽车技术研究院。
- 2007 年 6 月 2 日，长城汽车被评为中国汽车上市公司十佳之首。
- 2008 年 5 月 13 日，长城汽车动力事业部轿车发动机工厂落成。
- 2008 年 10 月 10 日，长城汽车与德国博世联合开发 2.5TCI 柴油发动机。
- 2012 年 2 月 22 日，与韩国浦项签署战略合作协议。
- 2012 年 9 月 4 日，与德国舍弗勒集团签署了战略合作协议。
- 2015 年 7 月，哈弗车队获得环塔（国际）拉力赛汽车组总冠军。
- 2016 年 1 月 12 日，长城汽车在日本成立的技术研发中心正式开业。
- 2018 年 7 月 10 日，长城汽车与宝马（荷兰）控股公司正式签署了合资经营合同，新公司命名为光束汽车有限公司。
- 2019 年 6 月 5 日，长城汽车俄罗斯图拉工厂正式竣工投产。

四、任务实施

1. 以各小组为单位，探讨长城汽车公司现阶段发展状况。

项目 4 中国主要汽车集团公司及商标

2. 通过互联网查找哈弗 M6 汽车的参数并分组讨论该车型特点。
3. 完成如下作业工单。
   (1) _____ 是中国最大的 SUV 制造企业，产品涵盖 SUV、轿车、皮卡三大品类。
   (2) 2015 年 7 月，哈弗车队获得_____ 汽车组总冠军。
   (3) 填写表 4-16 长城汽车品牌的主要车型

表 4-16 长城汽车品牌的主要车型

汽车车标	主 要 车 型
长城汽车	
HAVAL	
ORA 欧拉	

五、任务评价

在完成本学习任务后，通过小组会议的形式进行总结与反思，并推选代表宣讲交流知识与技能的掌握情况，小组之间进行互评，评价内容与标准见表 1-3。最后由教师进行总结评价。

任务 4.9 华晨集团探究

一、学习目标

完成本学习任务后，您能够：
1. 识别华晨集团公司的商标与品牌。
2. 阐述华晨集团公司发展历史及现状。
3. 阐述华晨集团公司车标含义。

二、情境引入

小王听朋友介绍华晨宝马 X3 小轿车性能不错，于是自己上网查找宝马 X3 的基本参数以及车型配置。

三、相关知识

4.9.1 现状概述

生产规模

- 华晨汽车集团控股有限公司（简称"华晨集团"）是隶属于辽宁省国资委的重点国有企业，是中国汽车产业的主力军，总部坐落于辽宁省沈阳市。华晨集团的历史可追溯到 1949 年成立的国营东北公路总局汽车修造厂。

149

- 华晨集团旗下拥有4个上市公司（华晨中国汽车控股有限公司、上海申华控股股份有限公司、金杯汽车股份有限公司、新晨中国动力控股有限公司），100多家全资、控股和参股公司。
- 2019年汽车销售量80.1万辆，排名全国第九。

4.9.2 主要汽车品牌

华晨集团主要品牌汽车有中华、华晨宝马、金杯等，如表4-17所示。

表4-17 华晨汽车集团主要汽车品牌

品牌	车标	主要车型
金杯		金杯轻卡（领骐、骐运、运盈、领驰、金运、微卡、工程车等） 金杯轻客（海狮、阁瑞斯、新快运） 金杯乘用车（智尚S35、大力神K5、观景、金典、F50、S50、S70、领坤EV、西部牛仔、小金牛）
中华		H3、V3、V6、V7
华晨宝马		1系列、2系列、3系列、5系列、X1系列、X2系列、X3系列

（1）金杯海狮（见图4-47）

1991年11月，第一台金杯海狮在沈阳成功下线。它是采用丰田技术、模具和丰田管理方式生产的产品。金杯海狮产销量连续10年居于全国轻型客车市场占有率榜首，以接近60%的市场占有率和超过60万辆的市场保有量居轻型客车之首。

（2）中华轿车（见图4-48）

2000年12月在沈阳下线，是国内推出的第一个中高端自主品牌轿车产品，是配备第一个研制出国际先进水平的1.8T涡轮增压发动机的产品，是第一个将轿车打入以德国为代表的国际高端市场的我国自主品牌。

图4-47 金杯海狮　　　　图4-48 中华轿车

（3）华晨宝马

2008年1月31日，推出BMW 325i（见图4-49）。该车型装配了BMW全球领先的超轻铝镁合金直列6缸发动机，排量2.495L，可变气门正时系统，最大输出功率为141kW，油耗9.0L/100km，排放达欧Ⅳ标准；手自一体四档变速器，百公里加速时间为7.3s，

图4-49 华晨宝马

最高车速240km/h；配置ITS头部保护等8个气囊，下坡控制系统，动态制动控制系统，自动防滑稳定控制系统＋循迹装置（ASC+T），驻车距离警告系统（PDC），雨量传感器，车灯自动控制功能，BMW 6片装CD换片机。

4.9.3 发展简史

- 1949年9月26日，国营东北公路总局汽车修造厂成立。
- 1958年10月1日，沈阳汽车制造厂成立。
- 1988年1月1日，金杯汽车股份有限公司成立。
- 1991年7月22日，沈阳金杯客车制造有限公司成立。
- 1992年1月1日，沈阳汽车制造厂与美国通用公司合资成立金杯通用汽车有限公司。
- 2002年9月16日，华晨汽车集团控股有限公司公司成立；
- 2003年3月27日，华晨与德国宝马合资项目在北京签约。
- 2008年1月31日，2008款新配置BMW 325i上市。
- 2013年9月24日，华晨汽车一项目获"中国汽车工业科学技术奖"一等奖。
- 2014年9月25日，与西班牙商业银行、东亚银行合资成立华晨东亚汽车金融有限公司。
- 2014年11月7日，第三个自主品牌——华颂产品发布。
- 2016年1月22日，华晨宝马汽车有限公司新发动机工厂正式开业。
- 2017年12月15日，华晨雷诺金杯有限公司成立。

四、任务实施

1. 以各小组为单位，探讨华晨集团现阶段发展状况。
2. 通过互联网查找华晨宝马X3汽车的参数并分组讨论该车型特点。
3. 完成如下作业工单：

（1）华晨集团全称是_____。

（2）_____轿车2000年12月在沈阳下线，是国内第一个推出的中高端自主品牌轿车产品，第一个研制出国际先进水平的1.8T涡轮增压发动机。

（3）华晨宝马2008年1月31日，推出BMW 325i。该车型装配了BMW全球领先的_____发动机，可变气门正时系统。

（4）填写表4-18 华晨集团汽车品牌的主要车型。

表4-18 华晨集团汽车品牌的主要车型

汽车品牌	主　要　车　型
金杯	
中华	

五、任务评价

在完成本学习任务后，通过小组会议的形式进行总结与反思，并推选代表宣讲交流知识与技能的掌握情况，小组之间进行互评，评价内容与标准见表 1-3。最后由教师进行总结评价。

任务 4.10 奇瑞公司探究

一、学习目标

完成本学习任务后，您能够：
1. 识别奇瑞汽车公司的商标与品牌。
2. 阐述奇瑞汽车公司发展历史及现状。
3. 阐述奇瑞汽车公司车标含义。

二、情境引入

小陈今天乘坐了他爸爸的 QQ 轿车，对 QQ 汽车的名字很感兴趣，于是小陈爸爸为他介绍了 QQ 轿车及奇瑞公司的故事。

三、相关知识

4.10.1 现状概述

奇瑞公司全称是奇瑞汽车股份有限公司。

1. 公司商标（见图 4-50）

- 奇瑞的英文名称是 Chery，"奇"在中文里有"特别的"之意，"瑞"有"吉祥如意"之意，合起来是"特别吉祥如意"的意思。

图 4-50 奇瑞汽车公司商标

- 奇瑞汽车标志的整体是英文字母 CAC 一种艺术化变形；CAC 即英文 CHERY AUTOMOBILE CORPOFATION LIMITED 的缩写，中文意思是奇瑞汽车有限公司；标志中间 A 钻石形构图，代表了奇瑞汽车对品质的苛求，并以打造钻石般的品质为企业坚持的目标。蓬勃向上的人字形支撑，则代表了奇瑞汽车执着创新、积极乐观、乐于分享的向上能量，支撑起品质、技术、国际化的奇瑞汽车不断前行，同时人字形代表字母 A，喻示奇瑞汽车追求卓越和领先的决心和激情。

2. 生产规模

- 2019 年汽车销售量 74.4 万辆，国内排名第十，实现出口 9.6 万辆，位居国内汽车企业出口第二位。
- 奇瑞公司在芜湖、大连、鄂尔多斯、常熟以及在巴西、伊朗、俄罗斯等国共建有 14 个生产基地，截至 2019 年底，公司累计销量超过 830 万辆，出口超过 160 万辆。

4.10.2 主要汽车品牌

主要汽车品牌如表 4-19 所示。

项目 4　中国主要汽车集团公司及商标

表 4-19　奇瑞公司主要汽车品牌

品牌	车标	主　要　车　型
奇瑞	CHERY	瑞虎 3、瑞虎 3x、瑞虎 5x、瑞虎 7、瑞虎 8、艾瑞泽 5、艾瑞泽 7、艾瑞泽 GX
捷途	JETOUR	X70 系列、X90、X95
开瑞	Karry	K50、K60、优优、优劲、海豚 EV

（1）奇瑞 QQ（见图 4-51）

2003 年 5 月 31 日投放市场。外观时尚，具有个性和青春气息，车体为单厢设计，外形动感俏皮，色彩亮丽活泼。

2006 年 QQ3、QQ6 荣登紧凑型车与高档紧凑型车榜首。

（2）东方之子

2006 年 2 月 27 日，奇瑞东方之子 2005 款（见图 4-52）正式上市，它集世界造车之大成，在老款东方之子的基础上进行了 60 多项技术改进。东方之子 2.4AT 旗舰型装备一应俱全。装

图 4-51　奇瑞 QQ

备了日本三菱发动机和自动/手动一体化变速器，高刚性笼型车身结构，先进的 ABS+EDS，4 安全气囊，双层双开启电动天窗，可电动八向调节驾驶人座椅，全车座椅加热，三屏 DVD 高档梦幻影音系统，GPS 定位导航系统，车载免提电话，可视倒车雷达，自动恒温空调的配置，很多只有在高级车才有的配置都被集中采用了，有较高的性价比。

（3）奇瑞艾瑞泽（见图 4-53）

2015 年 3 月上市，发动机为 1.5T 涡轮增压，最大功率 112kW，7 速 CVT，百公里加速时间 9.9s；后多连杆独立悬架，80km/h 时保证平稳转弯。

图 4-52　奇瑞东方之子

图 4-53　奇瑞艾瑞泽汽车

4.10.3　发展简史

- 1997 年 1 月 8 日，由安徽省及芜湖市五个投资公司共同投资组建了奇瑞汽车有限公司。
- 2000 年 12 月 24 日，奇瑞更名为上海集团奇瑞汽车有限公司。
- 2004 年 9 月，上汽奇瑞汽车正式更名为奇瑞汽车有限公司。
- 2007 年 6 月，与美国量子公司合资成立奇瑞量子汽车有限公司。
- 2007 年 8 月 6 日，与菲亚特汽车集团合资生产乘用车。

- 2008年5月21日，奇瑞汽车有限公司改名奇瑞汽车股份有限公司。
- 2011年，奇瑞获得了中国首批汽车出口AAA级企业信用评价。
- 2012年11月，由奇瑞公司和捷豹路虎汽车共同出资组建奇瑞捷豹路虎汽车有限公司。
- 2017年5月，奇瑞获得了2016中国大陆最佳自主品牌汽车企业。
- 2019年8月，奇瑞汽车与中兴通讯公司在安徽芜湖签署了战略合作协议。

四、任务实施

1. 以各小组为单位，探讨奇瑞公司现阶段发展状况。
2. 通过互联网查找瑞虎8汽车的参数并分组讨论该车型特点。
3. 完成如下作业工单：

（1）奇瑞的英文名称是_____，奇瑞汽车标志的整体是英文字母_____一种艺术化变形。

（2）2009年奇瑞汽车品牌_____荣登中国紧凑型车与高档紧凑型车榜首。

（3）填写表4-20 奇瑞公司商标的汽车品牌。

表4-20 奇瑞公司商标的汽车品牌

商 标	汽车品牌	商 标	汽车品牌
CHERY		Karry	

五、任务评价

在完成本学习任务后，通过小组会议的形式进行总结与反思，并推选代表宣讲交流知识与技能的掌握情况，小组之间进行互评，评价内容与标准见表1-3。最后由教师进行总结评价。

任务4.11 比亚迪集团探究

一、学习目标

完成本学习任务后，您能够：
1. 识别比亚迪集团公司的商标与品牌。
2. 阐述比亚迪集团公司发展历史及现状。
3. 阐述比亚迪集团公司车标含义。

二、情境引入

罗先生所在学校汽车实训中心刚引进了几台比亚迪秦新能源汽车及设备，调试技术人员为罗先生及同事们进行了技术培训，同时介绍了比亚迪集团的发展历史。

项目4 中国主要汽车集团公司及商标

三、相关知识

4.11.1 现状概述

比亚迪集团全称是比亚迪股份有限公司。

1. 公司商标（见图4-54）

比亚迪是英文 build your dreams 的3个字母组成，意思是"成就您的梦想"，外围是个椭圆，预示比亚迪汽车走向世界。

2. 生产规模

- 主要从事 IT、汽车和新能源三大产业。现有员工约24万人，厂房总占地面积近1700万平方米，在全球建立了30多个生产基地。
- 比亚迪已建成西安、北京、深圳、上海、长沙、天津等六大汽车产业基地。
- 2019年汽车销售量45.1万辆，其中新能源乘用车销量达到219353辆，全球销量第一。销往全球43个不同的国家和地区，190多个不同的城市。
- 2019年上榜《财富》"2019年最受赞赏的中国公司"。

图4-54 比亚迪汽车公司商标

4.11.2 主要汽车品牌

主要汽车品牌如表4-21所示。

表4-21 比亚迪集团主要汽车品牌

品牌		主要车型
电动汽车	纯电动乘用车	唐、宋Pro、宋MAX、秦、秦Pro、秦EV450、元、元EV360、e1、e2、e3、e5、S2
	纯电动客车	K9
	双模电动车	宋Pro、宋MAX、唐、秦Pro、秦
传统汽车	轿车	秦Pro、秦、F3、速锐
	SUV	宋Pro、唐
	MPV	宋MAX

（1）比亚迪 e6 纯电动汽车（见图4-55）

新上市的 e6 400 纯电动汽车，动力强劲，最大功率为90kW；续行里程长，不开空调情况下，综合工况续驶里程最长达 400km；节能环保，产生的费用只相当于燃油车的 1/4，零排放；多功能液晶组合仪表盘系统，6 安全气囊，右前轮盲区可视、彩显倒车影像，8 重防电、碰撞自动断电。

（2）比亚迪 F3 轿车（见图4-56）

图4-55 比亚迪 e6 纯电动汽车

2005 年 4 月 16 日下线，在 10 个月内获得各类奖项 68 个，在国家知识产权局和中国中央电视台的《CCTV2005 创新盛典》中荣膺关注度最高的"自主创新奖"。

（3）腾势电动汽车（见图4-57）腾势（DENZA）是比亚迪与戴姆勒合资共同打造的新能源汽车品牌，2014 年上市。动力方面，搭载一台额定功率为 68kW 的永磁同步电机，动力

155

电池电压为 475.2V，动力电池标称容量为 100Ah。300km 超长续航，多种充电解决方案。

腾势的 LOGO 如图 4-58 所示，DENZA 源自中文名"腾势"的音译，为"腾势而启，电动未来"之意。由标志中央的水滴和外围的合拢造型构成，水滴之蓝是科技的蓝、未来的蓝，体现了品牌追求纯净自然的环保愿景；合拢的造型则呈现出合资双方强强联手，共同呵护自然与环境，共同致力于新能源汽车事业，践行环保责任。

图 4-56　比亚迪 F3 轿车

图 4-57　腾势电动汽车

图 4-58　腾势电动汽车 LOGO

4.11.3　发展简史

- 1995 年 2 月，比亚迪公司成立。
- 2003 年 1 月 22 日，比亚迪收购西安秦川汽车有限责任公司，成立"比亚迪汽车有限公司"。
- 2006 年 6 月，比亚迪纯电动轿车 F3e 研发成功，实现零污染、零排放、零噪声，技术处于世界领先地位。
- 2008 年 9 月 27 日，美国著名投资者"股神"沃伦·巴菲特投资比亚迪 2.25 亿股股份。
- 2008 年 12 月 15 日，全球第一款不依赖专业充电站的双模电动车——比亚迪 F3DM 双模电动车在深圳正式上市。
- 2010 年 5 月 27 日，比亚迪戴姆勒新技术有限公司成立。
- 2015 年 3 月 25 日，比亚迪汽车金融有限公司成立。
- 2015 年 9 月 14 日，比亚迪获得"联合国能源特别奖"，并由联合国秘书长潘基文亲自授奖。
- 2015 年 10 月 27 日，比亚迪四项新能源技术同获第十七届中国专利大奖，其中混合动力技术荣获专利金奖。
- 2018 年 7 月 5 日，比亚迪与长安汽车在深圳签署战略合作协议。比亚迪佛吉亚合资公司成立。
- 2019 年 11 月 7 日，丰田与比亚迪就合资成立纯电动车研发公司达成协议。

四、任务实施

1. 以各小组为单位，探讨比亚迪集团公司现阶段发展状况。

项目 4 中国主要汽车集团公司及商标

2. 通过互联网查找秦 Pro 汽车的参数并分组讨论该车型特点。

3. 完成如下作业工单：

（1）比亚迪集团公司主要从事_____三大产业。

（2）_____是比亚迪与戴姆勒合资共同打造的新能源汽车品牌，2014 年上市。

（3）填写表 4-22 比亚迪集团汽车品牌的主要车型

表 4-22 比亚迪集团汽车品牌的主要车型

汽车品牌	主　要　车　型
纯电动乘用车	
传统轿车	

五、任务评价

在完成本学习任务后，通过小组会议的形式进行总结与反思，并推选代表宣讲交流知识与技能的掌握情况，小组之间进行互评，评价内容与标准见表 1-3。最后由教师进行总结评价。

157

项目 5 汽车基本结构及工作原理

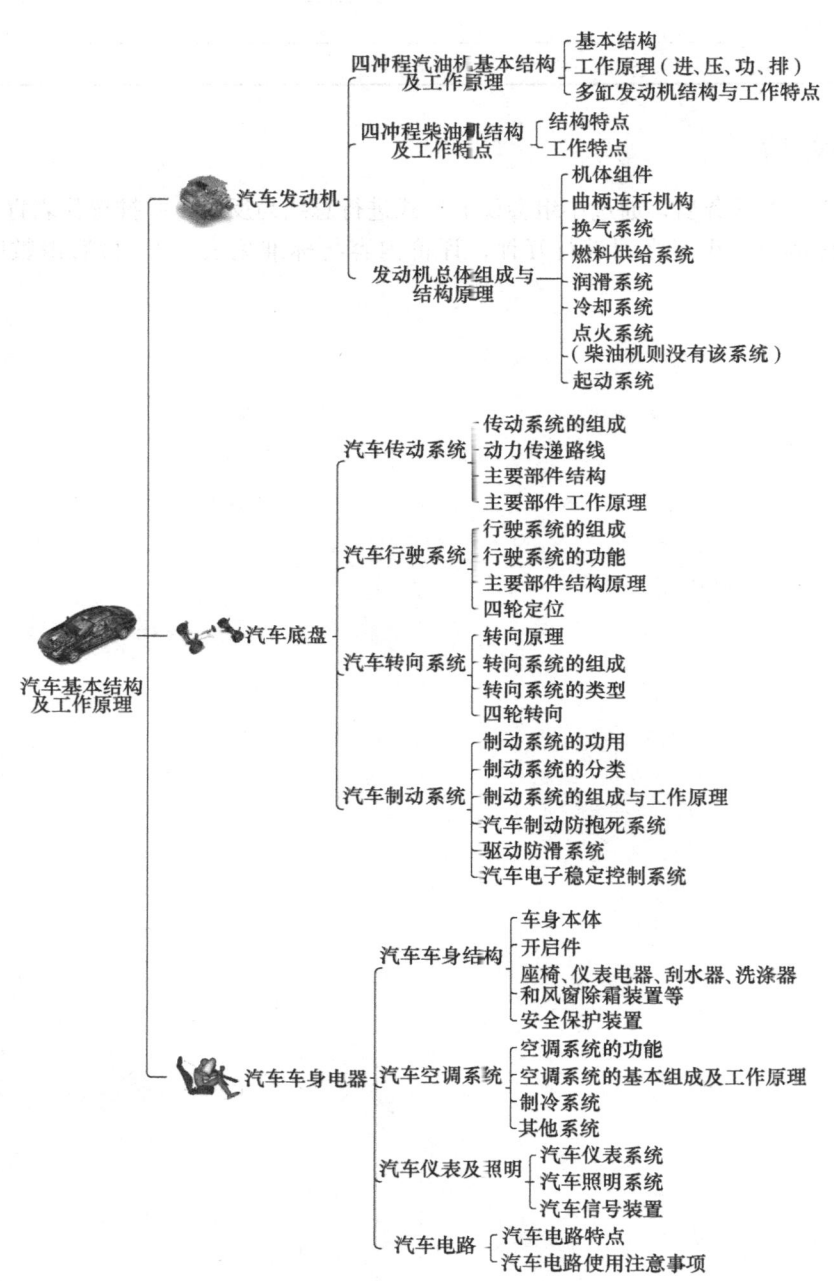

项目 5　汽车基本结构及工作原理

任务 5.1　汽车发动机结构原理认识

一、学习目标

完成本学习任务后，您能够：
1. 识别发动机各主要部件及安装位置。
2. 描述汽车发动机各总成部件基本结构、功能和工作过程。

二、情境引入

李先生前往广汽传祺汽车 4S 店初次购车，对展厅摆放的解剖发动机模型非常着迷，因此，销售顾问对汽车发动机结构原理进行了介绍。

三、相关知识

5.1.1　四冲程汽油机基本结构及工作原理

1. 四冲程汽油机基本结构
- 汽油发动机结构如图 5-1 所示。
- 汽油发动机基本结构都是由多个相同的单缸机组成（见图 5-2），活塞在气缸中作往复运动，并通过连杆推动曲轴转动。气缸上方装有气缸盖，气缸盖上开有进、排气道，并分别由进气门和排气门控制开闭，气缸盖上还安装有火花塞和电控喷油器等。

图 5-1　汽油发动机（多缸）

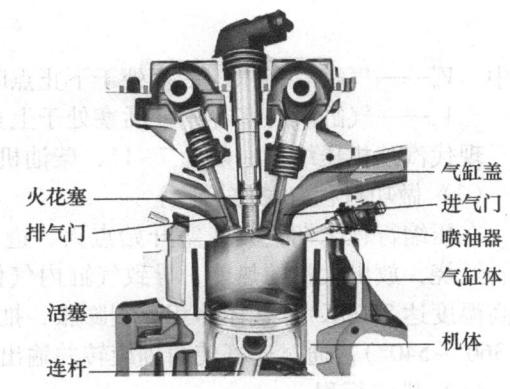

图 5-2　汽油发动机（单缸）

2. 四冲程汽油机基本工作原理（见图 5-3）
四冲程汽油机工作时经历进气、压缩、做功和排气四个行程。
（1）进气行程
当活塞从上止点（活塞顶面离曲轴中心最远处）向下止点（活塞顶面离曲轴中心最近处）运动时，相当于曲轴转角从 0°~180°，这时进气门开启，排气门关闭，电控喷油器向进气道喷油，空气与汽油混合气便被吸入气缸，该过程称为进气行程。

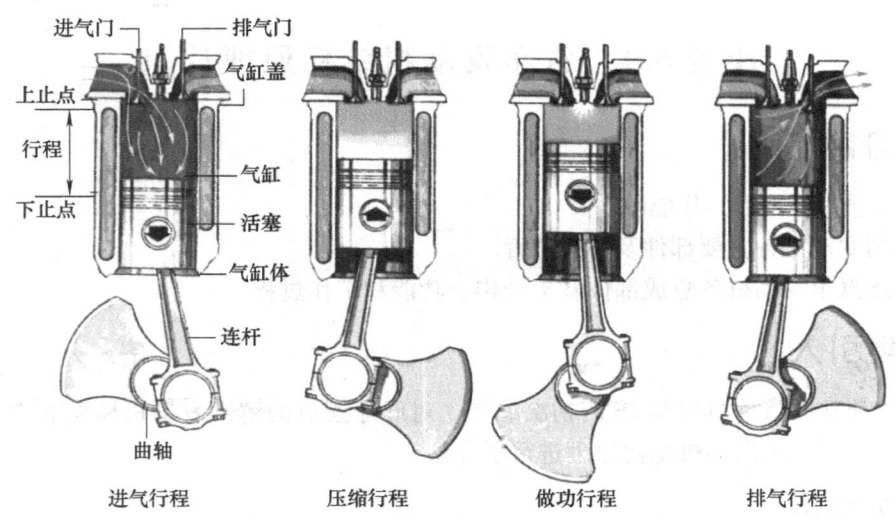

图 5-3 汽油发动机工作原理

（2）压缩行程

当活塞继续从下止点向上止点运动时（相当于曲轴转角为 180°~360°），进、排气门关闭，进入气缸的混合气便被压缩，该过程称为压缩行程。

压缩行程的作用，一是提高进入气缸内混合气的压力和温度（压缩终了时气缸内气体压力可达 0.6~1.2MPa，温度达 600~700K），为混合气迅速着火燃烧创造条件；二是可以有效提高发动机的燃烧热效率。

气缸内气体被压缩的程度用压缩比 ε 表示。

$$\varepsilon = \frac{V_a}{V_c}$$

式中　V_a——气缸总容积（活塞处于下止点时，活塞顶部以上的气缸容积）；

V_c——气缸燃烧室容积（活塞处于上止点时，活塞顶部以上的气缸容积）。

现代汽油机压缩比一般为 7~11，柴油机 16~22，所以柴油机油耗低。

（3）做功行程（膨胀行程）

在压缩行程末期，火花塞开始点火，进、排气门都关闭，进入气缸的可燃混合气被点燃、燃烧，放出大量的热能，导致气缸内气体压力和温度迅速增加（最高压力可达 5MPa，最高温度达 2800K），气体体积急剧膨胀，推动活塞从上止点向下止点运动（相当于曲轴转角 360°~540°），通过连杆使曲轴旋转并输出机械能，该过程称为做功行程。

（4）排气行程

活塞继续从下止点往上止点运动（相当于曲轴转角 540°~720°），这时，进气门关闭，排气门开启，燃烧后产生的废气被排出气缸，该过程称为排气行程。

排气结束后，又重新进行进气、压缩、做功和排气行程，循环往复。像这种活塞在上、下止点间往复移动四个行程（相当于曲轴旋转了两周），完成进气、压缩、做功、排气一个工作循环的发动机就称为四冲程发动机。

3. 多缸发动机结构与工作特点

多缸机由多个单缸机组成，但共用一个机体和一根曲轴，且曲轴的曲柄布置应该使各缸做功行程均匀分布在720°曲轴转角内。

如4缸发动机曲轴（见图5-4）相邻工作缸的曲柄夹角为180°，曲轴每转180°便有一个气缸做功（见图5-5），其工作顺序有1-3-4-2和1-2-4-3两种，后者各缸的工作循环见表5-1。

图5-4 4缸发动机曲轴

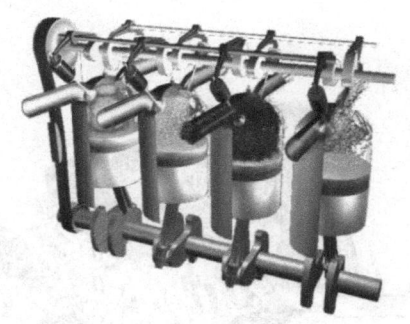

图5-5 4缸发动机工作原理图

表5-1 4缸机工作循环（工作顺序1-3-4-2）

曲轴转角/(°)	第一缸	第二缸	第三缸	第四缸
0~180	做功	排气	压缩	进气
180~360	排气	进气	做功	压缩
360~540	进气	压缩	排气	做功
540~720	压缩	做功	进气	排气

5.1.2 四冲程柴油机结构及工作特点

1. 结构特点
- 没有火花塞，喷油器直接安装在气缸顶部向气缸内喷油（见图5-6）。
2. 工作特点
- 进气行程进入气缸的是纯空气，而不是可燃混合气。
- 在压缩行程末，喷油器向气缸喷入高压柴油，柴油迅速着火燃烧，其着火方式属于压燃式。

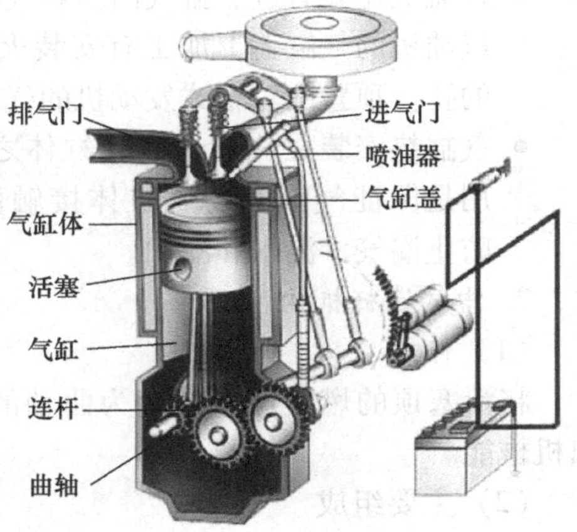

5.1.3 发动机总体组成与结构原理

汽油机在一个机体组件上安装一个机构（曲柄连杆机构）和六大系统（换气系统、燃料供给系统、润滑系统、冷却系统、点火系统和起动系统），如图5-7所示。柴油机则为五大系统，没有点火系统。

图5-6 柴油机工作原理

1. 机体组件

（1）作用

机体组件是发动机的"骨架"，支承着发动机的所有零部件。

（2）主要组成
- 主要由气缸体、气缸、气缸盖、气缸垫和油底壳等组成（见图5-8）。

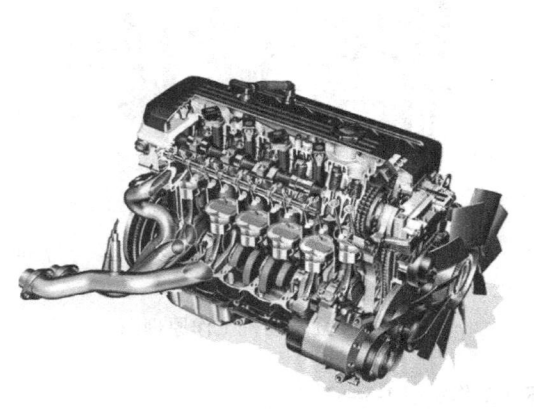

图5-7 发动机机总体组成

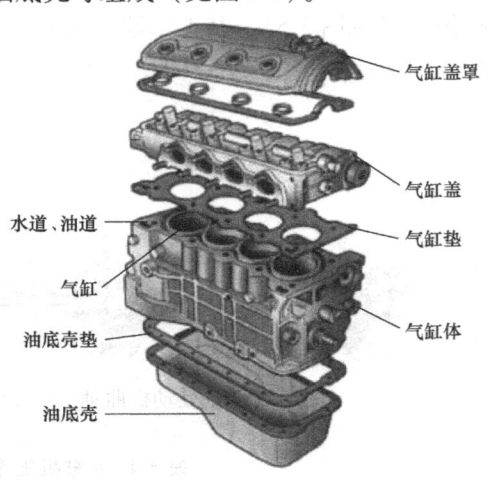

图5-8 发动机机体组件

- 气缸体上部加工有气缸，下部有曲轴支撑孔，曲轴运动的空间称为曲轴箱。在气缸体内部铸有许多加强肋、冷却水套和润滑油道等。
- 气缸是活塞运动和燃烧做功的场所，如果磨损严重，将导致发动机功率下降、油耗升高和起动困难。
- 气缸盖安装在气缸体上面，从上部密封气缸。气缸盖下端面与活塞顶部和气缸壁一起构成燃烧室，气缸盖内部铸有冷却水套。
- 缸盖上还装有进、排气门座和气门导管，用于安装进、排气门，还有进、排气道等。汽油机的气缸盖上加工有安装火花塞的孔，柴油机的气缸盖上则加工有安装喷油器的孔。顶置凸轮轴式发动机的气缸盖上还加工有凸轮轴轴承孔。
- 气缸垫安装在气缸盖和气缸体之间，其功用是保证气缸盖与气缸体接触面的密封，防止漏气、漏水和漏油。

2. 曲柄连杆机构

（1）作用

将活塞顶的燃气压力转变为曲轴的转矩，输出机械能。

（2）主要组成

主要由活塞、活塞环、活塞销、连杆、连杆轴瓦、曲轴以及飞轮等组成（见图5-9）。

- 活塞一般采用高强度铝合金制造。顶部加工成各种形状，以促进可燃混合气的形成和燃烧；头部加工有活塞环槽，用以安装活塞环。为了使活塞在正常工作温度下与气缸壁保持比较均匀的间隙，以免在气缸

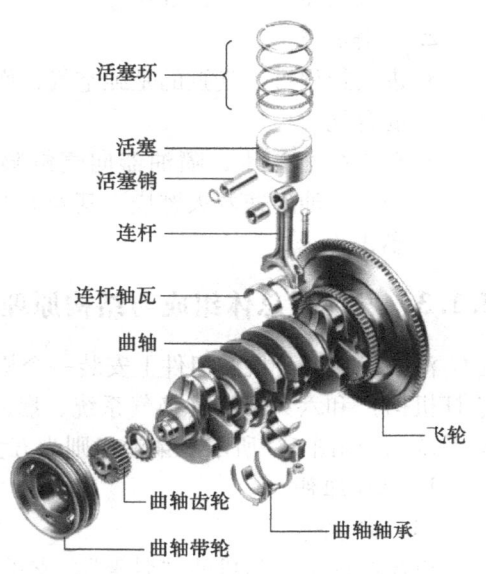

图5-9 曲柄连杆机构

内卡死，往往加工成裙部椭圆、上小下大的锥形或阶梯形。
- 活塞环是具有弹性的开口环，有气环和油环之分。气环的作用是保证气缸与活塞间的密封性，防止漏气，并且把活塞顶部吸收的大部分热量传给气缸壁；油环起布油和刮油作用，下行时刮除气缸壁上多余的机油，上行时在气缸壁上铺涂一层均匀的油膜。这样既可以防止机油窜入气缸燃烧，又可以减少活塞、活塞环与气缸壁的摩擦阻力，还能起到封气的辅助作用。
- 活塞销的作用是连接活塞和连杆小头，将活塞承受的气体作用力传给连杆。
- 连杆与活塞销相连，大头与曲轴相连，一般都采用分开式，连杆大头分开可取下的部分叫连杆盖，连杆盖和连杆大头用连杆螺栓连在一起。
- 连杆大头孔内装有瓦片式滑动轴承，简称连杆轴瓦。
- 曲轴是发动机最重要的机件之一，它将做功时的动力输出到汽车底盘，同时通过曲轴正时齿轮、带轮、链轮等驱动风扇、水泵、机油泵、发电机、空调压缩机等运转。
- 飞轮的功用是储存做功行程的能量，用于克服进气、压缩和排气行程的阻力和其他阻力，使曲轴能均匀地旋转。飞轮外缘压有齿圈与起动机的驱动齿轮啮合，供起动发动机用。

3. 换气系统

（1）作用

按照发动机的做功要求，定时开闭进、排气门，吸入新鲜空气，排出废气。

（2）主要组成

主要由空气滤清器、进排气管系、配气机构（气门组件、凸轮轴、驱动机构）、排气消声器等组成（见图5-10）。

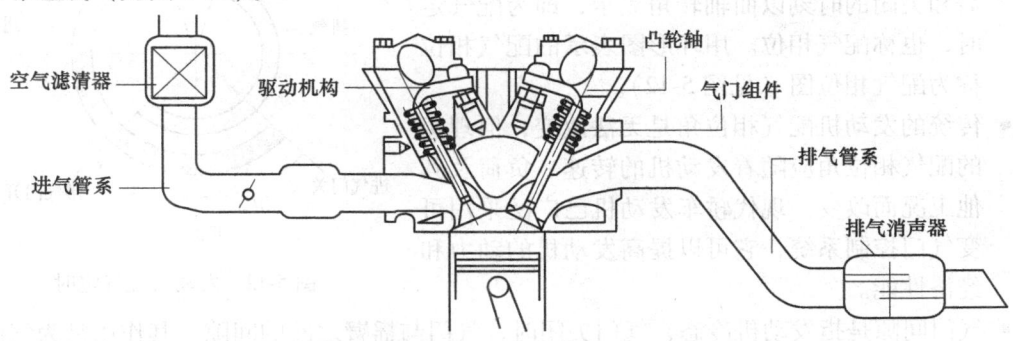

图5-10 发动机换气系统

- 空气滤清器作用是去除新鲜空气中尘埃和油雾。现代轿车常用干式纸滤芯空气滤清器，滤清器使用一段时间后，纸滤芯外表面集聚了大量尘埃和杂质，增加了进气阻力，应及时将滤芯取出用手轻拍或用压缩空气吹去积尘。如阻塞严重，应该及时更换。
- 进、排气管系作用是引导气体的进入与排出。随着发动机排气净化要求的提高，排气管系中还增加了一些排气净化装置，如废气再循环装置和催化转化器。
- 配气机构的作用是根据发动机工作循环和点火次序，适时地开启和关闭各缸的进排气门，双顶置凸轮轴正时带传动的配气机构如图5-11所示。

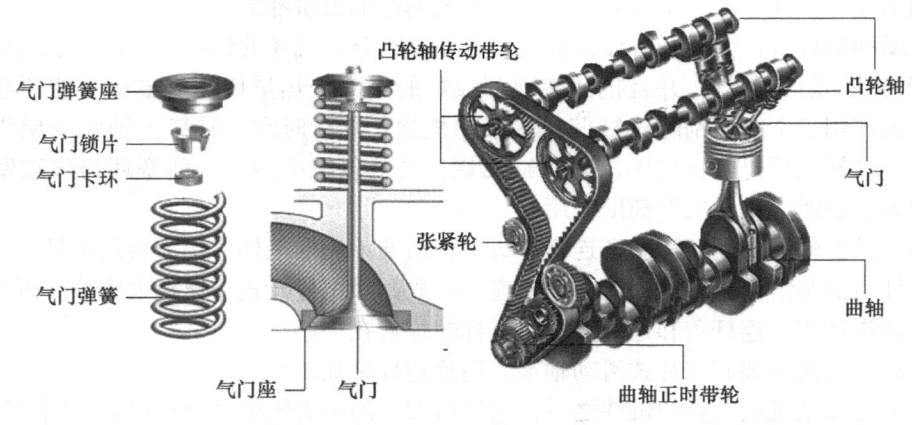

图 5-11　发动机配气机构

(3) 配气机构工作原理

- 发动机工作时，通过正时带带动进排气凸轮轴旋转。当进气凸轮轴某缸的进气凸轮克服气门弹簧力作用压下进气门时，进气门开启，开始进气；当进气凸轮轴转到凸轮的基圆段时，该进气门在气门弹簧作用下回位，关闭进气门，进气停止。排气门的开闭原理与进气门类似。

- 为了使进气充分和排气彻底，进气门应在上止点前打开，下止点后关闭；而排气门应在下止点前打开，上止点后关闭。进、排气门实际开启和关闭的时刻以曲轴转角表示，即为配气定时，也称配气相位。用环形图表示的配气相位称为配气相位图（见图 5-12）。

- 传统的发动机配气相位角是无法改变，但理想的配气相位角应随着发动机的转速、负荷及其他工况而改变。现代轿车发动机已广泛采用可变气门控制系统，它可以提高发动机的动力和经济性能。

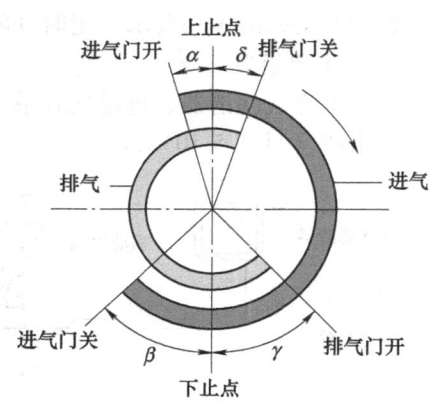

图 5-12　发动机配气定时

- 气门间隙是指发动机冷态，气门关闭时，气门与摇臂之间的间隙。其作用是为气门及驱动组件工作时留有受热膨胀的余地。气门间隙的存在，增加了检查调整气门间隙的工作量，还导致发动机工作时产生敲击噪声，现代高级轿车多采用了液压挺柱，无需调整气门间隙。

4. 燃料供给系统

(1) 汽油机燃料供给系统

- 作用：根据汽油机的不同工况要求，供给不同浓度和数量的油气混合气。
- 大众 EA888 系列 1.8LTSI 发动机燃料供给系统组成：主要由油箱、电动燃油泵、燃油滤清器、燃油压力调节器、高压燃油管、燃油压力传感器、电控喷油器和电控单元（ECU）等组成（见图 5-13）。

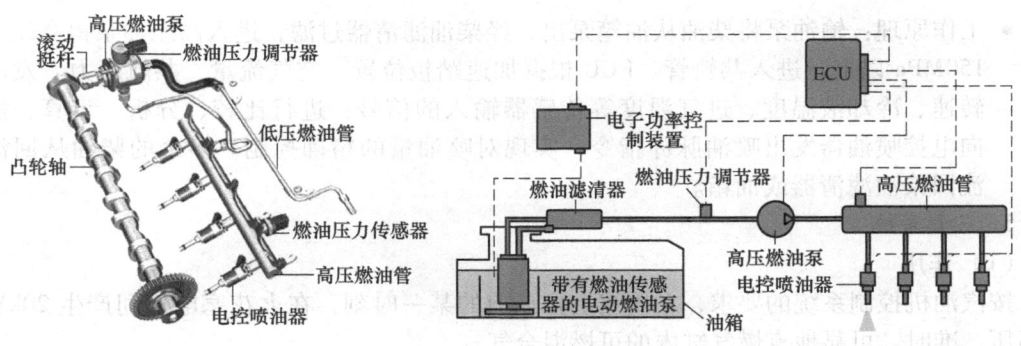

图 5-13 大众 EA888 系列 1.8LTSI 发动机汽油供给系统

- 电控汽油喷射系统的基本工作原理是：ECU 根据节气门位置、空气流量传感器和发动机转速、冷却液温度，以及燃油压力等传感器输入的信号，与存储在 ECU 中的参考数据进行比较、分析、计算、判断，然后发出喷油和油压调节脉冲指令，在燃油压力调节器精确控制高压燃油管油压的提前下，通过控制喷油时间的长短来控制喷油量，实现对可燃混合气浓度和数量的精确控制。

（2）柴油机燃料供给系统

- 作用：根据柴油机的不同工况要求，定时、定量产生高压油，并向气缸喷射。
- 传统的柴油喷射系统采用机械方式进行控制，精度差，喷油量、喷油压力和喷油时间难于准确控制，导致柴油机排气冒黑烟，动力和经济性能下降。目前各厂家已经普遍采用电控共轨喷射。
- 电控柴油机共轨喷射系统的组成：主要由燃油供给系统（油箱，电动输油泵，燃油粗、细滤清器，高压油泵，共轨管，电控喷油器等）和电子控制系统［各种传感器、执行器和电控单元（ECU）］两大部分组成（见图 5-14）。

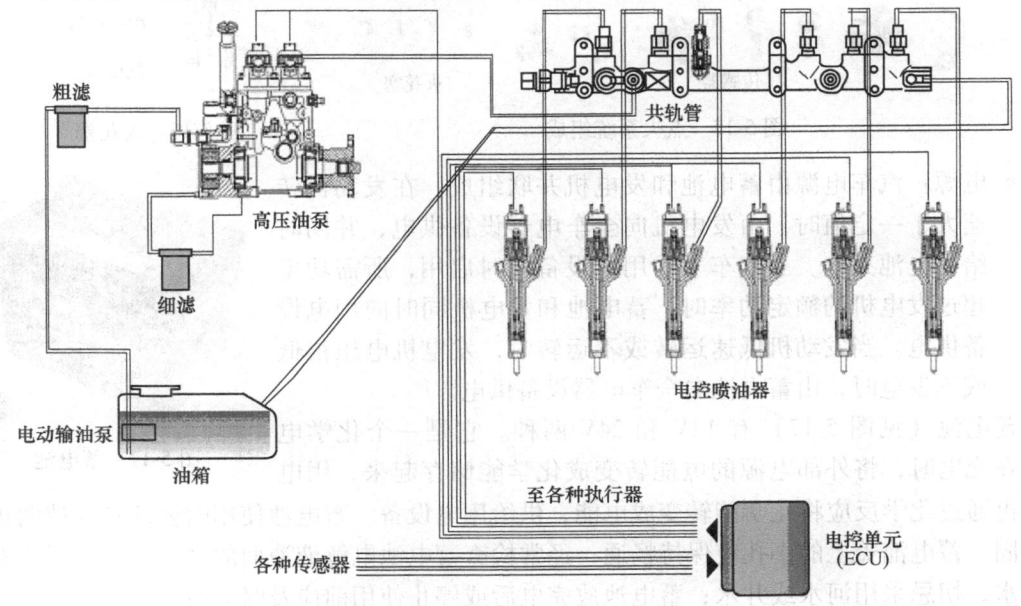

图 5-14 电控柴油机共轨喷射系统

- 工作原理：输油泵将柴油从油箱泵出，经柴油滤清器过滤，进入高压油泵提高压力到 150MPa 以上，进入共轨管。ECU 根据加速踏板位置、空气流量、共轨压力、发动机转速、冷却液温度、进气温度等传感器输入的信号，进行比较、分析、计算，然后向电控喷油器发出喷油脉冲指令，实现对喷油量的精确控制。多余的柴油从回油管流回柴油滤清器或油箱。

5. 点火系统

（1）作用

按汽油机控制系统的要求，在压缩上止点前的某一时刻，在火花塞电极间产生 20kV 以上高压，准时、可靠地点燃气缸内的可燃混合气。

（2）主要组成

- 现代汽车多用微机控制点火系统，主要由电源（未标出）、点火开关（未标出）、点火线圈组件、传感器、电控单元（ECU）以及火花塞等组成（见图 5-15）。
- 火花塞：用来将高压电引入燃烧室，产生电火花，点燃混合气。普通型火花塞结构如图 5-16 所示，其下部装有中心电极和侧电极，两者之间的间隙称为火花塞间隙，一般在 0.6~0.8mm，间隙太小，则火花较弱，且容易因积炭产生漏电；间隙过大，所需击穿电压过高，引发起动困难，且高速时易发生"缺火"现象。火花塞在使用中经常会出现烧蚀、火花间隙变化及积炭等问题，影响正常点火，应注意检查和维护。

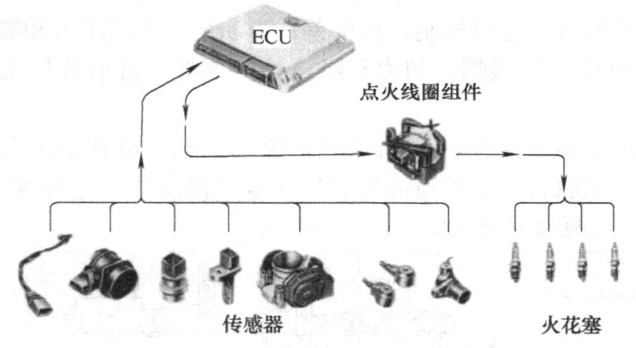

图 5-15　点火系统组成

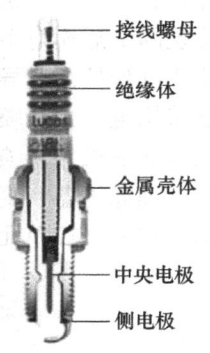

图 5-16　火花塞

- 电源：汽车电源由蓄电池和发电机并联组成，在发动机转速大于一定值时，由发电机向全车电器设备供电，并同时给蓄电池充电。当汽车上的用电设备同时启用，所需功率超过发电机的额定功率时，蓄电池和发电机同时向用电设备供电。当发动机低速运转或不运转时，发电机电压很低或不发电时，由蓄电池向全车电器设备供电。

蓄电池（见图 5-17）有 12V 和 24V 两种。它是一个化学电源。在充电时，将外部电源的电能转变成化学能储存起来；用电时，再通过化学反应将化学能转变成电能，供给用电设备。蓄电池使用时要注意保持两极接线牢固，蓄电池盖上的小孔应保持畅通；经常检查蓄电池电解液液面的高度，不足时应补充蒸馏水，切忌采用河水或井水；蓄电池放完电后或停止使用前应及时充电。

图 5-17　蓄电池

发电机结构如图 5-18 所示。工作时，发动机带轮带动发电机带轮转动，通过内部的电磁线圈切割磁力线，产生交流电，经二极管整流输出直流电。发电机工作时，不能用试火方法检查它是否发电，以免烧坏发电机与相关线束。要经常检查发电机传动带的松紧度。

点火线圈（见图5-19）相当于一个自耦变压器，当初级绕组有电流通过时，通过互感和自感，次级绕组中便感应出高电压。它能将12V的低压直流电变换成15~20kV的高压直流电。

图5-18 发电机

图5-19 点火线圈组件

（3）工作原理

如图5-15所示，ECU根据节气门位置、发动机转速、冷却液温度、进气温度和爆燃等传感器输入的信号，与存储在ROM中的参考数据进行比较、分析、计算和判断，然后发出点火指令，通过火花塞，点燃可燃混合气。

6. 润滑系统

（1）作用

润滑系统具有减轻机件磨损、减小摩擦损失、降低功率消耗的作用。除此之外，机油流经摩擦表面，带走表面热量，也带走零件磨损留下的磨屑，所以发动机润滑系统还兼有冷却和清洁功能。机油涂布在气缸与活塞和活塞环之间，还起着增加活塞环的密封和防止机件氧化锈蚀的作用。

（2）润滑方式

- 压力润滑：是以一定的压力把机油供入摩擦表面的润滑方式。主要用于曲轴主轴承、连杆轴承及凸轮轴轴承等负荷较大的摩擦表面的润滑。
- 飞溅润滑：利用发动机工作时运转零件撞击机油溅起来的油滴或油雾润滑摩擦表面的润滑方式。主要用于负荷较轻的气缸壁面和配气机构的凸轮、挺柱、气门杆和摇臂等零件的工作表面。
- 润滑脂润滑：通过定期加注润滑脂来润滑零件工作表面的润滑方式。如水泵及发电机轴承等。

（3）主要组成

它一般由油底壳、机油集滤器、机油泵、机油滤清器、机油冷却器、机油压力表（未

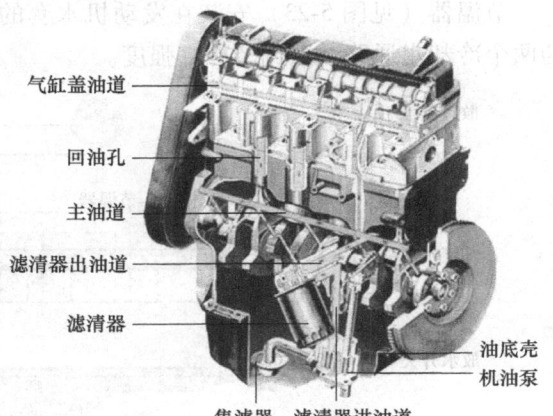

图5-20 发动机润滑系统

标出）以及润滑油道等组成（见图5-20）。

（4）工作原理（见图5-21）
- 发动机工作时，机油从油底壳经集滤器被机油泵送入机油滤清器，过滤之后进入发动机主油道。
- 滤清器盖上设有旁通阀，当滤清器堵塞时，机油不经过滤清器滤清，而由旁通阀直接进入主油道。
- 机油经主油道后分多路进入各主轴承润滑，然后，经曲轴上的斜油道，流向连杆轴承润滑，再从连杆大头油孔喷向气缸壁，润滑气缸、活塞、活塞环和活塞销，之后流回油底壳。

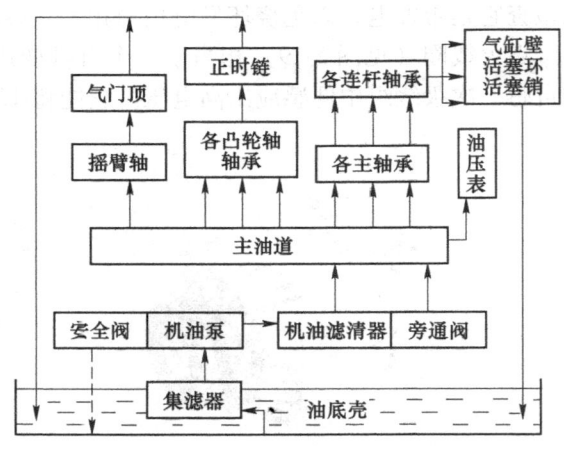

图5-21 发动机润滑油道

- 主油道中的部分机油经分油路通向凸轮轴润滑各凸轮轴轴承、凸轮、气门摇臂及气门杆等，再回油底壳。
- 发动机工作时运转零件撞击机油溅起来的油滴或油雾润滑气缸壁面和配气齿轮等工作表面。

7. 冷却系统

（1）作用

保证发动机在适宜的温度范围内工作。汽车发动机的适宜工作温度一般为80~90℃，有的可以达到105℃。

（2）冷却方式

有水冷和风冷两种。现代汽车几乎都采用强制水冷。

（3）主要组成

主要由冷却水泵、风扇、节温器、散热器和冷却水道等组成（见图5-22）。

节温器（见图5-23）安装在发动机水套的出水口处，它可自动控制通向散热器和水泵的两个冷却水通路，以调节冷却强度。

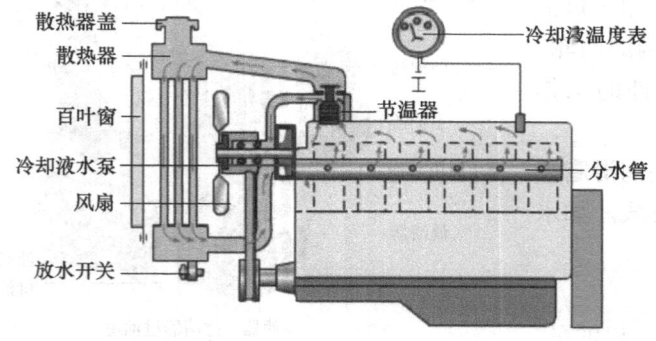

图5-22 EQ6100-1 发动机冷系统

图5-23 节温器

（4）工作原理

如图 5-22 所示，发动机工作时，动力经曲轴带轮带动风扇和水泵运转。当冷却液温度较低时，节温器主阀门关闭，副阀门打开，冷却液经水泵→发动机水套→节温器副阀门→水泵，形成小循环；当冷却液温度高到一定值时，节温器主阀门打开，冷却液经水泵→发动机水套→节温器主阀门→散热器→水泵，形成大循环，由于冷却液经过散热器冷却，温度下降，从而防止发动机过热。

（5）冷却液

- 汽车发动机常用的冷却液有水及加有防冻剂的防冻液。
- 直接用水当冷却液，具有简单方便的优点。但水沸点低，易蒸发，需经常添加。而且不宜添加河水、井水等含矿物质的水，以免产生水垢，影响冷却系统，导致散热不良；添加雨水、雪水或离子交换水，给冷却水添加造成困难。更应值得注意的是，水在严寒冬季易结冰，需放水过夜，否则会造成水结冰时体积膨胀，胀裂机体、气缸盖的严重事故。
- 现代轿车普遍采用防冻液，以提高冷却液的防冻和防沸的能力。例如桑塔纳系列轿车采用以乙二醇为基料的冷却液（乙二醇的质量分数 45.6%、水的质量分数 54.4%），使冷却液冰点在-25℃以下，沸点在 106℃以上。
- 专用冷却液一般呈深绿色或深红色，有一定的毒性，使用时应注意。如发现冷却液泄漏应及时检查添加。

8. 起动系统

（1）作用

按发动机要求，提供一定的转矩，使发动机达到规定的转速，顺利完成起动过程。低温起动时，还应进行预热起动。

（2）主要组成

- 主要由蓄电池、起动开关、起动机等组成（见图 5-24）。
- 起动机（见图 5-25）俗称起动马达，它是根据电动机原理制造的。

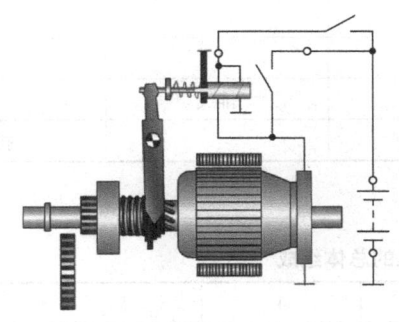

图 5-24 起动系统　　　　图 5-25 起动机

（3）工作原理

当起动开关置于起动档"Start"时，首先接通起动控制电路，蓄电池电流流入起动机，并使其转动。同时，电磁开关还将驱动齿轮向外推出与发动机飞轮相啮合，带动发动机转动。

（4）低温起动与预热

- 低温严寒气候，燃料汽化及燃烧困难（尤其是柴油），机油黏度加大，蓄电池能量下降，造成发动机起动困难。为了确保发动机顺利起动，需要采取相应措施，常见的有预热空气、预热机油、预热冷却液、喷起动液以及减压起动等。

- 目前普遍使用的发动机预热方法是采用对进入发动机的空气进行预热。常见的预热装置有电热塞、热敏电阻预热器和电火焰预热器。
- 也可以采用喷起动液的方法帮助起动。起动液（见图5-26）由容易燃烧的燃料（乙醚、丙酮、石油醚等）组成，与压缩气体氮气一起储藏在专用喷射罐内。使用时，取下空气滤清器（有的发动机设有起动液喷嘴），将喷射罐出口对准进气管，轻压喷射罐单向阀，起动液喷出，随空气进入气缸，迅速燃烧，起动发动机。
- 电起动每次时间不超过5s，再次起动间隔时间不少于15s，以免蓄电池因过度放电而损坏。

图5-26 起动液

四、任务实施

现场感受情境引入中的工作氛围，采用小组合作形式，通过角色扮演汽车销售，完成此次实训任务。

1. 销售顾问带李先生到展厅观看一台解剖汽车发动机模型，识别汽油机主要总成和系统的组成及具体安装位置。
2. 讲解四冲程汽油机的工作原理。
3. 完成如下作业工单：

（1）补充表5-2 4缸机工作循环的内容（工作顺序1-3-4-2）

表5-2 4缸机工作循环（工作顺序1-3-4-2）

曲轴转角/(°)	第一缸	第二缸	第三缸	第四缸
0~180	做功			
		进气		
360~540			排气	
				排气

（2）填写表5-3 汽油发动机的总体组成

表5-3 汽油发动机的总体组成

六大系统	1	2	3	4	5	6
名称						
两大机构	1			2		
名称						

（3）现代高级轿车多采用了_____，无需调整气门间隙。

（4）微机控制点火系，ECU根据节气门位置、_____、冷却液温度、进气温度、和_____等传感器输入的信号，与存储在ROM中的参考数据进行比较、分析、计算、判断，然后发出指令，通过_____，点燃可燃混合气。

五、任务评价

在完成本学习任务后，通过小组会议的形式进行总结与反思，并推选代表宣讲交流知识与技能的掌握情况，小组之间进行互评，评价内容与标准见表1-3。最后由教师进行总结评价。

任务5.2　汽车底盘结构原理认识

一、学习目标

完成本学习任务后，您能够：
1. 识别汽车底盘各系统及安装位置。
2. 描述汽车底盘各总成部件基本结构、功能和工作过程。

二、情境引入

李先生前往广汽传祺汽车4S店给车辆做首保，期间想了解汽车是如何灵活"跑"起来的？为此，车间经理对底盘结构与原理进行了介绍。

三、相关知识

汽车底盘是汽车构成的基础，承受汽车的各种动、静载荷，接受发动机的动力，驱动汽车行驶，并保证汽车按照驾驶人的操纵正常行驶。一般由传动系统、行驶系统、转向系统、制动系统四大系统组成（见图5-27）。

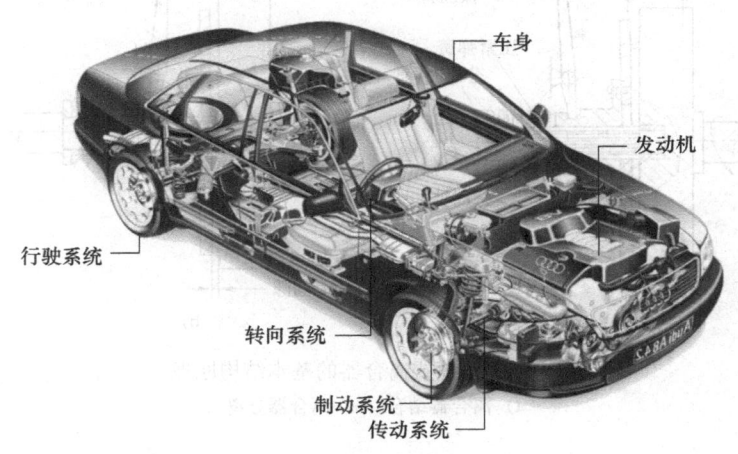

图5-27　汽车底盘组成

5.2.1　汽车传动系统

汽车传动系统功用是将发动机发出的动力传给驱动车轮，并实现减速增矩等功能。其组成包括离合器、变速器、传动轴、驱动桥（含主减速器、差速器以及半轴等）（见图5-28）。

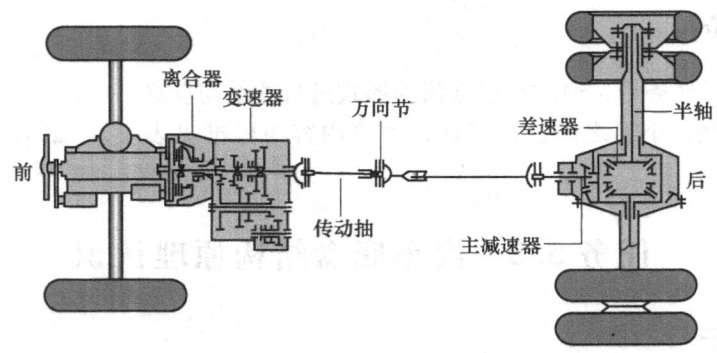

图 5-28　汽车传动系统

1. 汽车离合器

（1）离合器的作用

离合器的作用是分离和结合发动机的动力，保证汽车平稳起步，使换档时工作平顺和防止传动系统过载。

（2）离合器的基本结构及工作原理

- 汽车上广泛采用的是摩擦式离合器，其基本结构及工作原理如图 5-29 所示，主要由主动部分（飞轮）、从动部分（从动盘）、压紧机构（压紧弹簧）和分离机构（分离套筒）四部分组成。从动盘一般采用高摩擦系数的耐热材料制成。

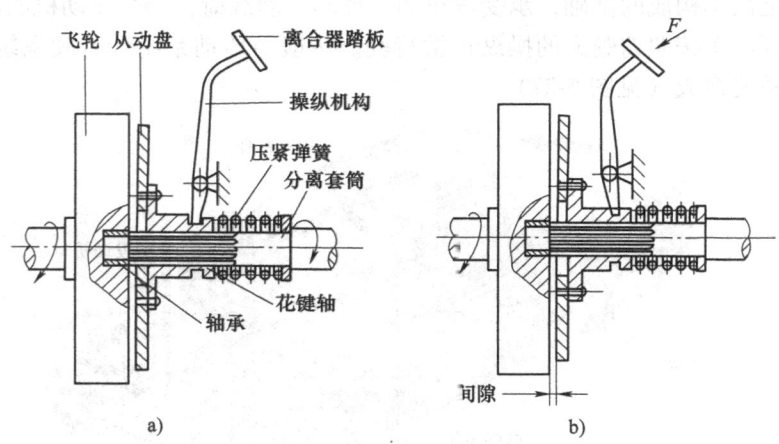

图 5-29　摩擦式离合器的基本结构原理
a）离合器结合　b）离合器分离

- 当离合器踏板处于自由状态时，从动盘在压紧弹簧作用下压紧在飞轮端面。发动机工作时，飞轮旋转，靠离合器从动盘摩擦片与飞轮端面之间的摩擦力，将动力传给变速器。
- 当踩下离合器踏板时，通过操纵机构，使分离套筒克服压紧弹簧作用力右移，带动从动盘右移，使从动盘与飞轮端面出现间隙，切断发动机动力传递。

- 汽车起步时，应先踩下离合器踏板，切断发动机动力，挂上档后，再缓慢松开离合器踏板，在压紧弹簧作用下，从动盘逐渐与飞轮端面接触压紧，使动力由小到大传到变速器，达到平稳起步。
- 汽车换档时，也应先踩下离合器踏板，切断发动机动力，变速器齿轮不再传递转矩，容易退出原档位齿轮，也容易挂上新档位。
- 当汽车发动机过载时，超出从动盘所能传递的最大力转矩，则从动盘打滑，避免了传动系与发动机发生过载，保护了机件。
- 装自动变速器的汽车则取消了离合器，使换档操作简单。

2. 汽车变速器

（1）变速器功用

变速器功用是改变汽车的行驶速度，实现倒车和利用空档切断离合器与传动轴之间的动力传递，以便汽车换档和发动机起动及怠速运转。

（2）变速器类型

- 按操纵方式分手动变速器和自动变速器。
- 手动变速器靠驾驶人直接操纵变速杆进行换档，换档机构简单，工作可靠，但操作复杂。
- 自动变速器（Automatic Transmission 简称AT）能根据汽车的运行状况自动换档，无离合器，仅需通过加速踏板控制车速，操作简单，但结构复杂。

（3）手动变速器结构原理

- 由齿轮传动的原理可知，一对齿数不同的齿轮啮合传动时可以变速变矩（见图5-30）。主动齿轮转速与从动齿轮转速之比值称为传动比。

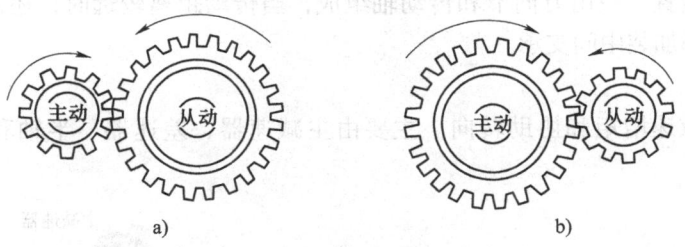

图 5-30　齿轮传动原理

a）减速传动　b）增速传动

- 汽车手动变速器就是通过多对不同齿数的齿轮副啮合来实现传动比的变化。变速器传动比小的档位称为高档，传动比大的档位称为低档。

（4）自动变速器结构原理

- 目前轿车绝大部分采用电子控制自动变速器（见图5-31），它主要由液力变矩器、行星齿轮变速器、液压控制系统、自动变速器电脑和各种传感器组成。
- 工作时，自动变速器电脑根据驾驶人脚踩加速踏板（发动机的节气门开度）、汽车车速等各种传感器发送的信息，发出换档等控制信号，通过各种电磁阀实现自动换档。

3. 汽车万向传动装置

- 万向传动装置的功用是在轴线相交，且相对位置经常发生变化的两轴间传递动力，主

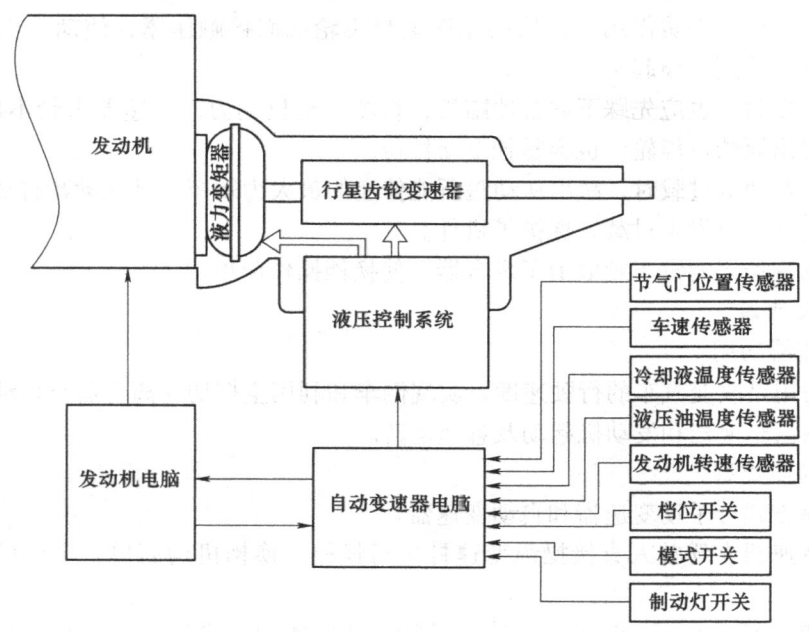

图 5-31 电子控制自动变速器

要应用于连接变速器与驱动桥（见图 5-32）、或离合器与驱动桥、变速器与分动器、转向驱动桥、断开式驱动桥及连接转向操纵机构等。

- 万向传动装置一般由万向节和传动轴组成，当传动距离较远时，还需采用分段式传动轴，在中部加装中间支承。

4. 驱动桥

驱动桥用于减速增矩和协助转向。主要由主减速器、差速器、半轴和驱动桥壳等组成（见图 5-33）。

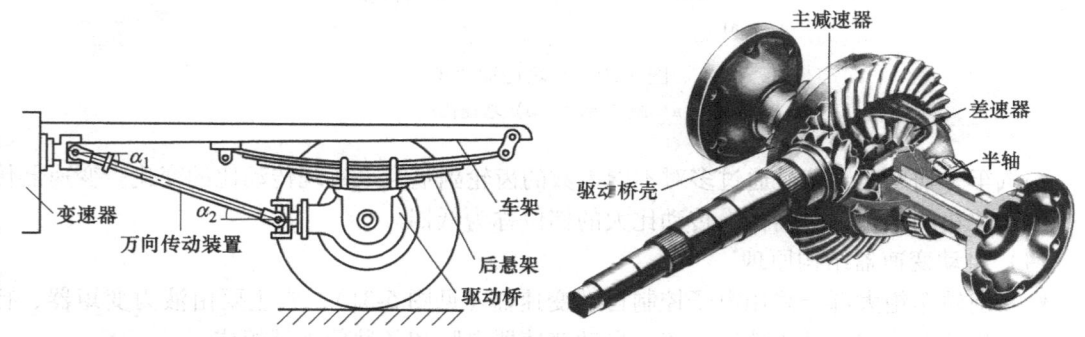

图 5-32 变速器与驱动桥之间的万向传动装置　　图 5-33 驱动桥

（1）主减速器

主减速器由一对传动比较大的准双曲面齿轮组成，其功用是将万向传动装置传来的转矩增大，并降低转速。

项目 5　汽车基本结构及工作原理

（2）差速器

汽车转弯行驶时，内、外两侧车轮在同一时间内要移动不同的距离，外轮移动的距离比内轮大（见图 5-34）。差速器的作用就是将主减速器传来的动力传给左、右两半轴，并在转弯行驶时允许左、右半轴以不同转速旋转（差速）。

（3）半轴

半轴是一根在差速器和驱动轮之间传递动力的实心轴，内端一般制有外花键与半轴齿轮连接，外端与驱动轮的轮毂相连。

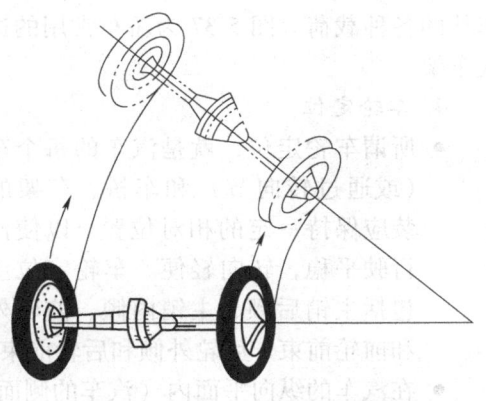

图 5-34　汽车转向时车轮运动示意图

5.2.2　汽车行驶系统

行驶系统的作用是保证汽车的正常行驶，并对全车起支撑作用，它由车轮、车桥、车架和悬架等组成。

1. 车轮

车轮与轮胎组成车轮总成，通常由轮胎、轮辋、车轮饰板、气门嘴和平衡块等组成（见图 5-35）。

- 轮胎按组件不同可分为有内胎轮胎和无内胎轮胎。
- 轮胎按胎体结构不同可分为斜交轮胎和子午线轮胎。子午线轮胎帘布层帘线排列方向与轮胎的子午断面一致，使其强度得到充分利用，所以帘布层数可比普通斜交胎减少 40%~50%，胎体较柔软，接地面积大，附着性能好，对地面单位压力小，滚动阻力小，减少油耗。
- 轮胎的外胎两侧标志有规格、结构代号等，轿车轮胎还标有速度级别等代号，购置和安装轮胎时应加以注意。

2. 车桥

- 用于连接和安装左右车轮的车轴或车梁等的部件称为车桥（见图 5-36），其功用是传递车架（承载式车身）与车轮之间各方向的作用力及其力矩。

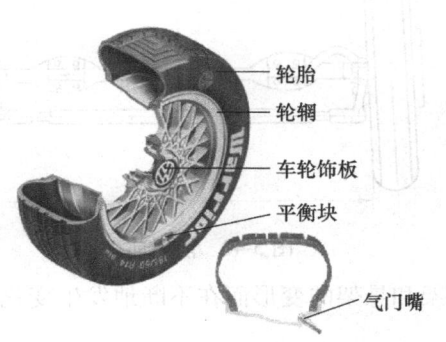

图 5-35　车轮与轮胎

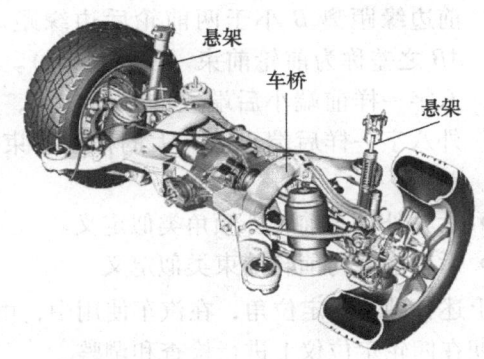

图 5-36　汽车车桥

3. 车架

车架是整个汽车的装配基体，其作用主要是支承连接汽车的各零部件，承受来自车内和

175

车外的各种载荷。图 5-37 为轿车常用的边梁式车架。

4. 车轮定位

- 所谓车轮定位，就是汽车的每个车轮（或通过转向节）和车桥、车架的安装应保持一定的相对位置，以使汽车行驶平稳，转向轻便。车轮定位主要包括主销后倾、主销内倾、前轮外倾和前轮前束、后轮外倾和后轮前束。

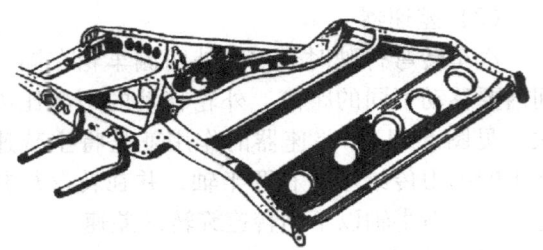

图 5-37 汽车边梁式车架

- 在汽车的纵向平面内（汽车的侧面），主销上部向后倾斜的一个角度 γ，称为主销后倾角（见图 5-38）。
- 在汽车的横向平面内（汽车的前后方向），主销上部向内倾斜一个角度，主销轴线与垂线之间的夹角 β 称为主销内倾角（见图 5-39）。

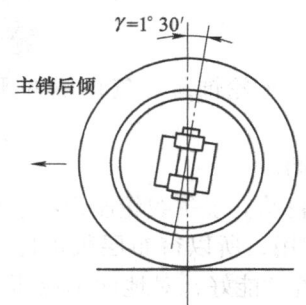

图 5-38 主销后倾角

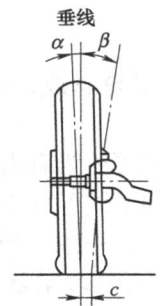

图 5-39 主销内倾和前轮外倾

- 在汽车的横向平面内，前轮中心平面向外倾斜一个角度 α（见图 5-39），称为前轮外倾角。轮胎呈现"八"字形张开时称为负外倾，而呈现"V"字形张开时称正外倾。
- 俯视车轮，汽车的两前轮并不完全平行，在通过两前轮中心的水平面内，两前轮的前边缘距离 B 小于两前轮后边缘距离 A，AB 之差称为前轮前束（见图 5-40）。像内八字一样前端小后端大的称为前束，而像外八字一样后端小前端大的称为后束或负前束。
- 后轮外倾与前轮外倾角类似定义。
- 后轮前束与前轮前束类似定义。

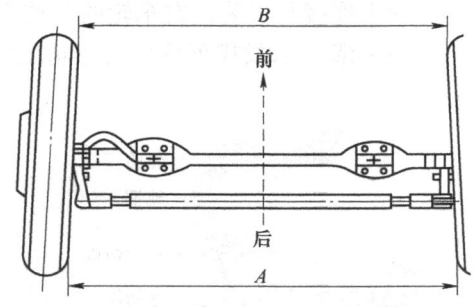

图 5-40 前轮前束

上述各种车轮定位角，在汽车使用中，由于车架和悬架的变形而在不断地发生变化，应该定期在四轮定位仪上进行检查和调整。

5. 汽车悬架

（1）悬架作用

悬架（见图 5-41）就是车架（或车身）与车桥（或车轮）之间的一切传力连接装置的

项目5 汽车基本结构及工作原理

总称。其作用是把路面作用于车轮上的各种反力所造成的转矩传递到车架（或车身）上，减少汽车振动，以保证汽车的正常行驶。

（2）悬架的基本组成

汽车悬架一般由弹性元件、减振器和导向机构（横向稳定杆、摆臂以及纵向推力杆等）三部分组成。

5.2.3 汽车转向系统

图 5-41 汽车悬架

汽车转向系统的功用就是保证汽车能够按驾驶人的意志改变或恢复行驶方向。

1. 汽车转向原理
- 汽车的转向是由地面的侧向力提供向心力，只有当四个车轮的轴线交于一点 O 时（见图5-42），才能够保证各车轮纯滚动而不滑动。

2. 汽车转向系统类型
- 汽车转向系统分为机械转向系统和动力转向系统两大类。机械转向系统以驾驶人的体力作为转向能源，传力件都是机械的。动力转向系统以发动机或电动机的动力作为主要转向能源，转向轻松省力。

3. 汽车转向系统组成

以机械转向系统为例，它主要由转向操纵机构、转向器和转向传动机构组成（见图5-43）。

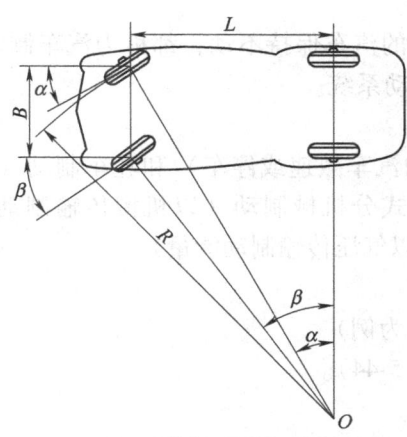

图 5-42 四轮汽车转向分析

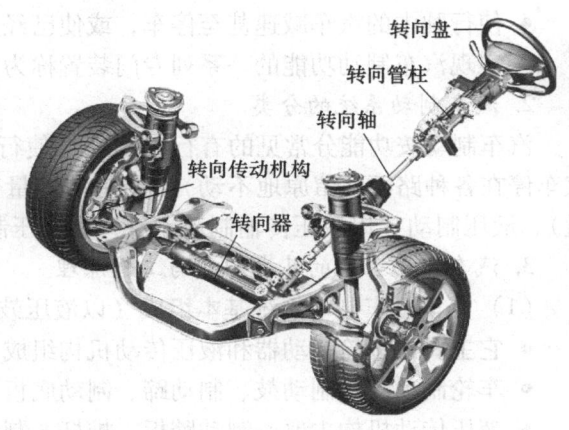

图 5-43 汽车转向系统

（1）转向操纵机构
- 转向操纵机构包括转向盘、转向轴及转向管柱等。它们的作用是将驾驶人的操纵力传给转向器。
- 因为转向系统各传动件之间存在着装配间隙，所以在转向盘转动过程的开始阶段，有一段转向盘空转行程，该行程称为转向盘的自由行程，它对于缓和路面冲击，减少驾

177

驶人疲劳是有利的，但也不宜过大，以避免过大影响转向灵敏性，一般不应超过15°。当零件磨损严重，使转向盘自由行程超过25~30时，必须进行调整。

（2）转向器
- 转向器是转向系统中的减速增矩装置，并改变转向力矩的传动方向。
- 目前应用广泛的机械转向器有齿轮齿条式转向器、循环球式转向器和蜗杆曲柄指销式转向器等几种。

（3）转向传动机构
- 转向传动机构的功用是将转向器输出的力和运动传给转向桥两侧的转向节，使两侧转向轮按要求的角度关系偏转，以保证汽车转向时各车轮与地面的相对滑动尽量小。

4. 电子控制动力转向系统

理想的转向系统应使汽车在静止或低速行驶时，转向所需操纵力小，轻便省力；而在中高速行驶时，转向操纵力稍大，增加驾驶人的"路感"，提高操纵稳定性，保证高速行车的安全。传统的机械式转向系统不能达到这个要求，而电子控制动力转向系统可以满足这个要求。

5. 汽车四轮转向

汽车四轮转向是对后轮也进行转向操纵的系统。前后转向轮的转向控制有同相和逆相两种情况，逆相式的转弯半径比两轮转向的转弯半径小，提高了汽车转向的机动性，适于汽车低速行驶；同相式在转向时车身与行驶方向的偏转角小，提高了操纵稳定性，适于汽车的高速行驶。

5.2.4 汽车制动系统

1. 汽车制动系统功用
- 使行驶中的汽车减速甚至停车，或使已经停下来的汽车保持不动，都称为汽车制动。实现汽车制动功能的一系列专门装置称为汽车制动系统。

2. 汽车制动系统的分类

汽车制动按功能分常见的有行车制动（使行驶中的汽车减速或停车）和驻车制动（使汽车停在各种路面驻留原地不动）；按制动能量传输方式分机械制动（以机械传输制动能量）、液压制动（以液压传输制动能量）和气压制动（以气压传输制动能量）。

3. 汽车制动系统的基本组成与工作原理

（1）汽车行车制动系统基本组成（以液压鼓式制动为例）
- 它主要由车轮制动器和液压传动机构组成（见图5-44）。
- 车轮制动器由制动鼓、制动蹄、制动底板等组成。
- 液压传动机构主要由制动踏板、推杆、制动主缸、制动轮缸和油管等组成。

（2）汽车制动系统的基本工作原理
- 制动系统不工作时，制动鼓的内圆面与制动蹄摩擦片的外圆面之间保留有一定的间隙，使制动鼓可以随车轮自由旋转。
- 制动时，驾驶人踩下制动踏板，推杆便推动主缸活塞，使主缸中的油液以一定压力流入制动轮缸，通过轮缸活塞使两制动蹄的上端向外张开，从而使摩擦片压紧在制动鼓的内圆面上。这样，不旋转的制动蹄就对旋转着的制动鼓产生一个摩擦力矩，方

项目 5　汽车基本结构及工作原理

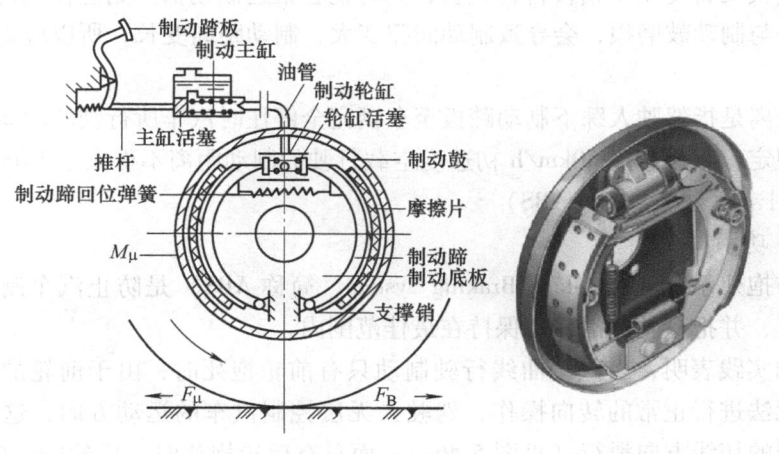

图 5-44　制动系组成

向与车轮旋转方向相反，迫使车轮停止转动。
- 当松开制动踏板时，制动蹄回位弹簧将制动蹄拉回原位，制动作用即行解除。

（3）盘式制动器的结构原理
- 盘式制动器由制动盘、制动钳组件及车轮轴承（未注出）等组成，如图 5-45 所示。

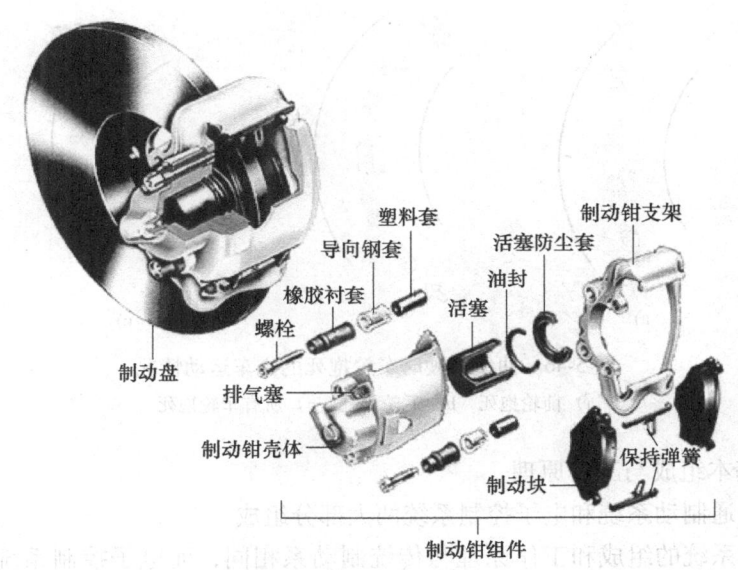

图 5-45　盘式制动器

制动时，制动钳内的制动活塞在液压力作用下推动制动衬块压靠到制动盘表面，将制动盘的两侧面压紧，实现车轮制动。

（4）汽车制动间隙与制动距离
- 制动器在不工作时，摩擦片与制动鼓之间的间隙称为制动间隙。
- 制动间隙应合适，如果制动间隙过小，就不易保证彻底解除制动，造成摩擦片的拖

179

摩；过大又将使制动踏板行程太长，同时也会推迟制动器开始起作用的时刻。
- 摩擦片与制动鼓磨损，会导致制动间隙变大，制动距离变长，所以应定期进行检查和调整。
- 制动距离是指驾驶人踩下制动踏板至车辆完全停住时汽车所行驶的距离。按我国国家标准规定，乘用车以 50km/h 初速度空载行驶的制动距离不得大于 19m。

4. 汽车制动防抱死系统（ABS）

（1）ABS 功用
- 制动防抱死系统（Anti-lock Braking System，简称 ABS）是防止汽车制动时车轮抱死的装置，并把车轮的滑移率保持在最佳范围内。
- 试验和实践表明，当汽车曲线行驶制动只有前轮抱死时，由于前轮的转弯力基本为零，无法进行正常的转向操作，驾驶人无法控制汽车的运动方向，这时汽车将沿行驶曲线的切线方向滑行（见图 5-46a）；而只有后轮抱死时，后轮的侧向力接近于零，由于离心力和前轮转向力的作用，汽车不能保持原来的行驶方向，汽车将一面旋转一面沿曲线行驶，即发生甩尾现象（见图 5-46b）；当所有的车轮全部抱死时，转弯力、侧向力均接近于零，汽车完全失去操纵性和方向稳定性，兼有前、后轮单独抱死时的两种运动（见图 5-46c），一面发生与驾驶无关的不规则运动，一面沿曲线的切线方向滑行。

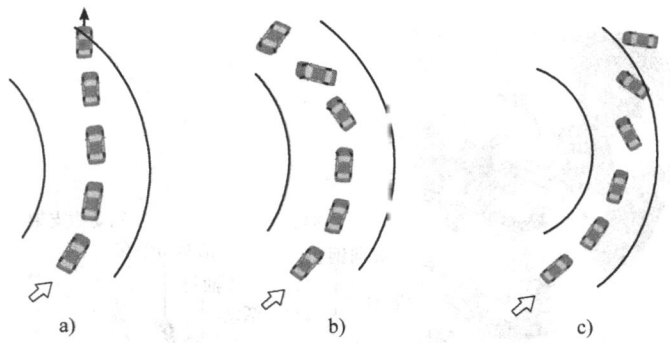

图 5-46 曲线行驶时车轮抱死的汽车运动情况
a) 前轮抱死 b) 后轮抱死 c) 所有车轮抱死

（2）ABS 基本组成与工作原理
- ABS 由普通制动系统和电子控制系统两大部分组成。
- 普通制动系统的组成和工作原理与传统制动系相同，而电子控制系统由传感器（制动踏板、车速传感器）、ABS 控制单元和制动压力装置（ABS 泵、液压单元、电磁阀等）等组成（见图 5-47）。
- 汽车制动时，ABS 控制单元根据传感器传递来的汽车行驶和制动信号，经过计算、比较和判断后，向执行器（制动压力装置）发出控制指令，使车轮制动时滑移率保持在最佳范围内，始终处于理想的运动状态，以有效防止制动时汽车侧滑、甩尾及失去转向等现象，同时将制动力保持在最佳的范围内，缩短了制动距离。

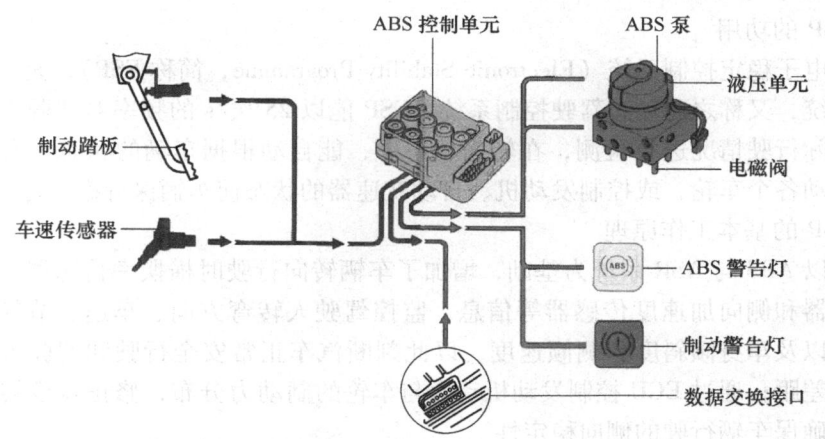

图 5-47　汽车 ABS

- 在制动过程中，ABS 系统只在车速超过一定值时才起作用。ABS 系统具有自诊断功能，并能确保系统出现故障时，常规制动系统仍能正常工作。

5. 驱动防滑系统（ASR）

（1）ASR 的作用

- 当汽车在冰雪路面行驶时，驱动轮很容易发生滑转，这是由于汽车的驱动力大于地面附着力引起的。一旦车轮滑转，车轮的横向附着力就几乎为零，将发生侧滑等现象。对于后轮驱动汽车，驱动轮滑转将使汽车发生不规则的旋转；对前轮驱动汽车，驱动轮滑转会使方向失去控制。

- 汽车驱动防滑系统（Anti Slip Regulation，简称 ASR），又称牵引力控制系统（TRC），其作用就是防止汽车在起步、加速和低附着系数路面行驶时驱动轮的滑转，以提高汽车的牵引性和操纵稳定性。

（2）ASR 的基本工作原理

为了防止滑转，必须适当降低驱动力，大幅度提高侧向力，增大抵抗侧滑的能力。目前，常采用以下两种方法防止驱动轮的滑转。

- 发动机输出转矩调整方式　通常通过控制节气门开度和点火提前角的方式调节发动机的输出转矩，从而使驱动车轮的转速迅速降低，或者使两侧驱动车轮的驱动力矩进行调节。由于发动机已经实现了电子控制，因此，这种控制方法容易实现。

- 驱动轮制动控制方式　当驱动轮发生滑转时，对滑转的车轮施加一定的制动力，使车轮的滑转率控制在合适的范围内。制动控制方式比发动机控制方式反应速度快，能有效地防止汽车起步时或从高附着路面突然进入低附着路面时的车轮空转。制动控制方式还能对每个驱动轮独立控制，与差速器锁止装置具有同样的功能。为了防止制动器过热，驱动轮制动控制的方法只限于低速行驶时使用。

ASR 是 ABS 的完善和补充，可以与 ABS 共用车轮转速传感器等部件。ASR 电子控制装置既可是独立的，也可与 ABS 共用。

6. 汽车电子稳定控制系统（ESP）

（1）ESP 的功用
- 汽车电子稳定控制系统（Electronic Stability Programme，简称ESP），是车辆的主动安全系统，又称之为动态驾驶控制系统。ESP能以25次/s的频率对驾驶人的行驶意图和实际行驶情况进行检测，在转向状态下，能自动根据车辆的状态，有针对性地单独制动各个车轮，或控制发动机、自动变速器的状态使车辆保持稳定行驶。

（2）ESP的基本工作原理
- ESP以ABS与ASR系统为基础，增加了车辆转向行驶时横摆率传感器、转向盘转角传感器和侧向加速度传感器等信息，监控驾驶人转弯方向、车速、节气门开度、制动力以及车身倾斜度和侧倾速度，以此判断汽车正常安全行驶和驾驶人操纵汽车意图的差距；通过ECU控制发动机动力与车轮的制动力分布，修正过度转向或转向不足，确保车辆行驶的侧向稳定性。

四、任务实施

现场感受情境引入中的工作氛围，采用小组合作形式，通过角色扮演汽车售后接待，完成此次实训任务。

1. 车间经理带李先生到交车区观看一部解剖汽车，识别汽车底盘各系统组成及部件具体安装位置。
2. 讲解汽车传动系统的动力传递路线。
3. 完成如下作业工单：

（1）完成表5-4 汽车底盘四大组成及其功能表。

表5-4 汽车底盘四大组成及其功能表

序号	名称	功能
1	传动系统	
2		
3		保证汽车能够按驾驶人的意志改变或恢复行驶方向
4	制动系统	

（2）根据图5-47，完成表5-5 汽车ABS基本组成内容的填写。

表5-5 汽车ABS基本组成

序号	名称	序号	名称
1	制动踏板	6	
2		7	
3		8	
4		9	数据交换接口
5			

（3）目前轿车绝大部分自动变速器采用电子控制自动变速器，它主要由_____、行星齿轮变速器、_____、_____和各种_____组成。

(4) 汽车悬架一般由_____、_____和_____三部分组成。

五、任务评价

在完成本学习任务后，通过小组会议的形式进行总结与反思，并推选代表宣讲交流知识与技能的掌握情况，小组之间进行互评，评价内容与标准见表 1-3。最后由教师进行总结评价。

任务 5.3　汽车车身电器结构原理认识

一、学习目标

完成本学习任务后，您能够：
1. 识别汽车车身各主要部件及安装位置。
2. 阐述汽车电器各总成部件基本结构、功能以及工作过程。

二、情景引入

刘先生在广汽传祺 4S 店初次购车，在销售顾问协助下进行现场验车，并就汽车电器各项功能进行了验收。

三、相关知识

5.3.1　汽车车身结构

车身（见图 5-48）主要由车身本体、开启件（各种门、窗、行李舱和车顶盖等）、附件（各种座椅、内外饰、仪表电器、刮水器、洗涤器、风窗除霜装置等）和安全保护装置（保险杠、安全带及安全气囊、车门锁等）组成。货车及专用车辆还有货舱及专用设备。

图 5-48　汽车车身

1. 车门门锁

现代轿车普遍采用电控式中央门锁，可以车内、车外集中控制所有车门，它在车门钥匙上配置无线电发射装置，在车内配置无线电接收装置，构成无线电遥控中央门锁。有的电控式中央门锁还具有服务、报警和防盗等多种功能。

2. 刮水器

- 用于清除玻璃外表面的雨水、雪及灰尘的装置，以保证驾驶人在雨雪天行驶有良好视野。
- 现代汽车都采用电动机驱动的电动刮水器，其基本结构如图 5-49 所示，电动机通过蜗杆、涡轮、摇臂和拉杆，带动刮水臂摆动，刮水片便可以刮除玻璃表面的雨水、雪及灰尘。

3. 风窗洗涤器

- 其功用是将清洁的水或洗涤液喷射到风窗玻璃上，在刮水器的作用下，清洗风窗玻璃上的尘土和污物，使驾驶人有良好的视野。
- 风窗洗涤器主要由洗涤液泵、洗涤液罐和喷嘴等组成。

4. 风窗除霜（雾）装置

- 其作用是在较冷的季节，有雨、雪或雾的天气，防止水蒸气在风窗玻璃上凝结成细小的水滴甚至结冰。
- 该装置是在装有空调或暖风装置的汽车上，通过风道向前面及侧面风窗玻璃吹热风以加热玻璃、防止水分凝结。
- 后风窗玻璃的除霜，常常是利用电热丝加热实现。

5. 安全带

- 用于乘员由于惯性而急剧向前冲撞时产生束紧力，保护乘员，避免发生碰撞事故。
- 安全带的布置形式很多，用得最多的是三点式安全带（见图 5-50）。

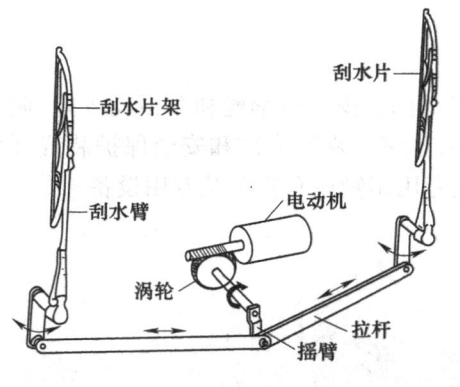

图 5-49 电动刮水器

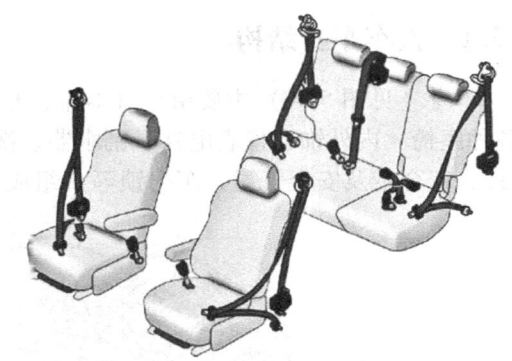

图 5-50 三点式安全带

6. 安全气囊

（1）安全气囊作用

安全气囊（Supplemental Restraint System 简称 SRS）作用是为了减少汽车在发生碰撞时因巨大的惯性对乘员造成伤害而设置的。统计表明，交通事故中，头部受伤占 66% 左右，使用安全气囊，头部受伤率可减少 30%~50%，面部受伤率可减少 70%~80%。

（2）安全气囊类型

- 按照安全气囊安装的位置分有正面、侧面和顶部安全气囊。
- 正面安全气囊（见图 5-51）安装在驾驶人和乘客的正面，对汽车正面碰撞起安全保护作用，有较高的装车率。正面安全气囊一般安装在转向盘中央的衬盖内，前排乘

客侧安装在仪表板上，有的车辆还在仪表板下方安置了膝部免受伤害的安全气囊。

- 侧面和顶部安全气囊分别安装在驾驶人、乘客的侧面和顶部，对汽车侧面碰撞和汽车翻倾起安全保护作用。

(3) 安全气囊结构原理

- 安全气囊主要由碰撞传感器、气体发生器、气囊、安全带收紧器、控制装置以及显示装置等组成。

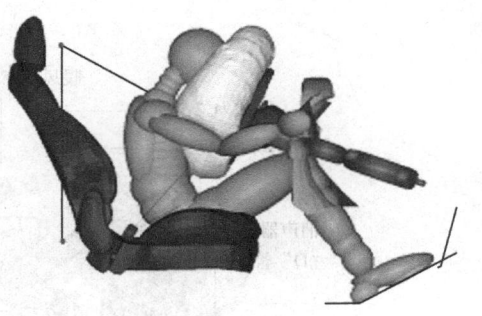

图 5-51　安全气囊

- 当汽车发生碰撞时，碰撞强度通过传感器转化为电信号，被电控装置接收，进行分析，发出相应指令，由执行器执行。轻度碰撞时，电控装置指令执行器收紧安全带，保护乘员；碰撞达到一定程度，电控装置指令引爆气体发生器，安全气囊急速膨胀，挡住驾驶人或乘员的身体，起到缓冲保护作用。之后安全气囊小孔排气，使气囊逐渐变软，加强缓冲作用。整个工作过程如图 5-52 所示。

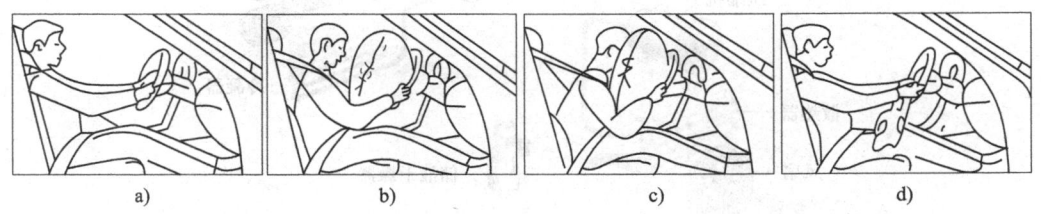

图 5-52　安全气囊的作用过程
a) 触发前　b) 充气膨胀　c) 头部陷入　d) 气囊压扁

- 安全气囊应注意与安全带同时使用，才能发挥更好作用。同时注意平时保养维修时，不要重度碰撞安全气囊的各传感器，以免引起误触发，造成不必要的损失。

5.3.2　汽车空调系统

1. 作用

汽车空调系统是实现对车厢内空气进行制冷、加热、换气和空气净化的装置。它可以为乘员提供舒适的乘车环境，降低驾驶人的疲劳强度，提高行车安全。

2. 汽车空调系统的基本组成及工作原理

空调系统主要由制冷系统、供暖系统、通风和空气净化装置及控制系统组成（见图 5-53）。

3. 制冷系统

(1) 制冷系统的组成

汽车空调制冷系统由压缩机、冷凝器、膨胀阀、储液干燥器及蒸发器等组成（见图 5-54）。

(2) 制冷原理

- 制冷系统工作时，压缩机由发动机带轮带动，将蒸发器中因吸热而汽化的低压制冷剂

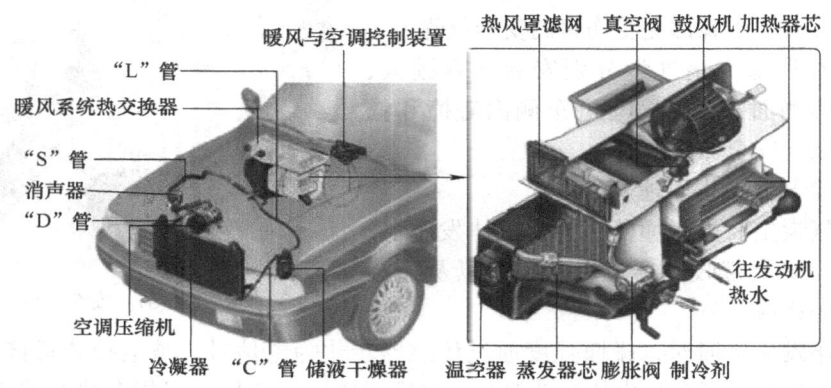

图 5-53 汽车空调系统

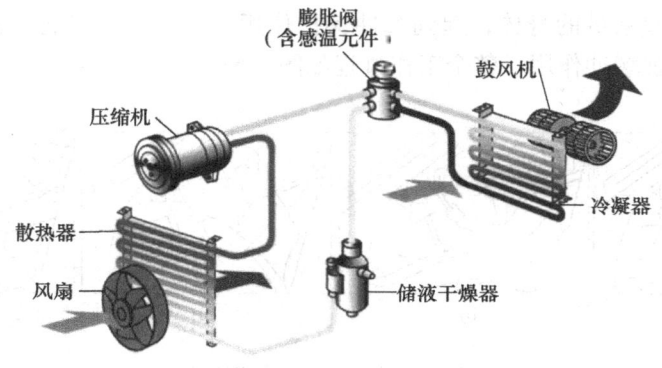

图 5-54 制冷系统

（R12 或 R134a）蒸气吸入后，压缩成高温高压制冷剂气体，经高压管送入冷凝器，经冷凝器冷却使高温高压的制冷剂气体冷凝成中温高压制冷剂液体，送入储液干燥器中除去水分和杂质，然后送入膨胀阀，经膨胀阀节流降压，变为低温低压液态制冷剂后进入蒸发器。

- 当鼓风机将空气吹过蒸发器表面时，液态制冷剂汽化吸热，从而降低车内温度。汽化后的制冷剂再次被压缩机吸入，重复上述过程。

4. 其他系统

（1）供暖系统
- 一般采用发动机工作时冷却液供暖，称为水暖式暖气装置（见图 5-55）。
- 水暖式暖气装置主要由加热器、鼓风机、热水阀及通风道等组成。

（2）通风装置
- 分自然通风和强制通风两种。
- 自然通风利用汽车行驶时车内外的空气压力差，通过进、出风口进行

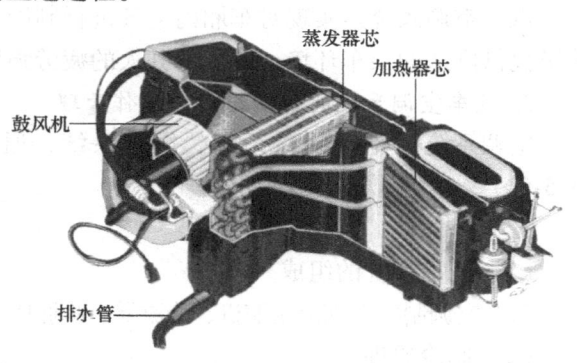

图 5-55 暖风装置

自然换气；强制通风利用鼓风机对车内空气进行置换。

（3）空气净化装置

- 常用的空气净化装置有灰尘滤清器、电子集尘器及负离子发生器等，安装在空调器总成内。

5.3.3 汽车仪表及照明

1. 汽车仪表系统

（1）汽车仪表系统的作用

汽车仪表系统包括各种仪表和指示灯，图 5-56 是广汽传祺 GA6 轿车组合仪表，用来反映汽车的一些重要运行状态参数，必要时发出警告，保证汽车可靠而安全地行驶，驾驶人行车时应该给予注意。

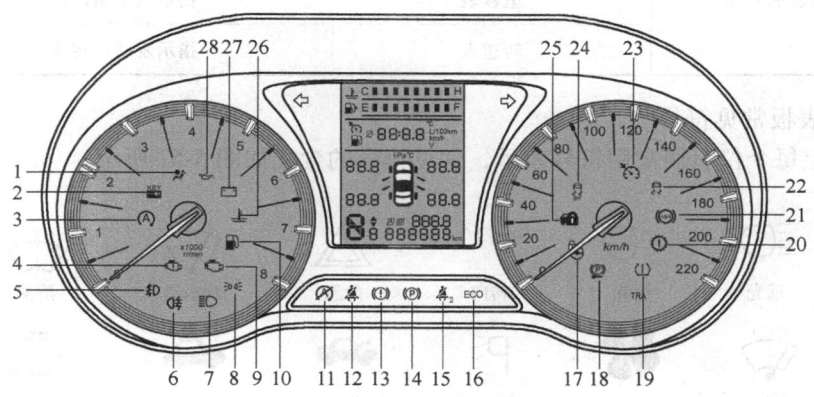

图 5-56　广汽传祺 GA6 轿车组合仪表

1—辅助保护系统（SRS）指示灯　2—钥匙状态指示灯　3—起停系统工作指示灯
4—发动机故障指示灯　5—前雾灯指示灯　6—后雾灯指示灯　7—远光指示灯　8—小灯指示灯
9—排放故障指示灯　10—燃油低指示灯　11—起停系统故障指示灯　12—驾驶人座椅安全带提示灯
13—驻车制动与制动系统指示灯　14—电子制动（EPB）状态指示灯　15—前乘员座椅安全带提示灯
16—经济模式指示灯　17—转向盘锁指示灯　18—电子制动故障指示灯　19—胎压监测系统指示灯
20—变速器故障指示灯　21—防抱死制动系统指示灯　22—车辆稳定性辅助指示灯
23—定速巡航指示灯　24—车辆稳定性辅助关闭　25—防盗起动锁止系统指示灯
26—发动机冷却液温度高指示灯　27—充电系统警告灯　28—机油压力低警告灯

（2）汽车仪表系统组成

汽车常用仪表及警告灯见表 5-6。

表 5-6　汽车常用仪表系统

仪　表　系　统		功　　用
充放电显示系统	电流表	指示蓄电池充电或放电的电流值
	电压表	指示蓄电池充电或放电的电压值
	充电指示灯	指示蓄电池充电或放电

(续)

仪 表 系 统		功 用
机油压力显示系统	机油压力表	指示发动机主油道中机油压力大小
	机油压力警告灯或蜂鸣器	机油压力过低时警告
燃油量显示系统	燃油表	指示汽车燃油箱内储存燃油量的多少
	液面警告灯	燃油箱内燃油量过少时警告
冷却液温度显示系统	冷却液温度表	指示发动机水套中冷却液温度的高低
	冷却液温度警告灯或蜂鸣器	冷却液温度过高时警告
车速里程显示系统	车速表	指示汽车行驶速度
	里程表	指示汽车累计行驶里程
	转速表	指示发动机转速的高低

（3）仪表板常见符号

仪表板上每个仪表通常用符号表示，常见符号的含义如图5-57所示。

图5-57 仪表板常见符号含义

2. 汽车照明系统

（1）照明系统的功用

照明系统保证汽车在夜间及能见度较低的情况下安全、高速行驶，改善车内驾乘环境，便于交通安全管理和车辆使用及检修。

（2）照明系统组成

- 照明系统由电源、照明装置及其控制部分组成。
- 控制部分包括各种灯光开关、继电器等。
- 照明装置包括车外照明、车内照明和工作照明三部分，其具体组成与作用见表5-7所示。

表 5-7　汽车照明装置组成及作用

照明装置		作　用
车外照明装置	前照灯	夜间行驶时照明，可发出远光和近光两种光束
	前小灯（示宽灯）	夜间示宽、近距离照明等
	后灯	红色，警示作用，兼作牌照灯
	雾灯	黄色，在有雾、下雪、暴雨或尘埃弥漫时行车照明，具有信号作用
	倒车灯	倒车时车后照明，并起信号作用
	牌照灯	照亮汽车后牌照
车内照明装置	仪表灯	仪表板照明
	顶灯	车内照明
	阅读灯	乘客阅读照明
工作照明装置	行李舱灯	夜间行李舱门打开时照明
	发动机舱照明灯	夜间发动机舱盖打开时照亮发动机

- 前照灯应定期检查调整，以保证照射距离和位置符合要求。

3. 汽车信号装置

（1）信号装置的作用

通过灯光和音响等手段，向行人和车辆发出警告，以保障行车安全。

（2）信号装置的组成

常见的汽车信号装置有喇叭音响信号装置（电喇叭、气喇叭等）、转向信号装置（转向灯、闪光器）、制动信号装置（制动灯、制动开关）、倒车信号装置（倒车信号灯、蜂鸣器）和危险警告信号装置等。

（3）电喇叭结构与工作原理

- 电喇叭在所有汽车上都安装，分有触点和无触点两类。
- 触点电喇叭有筒形、螺旋形和盆形等不同的结构形式。
- 盆形电喇叭结构如图 5-58 所示。
- 按下电喇叭按钮 10，线圈 2 通电后产生磁力，吸动上铁心及衔铁下移，使膜片下拱，衔铁下移中将触点顶开，线圈电路被切断，其磁力消失，上铁心、衔铁及膜片又在触点和膜片自身弹力的作用下复位，触点又闭合。触点闭合后，线圈又通电产生磁力吸下上铁心和衔铁。如此循环，使膜片振动，产生较低频率的振动，促使共鸣板产生谐振。发出音量适中、和谐悦耳的声音。

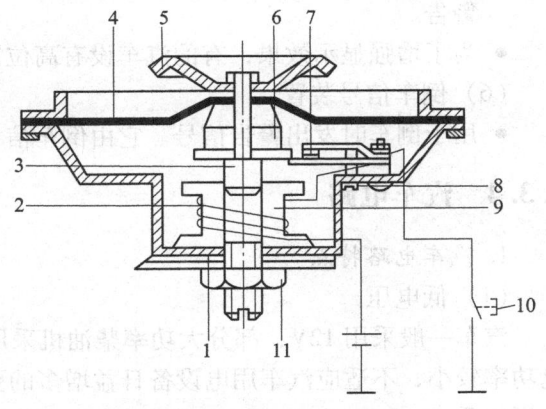

图 5-58　盆形触点式电喇叭

1—下铁心　2—线圈　3—上铁心　4—膜片
5—共鸣板　6—衔铁　7—触点　8—调整螺钉
9—铁心　10—按钮　11—锁紧螺母

- 盆形电喇叭音调的高低取决于其膜片的振动频率。通过改变上、下铁心之间的间隙来改变膜片的振动频率。需要调整音调时，松开锁紧螺母 11，旋动下铁心 1，旋入下铁心时，上下铁心之间的间隙减小，音调升高；旋出下铁心则使音调降低。调至合适

的音调后，旋紧锁紧螺母即可。
- 盆形电喇叭音量的高低取决于线圈电流，通过线圈的电流大，膜片振动也大，喇叭发出的音量也就大。线圈电流可以通过调整螺钉8来调整触点的接触压力。调整螺钉旋出，触点接触压力增大，电喇叭音量增大；螺钉旋入则会抵消部分触点臂自身弹性，使电喇叭音量减小。
- 触点式电喇叭的触点容易烧蚀和氧化，工作不稳定，故障率较高，现代汽车广泛采用无触点电喇叭，即用晶体管代替触点，不存在触点烧蚀问题。
- 为使电喇叭声音更加悦耳，有的汽车上设置了双音（高、低音两只）喇叭或三音（高、中、低三只）喇叭，由于通过喇叭按钮的电流较大，一般采用喇叭继电器，以减小通过喇叭按钮的工作电流。

（4）转向信号装置
- 用于显示汽车的转弯方向，由转向灯、转向灯开关和闪光器等组成。
- 转向灯安装于车身前端和后端的左右两侧，驾驶人转向时，通过转向灯开关，控制转向灯闪烁，发出警告。转向灯闪烁靠闪光器来完成。

（5）制动信号装置
- 用于汽车制动时发出警告信号。它由制动信号灯、信号灯开关和制动灯断线警告开关等组成。
- 制动信号灯安装在汽车尾部，当驾驶人踩下制动踏板时，制动信号灯发出强烈红光警告。
- 为了增强显示效果，有的汽车设有高位制动灯。

（6）倒车信号装置
- 用于倒车时发出警告信号。它由倒车信号灯和倒车蜂鸣器组成。

5.3.4 汽车电路

1. 汽车电路特点

（1）低电压

汽车一般采用12V，部分大功率柴油机采用24V。低电压的优点是安全、电源简单，但电功率较小，不适应汽车用电设备日益增多的要求，酝酿中的汽车电器电压标准是42V/14V电压体系。

（2）单线制

因为电压低，汽车采用机体作为电流的一条公共回路，所以从电源到用电设备一般只用一条导线，称单线制。部分要求比较高的线路也有采用双线制的。

（3）并联制

所有低压用电设备均采用并联制，电压相同。

（4）负极搭铁

现代汽车都采用负极搭铁，即蓄电池的负极直接与机体连接。

（5）车载网络

现代汽车电子控制装置众多，为了进行数据共享，加快数据传输，同时减少导线连接，普遍采用CAN总线为基础的车载网络技术。

2. 汽车电路使用注意事项
- 经常检查各电器设备及导线安装是否连接牢固，不得松动。
- 发动机熄火后，应及时关闭点火开关。
- 发现异常（如导线烧焦味或电流表不显示充电等）应及时停车检查。
- 现代汽车电气线路复杂，应请专业维修人员进行检查、维修。

四、任务实施

现场感受情境引入中的工作氛围，采用小组合作形式，通过角色扮演汽车交车服务，完成此次实训任务。

1. 销售顾问带李先生到交车区，给李先生讲解汽车上主要电器设备的功能，并进行了相应的示范操作。
2. 讲解仪表系统常见符号的含义。
3. 完成如下作业工单：

（1）完成表 5-8 车外照明装置组成及作用。

表 5-8　车外照明装置组成及作用

照明装置		作　　用
车外照明装置	前照灯	
		夜间示宽、近距离照明等
	后灯	
		黄色，在有雾、下雪、暴雨或尘埃弥漫时行车照明，具有信号作用
	倒车灯	
		照亮汽车后牌照

（2）根据图 5-9 中符号进行图解说明。

表 5-9　汽车仪表盘常见显示符号

符号	图解说明	符号	图解说明	符号	图解说明
 (车门)		 (水温)		 (转向)	
 (!)		 (安全气囊)		 (油量)	
 (电池)		 (CHECK)		 (发动机)	
 (机油)		 (ABS)		 (VSC)	

 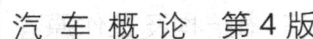

（3）安全带的布置形式很多，用得最多的是＿＿＿＿＿安全带。
（4）照明装置包括＿＿＿＿＿照明、＿＿＿＿＿照明和＿＿＿＿＿照明三部分。

五、任务评价

在完成本学习任务后，通过小组会议的形式进行总结与反思，并推选代表宣讲交流知识与技能的掌握情况，小组之间进行互评，评价内容与标准见表 1-3。最后由教师进行总结评价。

项目 6
新能源汽车与智能网联汽车

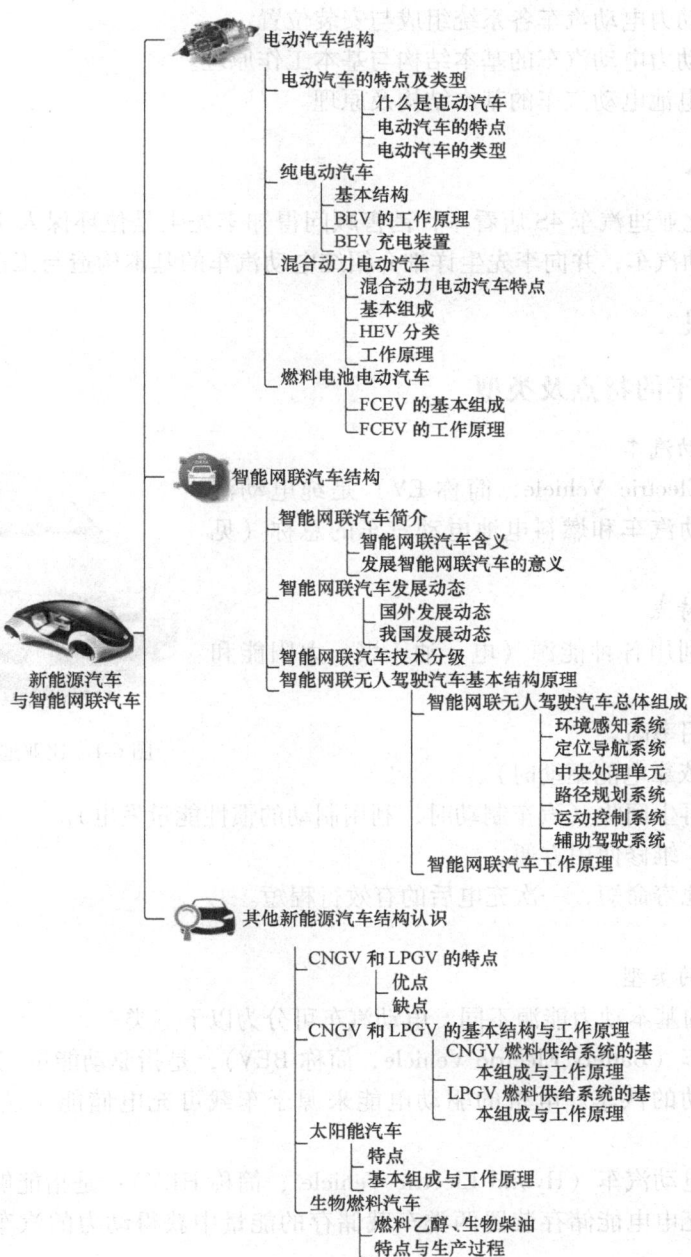

新能源汽车与智能网联汽车
- 电动汽车结构
  - 电动汽车的特点及类型
    - 什么是电动汽车
    - 电动汽车的特点
    - 电动汽车的类型
  - 纯电动汽车
    - 基本结构
    - BEV 的工作原理
    - BEV 充电装置
  - 混合动力电动汽车
    - 混合动力电动汽车特点
    - 基本组成
    - HEV 分类
    - 工作原理
  - 燃料电池电动汽车
    - FCEV 的基本组成
    - FCEV 的工作原理
- 智能网联汽车结构
  - 智能网联汽车简介
    - 智能网联汽车含义
    - 发展智能网联汽车的意义
  - 智能网联汽车发展动态
    - 国外发展动态
    - 我国发展动态
  - 智能网联汽车技术分级
  - 智能网联无人驾驶汽车基本结构原理
    - 智能网联无人驾驶汽车总体组成
      - 环境感知系统
      - 定位导航系统
      - 中央处理单元
      - 路径规划系统
      - 运动控制系统
      - 辅助驾驶系统
    - 智能网联汽车工作原理
- 其他新能源汽车结构认识
  - CNGV 和 LPGV 的特点
    - 优点
    - 缺点
  - CNGV 和 LPGV 的基本结构与工作原理
    - CNGV 燃料供给系统的基本组成与工作原理
    - LPGV 燃料供给系统的基本组成与工作原理
  - 太阳能汽车
    - 特点
    - 基本组成与工作原理
  - 生物燃料汽车
    - 燃料乙醇、生物柴油
    - 特点与生产过程

193

任务 6.1　电动汽车结构认识

一、学习目标

完成本学习任务后，您能够：
1. 识别电动汽车的类别。
2. 阐述纯电动汽车的基本结构及原理。
3. 识别混合动力电动汽车各系统组成与安装位置。
4. 阐述混合动力电动汽车的基本结构与基本工作原理。
5. 理解燃料电池电动汽车的基本结构及原理。

二、情境引入

李先生前往比亚迪汽车 4S 店看车，销售顾问得知李先生是位环保人士，推荐李先生购买新推出的纯电动汽车，并向李先生详细介绍纯电动汽车的基本构造与工作原理。

三、相关知识

6.1.1　电动汽车的特点及类型

1. 什么是电动汽车

电动汽车（Electric Vehicle，简称 EV）是纯电动汽车、混合动力电动汽车和燃料电池电动汽车的总称（见图 6-1）。

图 6-1　比亚迪 e6 纯电动汽车

2. 电动汽车特点
- 能广泛地利用各种能源（电、油、煤、太阳能和水力能等）。
- 能量的利用率高。
- 零排放（依靠电能驱动时）。
- 制动能量再生回收（汽车制动时，利用制动的惯性能量发电）。
- 结构简单，维修使用方便。
- 动力蓄电池寿命短，一次充电后的有效行程短。
- 价格较贵。

3. 电动汽车的类型

根据所使用的基本动力能源不同，电动汽车可分为以下三类：
- 纯电动汽车（Battery Electric Vehicle，简称 BEV），是指驱动能量完全由电能提供的、由电机驱动的汽车。电机的驱动电能来源于车载可充电储能系统或其他能量储存装置。
- 混合动力电动汽车（Hybrid Electric Vehicle，简称 HEV）：是指能够至少从消耗的燃料和可再充电电能储存装置两类车载储存的能量中获得动力的汽车，本书如无特殊说明，主要是指从内燃机和动力蓄电池获得动力的混合动力汽车。
- 燃料电池电动汽车（Fuel Cell Electric Vehicle，简称 FCEV），是以燃料电池系统作为单一动力源，或者是以燃料电池系统与可充电储能系统作为混合动力源的电动汽车。

6.1.2 纯电动汽车

1. 基本结构

纯电动汽车主要由动力蓄电池组、控制系统和驱动系统等组成（见图6-2）。

（1）动力蓄电池组
- 动力蓄电池组是纯电动汽车的能源。
- 目前广泛应用的动力蓄电池组有锂电池、镍-氢电池、镍-镉电池、铅蓄电池等。它们均是由若干单体电池组成的，每个单体电池都是由正极板、负极板、装在正极板和负极板之间的隔板、电解质和正负接线柱组成的。
- 比亚迪 e6 纯电动汽车动力蓄电池组。采用磷酸锂钴铁电池，也是锂电池的一种，它放在汽车底部，由 96 个单体电池组成，每个单体 3.3V，总电压 316.8V，电池容量达 220Ah，可以使续驶里程达到 400km。

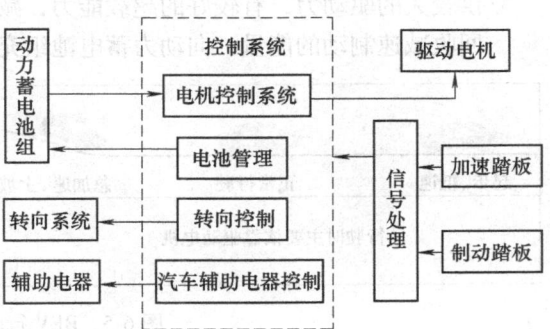

（2）控制系统
- 主要作用是对动力蓄电池组进行管理和对驱动电机进行控制。

图6-2 纯电动汽车结构组成

- 对动力蓄电池组的管理包括对动力蓄电池组的充电与放电时的电流、电压、放电深度、再生制动反馈电流、电池的自放电率以及电池温度等进行控制。
- 对驱动电机的控制包括对驱动电机的输出功率、转矩和转速的控制。

（3）驱动系统
- 驱动电机是 BEV 的动力装置。
- 现代 BEV 所采用的驱动电机主要是感应交流电机、永磁电机、开关磁阻电机、直流电机等。
- 图 6-3 是由两个永磁电机组成的双电机集中驱动系统，左右两个永磁电机直接通过半轴带动车轮转动，左右两个驱动电机由中央控制器的电控差速模块控制，形成机电一体化的差速器。

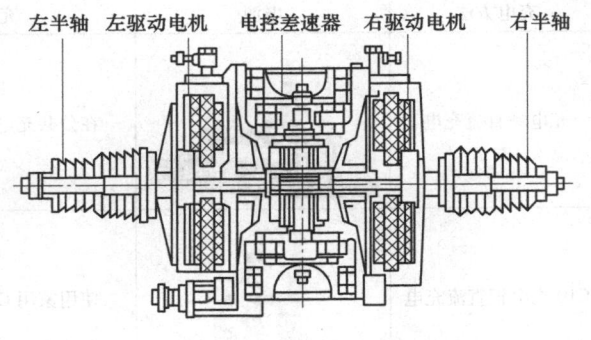

图6-3 永磁同步电机

- 图6-4是由独立电机驱动的轮毂驱动系统，驱动电机可以布置在两个前轮、两个后轮或四个车轮的轮毂中，成为前轮驱动、后轮驱动或四轮驱动的BEV。

2. BEV的工作原理

- 在BEV中保存了加速踏板、制动踏板和各种操纵手柄等。
- 在电动汽车工作时，传感器将加速踏板、制动踏板机械位移的行程量转换为电信号，输入中央控制器（见图6-2）。经中央控制器处理后发出驱动信号，控制逆变器的工作状态，从而达到对电动汽车工况的控制。
- 当汽车行驶时，动力蓄电池组输出的直流电经逆变器变为交流电后供入驱动电机，电机输出的转矩经传动系统驱动车轮。
- BEV行驶状态如图6-5所示，主要有起动、低速、正常行驶、急加速、上坡、减速、制动、倒车和停车等。起动、起步时要求驱动电机供给大转矩，低速起步；平路正常行驶要求驱动电机提供足够驱动力和速度，同时能耗最低；急加速和上坡，要求驱动电机提供较大的驱动力，有较好的超载能力；减速制动时，要求驱动电机转化为发电机，进行回收减速制动的能量，向动力蓄电池组充电；汽车停车时，驱动电机自动停止。

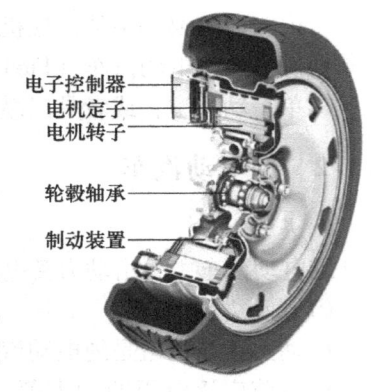

图6-4 轮毂驱动系统

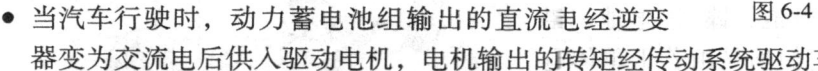

起步、低速	正常行驶	急加速、上坡	减速、制动	倒车	停车
行驶时主要依靠驱动电机			利用制动能量回收，给电池充电	驱动电机反转	电动机自动停止

图6-5 BEV行驶状态与要求

3. BEV充电装置

BEV动力蓄电池需要经常充电，目前常用的有普通充电（220V家庭充电）和快速充电（充电站或充电桩充电）两种方式，比亚迪e6充电方法及时间见表6-1。

表6-1 比亚迪e6充电方法及时间

充电方法	电源	充电说明	充电时间
充电站直流充电		在公共充电站充电	电量SOC从10%~100%充电所需要时间约为1h
C10充电柜直流充电		使用家用C10充电柜充电	电量SOC从10%~100%充电所需要时间约为1h

(续)

充电方法	电源	充电说明	充电时间
充电桩交流充电		在公共交流充电桩充电	电量 SOC 从 10%~100%充电所需要时间约为 6h
家用交流充电		在家用 220V50Hz/10A 标准两级带接地插座上充电	电量 SOC 从 10%~100%充电所需要时间约为 13h

6.1.3 混合动力电动汽车

1. 混合动力电动汽车特点

使用动力蓄电池及其他一种以上动力源，能按照不同的道路交通条件，进行动力源组合或转换。比亚迪"唐"混合动力电动汽车（见图 6-6），搭载了 2.0T 涡轮增压+缸内直喷汽油发动机，额定功率为 151kW/5500(r/min)。在混合动力模式下，百公里加速度仅为 4.9s，最高车速超过 180km/h。电机方面搭载两台永磁同步电机（前后桥），前后电机的最大功率都为 110kW，整车最大功率为 371kW。

2. 基本组成

主要由动力蓄电池组、辅助动力系统（汽油机等）、控制系统（控制器等）、驱动系统（驱动电机）等部分构成（见图 6-7）。

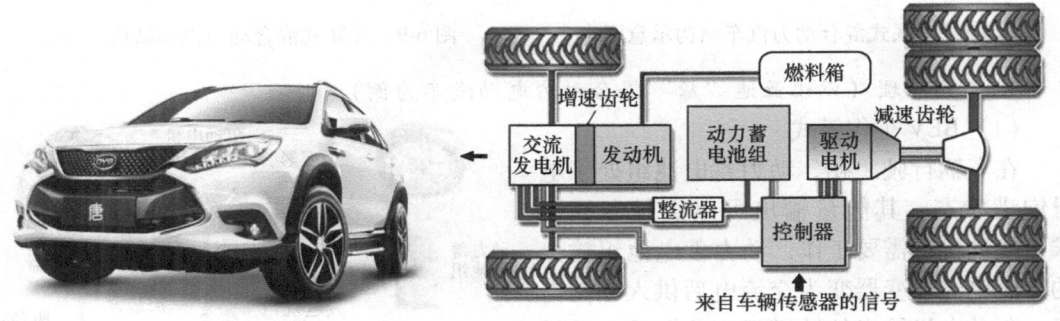

图 6-6　比亚迪"唐"混合动力电动汽车　　图 6-7　混合动力电动汽车基本组成

3. HEV 分类

（1）按照驱动电机相对发动机的功率比大小分

可以分为弱混、中混和强混 3 种，其特征如表 6-2 所示。

表 6-2 不同混合程度电动汽车主要特征

类型	主要特征	节油率	典型实例
弱混	具有 Start-Stop 功能和能量回收功能	5%~10%	丰田 Vitz、长安 CX30 等混合动力汽车
中混	具有 Start-Stop 功能、能量回收功能、智能充电和电机助力	10%~25%	本田 Civic、上海荣威 750、上海等通用君越混合动力汽车
强混	具有 Start-Stop 功能、能量回收功能、智能充电和短距离纯电动行驶功能	25%~40%	丰田 Prius、比亚迪 F3DM、大众捷达、本田 Insight 等混合动力汽车

（2）按照能否外部充电分

可分为插电式和普通式。插电式混合动力汽车动力蓄电池组可以使用外部电源充电，普通式大部分时间是起动发动机运行充电。

（3）按照发动机与驱动电机的连接分

可分为增程式和普通式。增程式混合动力汽车的发动机直接与驱动电机连接驱动，普通式增加了离合器、变速器等部件。

（4）按照混合动力电动汽车能量耦合方式分

可分为串联、并联和混联三种方式。串联式混合动力系统（见图 6-8）将发动机动力与动力蓄电池组串联，共同驱动电机运行。并联式混合动力系统（见图 6-9）中的发动机和驱动电机两套驱动系统以并联形式共同驱动车辆。混联式混合动力系统（见图 6-10）则综合了串联式和并联式混合动力电动汽车的结构特点。

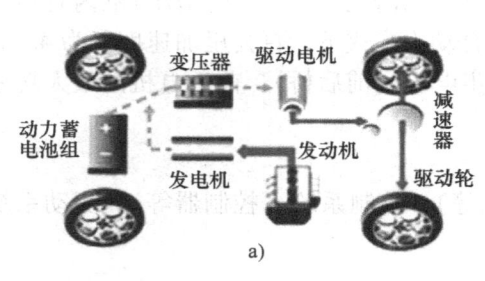

图 6-8 串联式混合动力汽车结构示意图

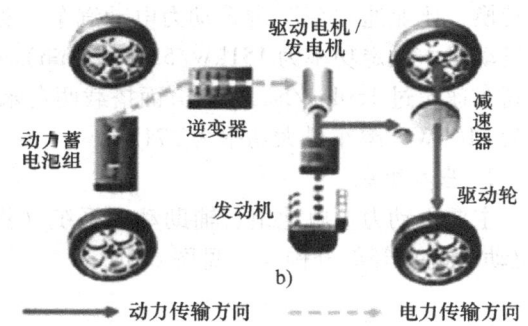

图 6-9 并联式混合动力汽车结构示意图

4. 工作原理（以比亚迪"唐"混合动力电动汽车为例）

（1）BEV 工作模式

在车辆行驶之初，动力蓄电池组处于电量饱满状态，其能量输出可以满足车辆要求，发动机不需要工作，动力蓄电池组输出的直流电经逆变器变为交流电后供入驱动电机，驱动电机输出的转矩经变速器及驱动桥驱动车轮（见图 6-11）。

（2）HEV 模式

- 当用户从 BEV 模式切换到 HEV 模式后，车辆由发动机和驱动电机共同驱

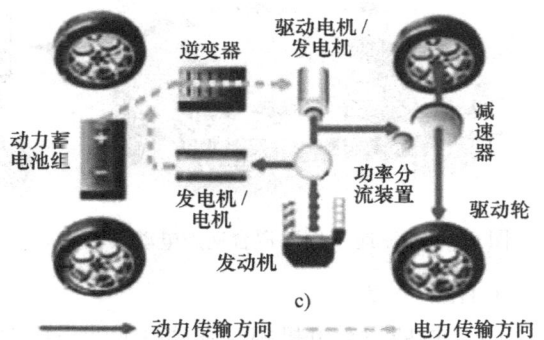

图 6-10 混联式混合动力汽车结构示意图

动,实现了最佳的动力性和经济性(见图6-12)。

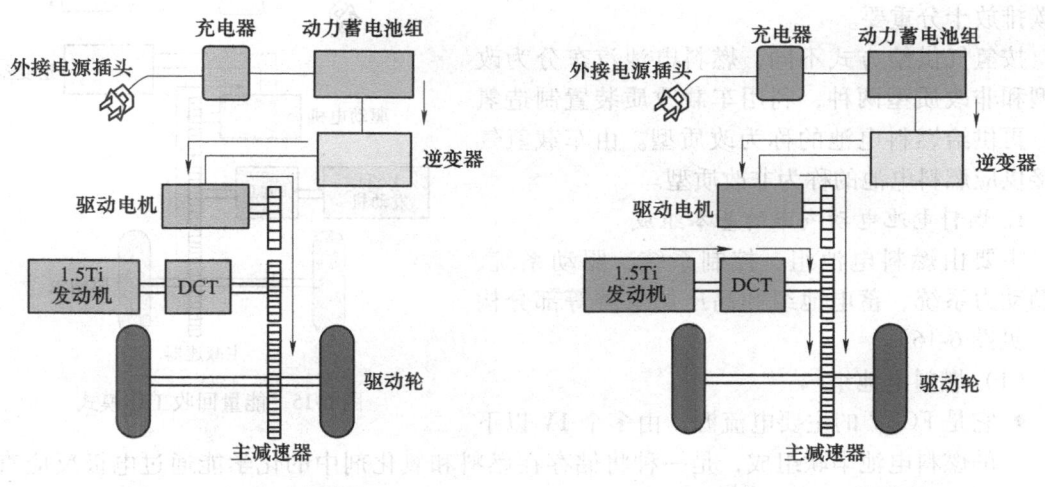

图6-11　BEV工作模式　　　　　　　图6-12　HEV工作模式

- 当电量不足时,系统从BEV模式自行切换到HEV模式,使用发动机驱动,在车辆以较稳定的速度行驶时,发动机输出的一部分转矩会驱动电机进行发电,对动力蓄电池组进行充电(见图6-13)。
- 当高压系统故障时,可单独使用发动机驱动,实现了高压系统的独立性(见图6-14)。

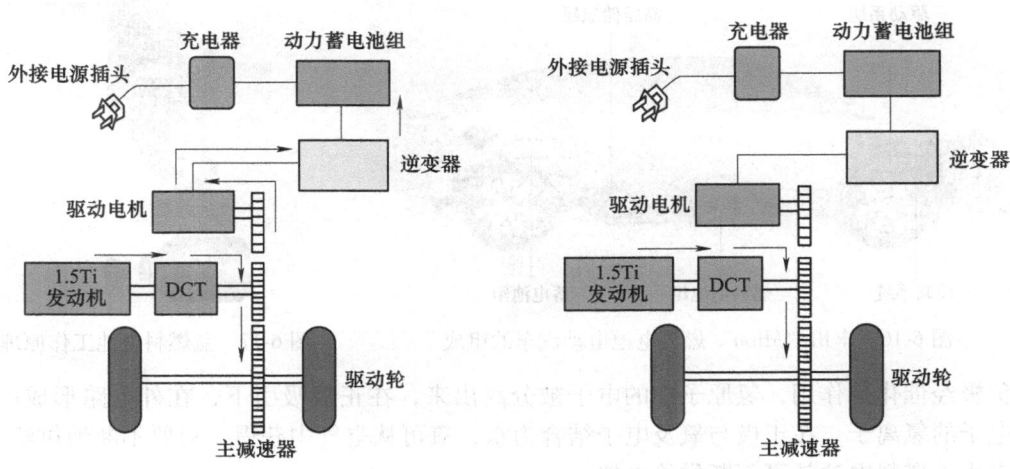

图6-13　电量不足时的HEV模式　　　　图6-14　发动机单独驱动模式

- 能量回收工作模式:汽车减速制动时,驱动电机转化为发电机,回收减速制动的能量,向动力蓄电池组充电(见图6-15)。

6.1.4　燃料电池电动汽车

燃料电池汽车(FCEV)目前研究较多的,是利用氢和氧在燃料电池中的反应发电作为动力。FCEV拥有其他动力系统没有的独特优点,产生电能的过程不生产任何污染物,而且

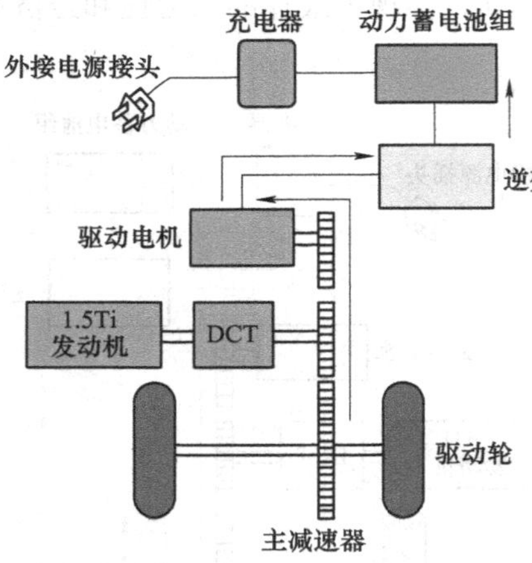

氢作为一种能源，尽管是以水这样的化合物存在，但是取之不尽。这对于节约矿物资源并减少二氧化碳排放十分重要。

按氢气供给方式不同，燃料电池汽车分为改质型和非改质型两种，利用车载改质装置制造氢气，再供给燃料电池的称为改质型。由车载氢气直接供应燃料电池的称为非改质型。

1. 燃料电池电动汽车的基本组成

主要由燃料电池组、控制系统、驱动系统、辅助动力系统、蓄电池组和高压储氢罐等部分构成（见图6-16）。

（1）燃料电池组
- 它是 FCEV 的主要电流源，由多个 1V 以下的燃料电池串联组成，是一种将储存在燃料和氧化剂中的化学能通过电极反应直接转化为电能的发电装置。
- 氢燃料电池工作时，外界不断供给负极氢气，供给正极空气（见图6-17），在催化剂（铂、多孔石墨等）作用下，产生如下反应

负极　　　　　　　　　　$2H_2 \rightarrow 4H^+ + 4e^-$
正极　　　　　　　　　　$O_2 + 4H^+ + 4e^- \rightarrow 2H_2O$

图 6-15　能量回收工作模式

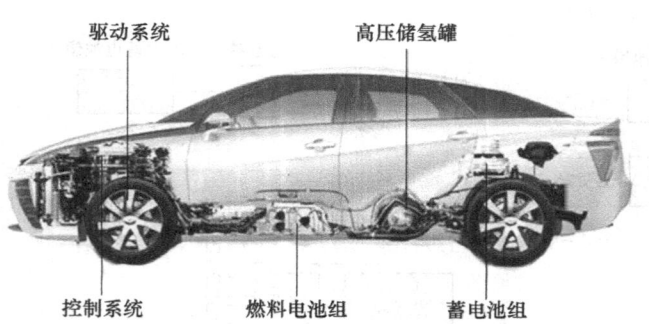

图 6-16　丰田"Mirai"燃料电池电动汽车的组成

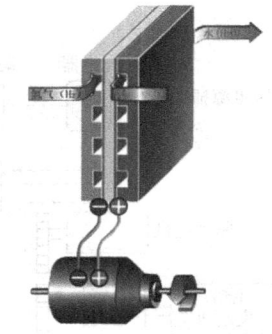

图 6-17　氢燃料电池工作原理

负极经催化剂作用，氢原子中的电子被分离出来，在正极吸引下，在外电路形成电流，失去电子的氢离子，在正极与氧及电子结合为水，氧可从空气中获得，只要不断地供给氢气和带走水，燃料电池就可不断供给电能。

（2）燃料电池控制系统
- 用于控制燃料电池的反应过程（起动、反应、输出电能的调整、停止等），一般用燃料电池管理系统模块对燃料电池状态进行监控和检查。

（3）驱动系统
- 燃料电池的电流需要经过专用的大功率动力转换器，将燃料电池产生的直流电转换为稳压的直流电，然后经过逆变器转换为交流电输送给驱动电机，驱动车轮转动。

（4）辅助动力系统

- 通常在 FCEV 上还要装配一个蓄电池组作为辅助电源，其作用：①用于 FCEV 快速起动；②用于储存 FCEV 在再生制动时反馈的电能；③为电动汽车控制系统、照明系统等电器设备提供低压电源。

2. 燃料电池电动汽车的工作原理

- 由燃料箱不断地供给燃料，燃料电池把燃料氧化的化学能转换为电能，产生的直流电经过控制器变为交流电后供入驱动电机，经传动系统驱动车轮。
- 在电动汽车开始行驶时，蓄电池组处于电量饱满状态，其能量输出可以满足汽车起动要求，由其为驱动系统提供能量，并对燃料电池进行预热。此时，燃料电池动力系统不需要工作。
- 当氢气供给足够时，燃料电池动力系统起动，由燃料电池动力系统为驱动系统提供能量。
- 当车辆能量需求较大时，燃料电池动力系统与蓄电池组同时为驱动系统提供能量；当车辆能量需求较小时，燃料电池动力系统为驱动系统提供能量的同时，还给蓄电池组进行充电。

四、任务实施

现场感受情境引入中的工作氛围，采用小组合作形式，通过角色扮演汽车销售接待，完成此次实训任务。

1. 销售员带李先生到展厅观看店内的纯电动车及混合动力电动汽车，向李先生讲解了各种新能源汽车的构成及原理。
2. 讲解电力驱动系统的运作过程。
3. 讲解充电的方式及充电时间。
4. 完成以下作业工单：

（1）识别新能源汽车三大组成的结构。

（2）完成表 6-3 新能源汽车三大组成及其功能表。

表 6-3　新能源汽车三大组成及其功能表

序号	名称	功　能
1	动力蓄电池组	
2		
3	驱动系统	

（3）根据任务 6.1.3 的内容，完成表 6-4 的内容填写。

表 6-4　比亚迪"唐"混合动力电动汽车的工作模式及切换条件

序号	工作模式	切　换　条　件
1		
2	HEV 模式	
3		
4	发动机单独驱动模式	
5		

（4）目前电动汽车广泛应用的电池有_____、镍-氢电池等。它们均是由若干单体电池组成，每个单体电池都是由_____、_____、_____、电解质和正负接线柱组成。

（5）燃料电池电动汽车主要由_____、控制系统_____、_____、辅助动力系统、蓄电池组和_____等部分构成。

五、任务评价

在完成本学习任务后，通过小组会议的形式进行总结与反思，并推选代表宣讲交流知识与技能的掌握情况，小组之间进行互评，评价内容与标准见表1-3。最后由教师进行总结评价。

任务6.2　智能网联汽车结构认识

一、学习目标

完成本学习任务后，您能够：
1. 阐述智能网联汽车含义及其意义。
2. 阐述智能网联汽车发展动态。
3. 识别智能网联汽车的技术分级。
4. 阐述智能网联无人驾驶汽车的基本结构原理。

二、情境引入

图6-18是2018年2月15日央视春晚，百度28辆无人驾驶汽车在港珠澳大桥开跑盛况，老师要求同学们上网检索智能网联汽车的发展动态和基本结构原理。

图6-18　百度无人驾驶汽车在港珠澳大桥开跑画面

三、相关知识

6.2.1　智能网联汽车简介

1. 智能网联汽车含义

智能网联汽车（即ICV，全称Intelligent Connected Vehicle）是指通过搭载先进传感器、控制器、执行器等装置，并融合现代通信与网络技术，实现车与X（车、路、人、云端等）智能信息交换、共享，具备复杂环境感知、智能决策、协同控制等功能，可实现"安全、高效、舒适、节能"行驶，并最终可实现替代人来操作的新一代汽车。

2. 发展智能网联汽车的意义

智能网联汽车可以保证汽车"安全、高效、舒适、节能"行驶。据资料介绍，美国2011年高速公路超过5300万次事故，死亡3.2万人。全美共发生48亿h交通时间延误，超过1.01万亿美元耗费在城市拥堵上，还有$7.2×10^{10}$ L燃料浪费掉。全世界数据更是可观。

智能网联汽车通过移动互联网和卫星定位，将汽车、道路监测设备和运用监控中心等进行联网，可有效保障去除行驶安全、提高效率、改善环境、节约能源的综合效果。从我国 2025 年发展目标看，基本建成智能网联交通系统，可减少交通事故 80%，交通效率提高 30%，油耗与排放均降低 20%，其潜在经济市场也非常巨大。

6.2.2 智能网联汽车发展动态

（1）国外发展动态

从 20 世纪 70 年代开始，美、日、欧就开始进行无人驾驶汽车的研究。如 1984 年 9 月美国国防部与陆军合作发起的 ALV 战略计划，欧盟 1984 年开始实施研发框架计划（Framework Program FP），至 2014 年，已经启动 8 个框架计划。日本从 1991 年开始支持先进安全汽车（ASV）项目，5 年为一期，至今已开展了 5 期。1994 年成立了由建设省、运输省、警察厅、通产省、邮政省组成的联席会议，共同推进 ITS（智能交通系统）的研发与应用。

21 世纪初，各国家及企业都制定了智能汽车发展战略及目标，投入了大量的资金及资源。如 2010 年，美国交通运输部提出《ITS 战略计划 2010—2014》。2014 年，又提出《ITS 战略计划 2015—2019》。欧盟 2010 年制定的《ITS 发展行动计划》，2012 年提出《欧盟未来交通研究与创新计划》。日本 2010 年制定了《下一代汽车战略 2010》，2013 年提出了"世界最顶尖的 IT 国家创造宣言"，计划在 2020 年建成世界上最安全的道路，2014 年制定了《SIP（战略性创新创造项目）自动驾驶系统研究开发计划》等。

目前，美国、欧洲、日本在智能汽车领域已形成三足鼎立的局面。美国重点在网联化，形成了基于车-X 通信的网联化汽车产业化能力，欧洲具有世界领先的汽车电子零部件供应商和整车企业，自主式自动驾驶技术相对领先，日本交通设施基础较好，自动驾驶方面技术水平在稳步推进。大部分车企在 2016 年已经实现 1 级自动驾驶产品，部分车企已有 2 级自动驾驶产品，预计 2020 年，各大车企将推出 3 级自动驾驶产品，2025 将推出 4、5 级自动驾驶产品。

各企业研发产品比较成功的有美国谷歌 2005 年的无人驾驶汽车（见图 6-19），2012 年 5 月获得了美国首个自动驾驶车辆许可证。英国的先进交通系统公司和布里斯托尔大学联合研制的无人驾驶汽车（见图 6-20），2010 年投放希斯罗机场作为出租车运送旅客。日本开发出了无人驾驶车队（见图 6-21）等。

图 6-19 谷歌无人驾驶汽车

图 6-20 英国希斯罗机场的无人驾驶汽车

（2）我国发展动态

我国从 20 世纪 90 年代中期开始进行无人驾驶汽车的研究，如国防科技大学等在 1992 年研制出我国第一辆无人驾驶汽车（见图 6-22），2011 年成功进行了 286km 的无人驾驶路试。

图 6-21 日本的无人驾驶车车队

图 6-22 国防科技大学无人驾驶汽车

2000 年，我国成立了全国智能交通系统（ITS）协调指导小组及办公室。2015 年国务院发布《中国制造 2025》，出台了智能网联汽车一系列相关法规标准。提出中国智能网联汽车目标是：2020 年：DA、PA、CA 新车装备率超过 50%；2025 年：DA、PA、CA 新车装备率达到 80%（其中 PA、CA 新车装备率达到 25%），HA、FA 开始进入市场；2030 年：DA、PA、CA 新车装备率以及汽车网联率均接近 100%，HA、FA 新车装备率达到 10%（DA、PA、CA、HA、FA 含义见表 6-5）。2017 年 6 月 13 日，工信部、国家标准化管理委员会发布关于征求《国家车联网产业体系建设指南（智能网联汽车）（2017 年）》（征求意见稿）意见的通知，对智能网联汽车标准体系制定的指导思想、基本原则、建设目标、构建方法、体系框架、标准内容、近期计划等做了详细阐述。

2019 年 9 月 16 日，世界智能网联汽车大会在我国上海嘉定举行。

我国的智能网联汽车研发近几年也取得快速进展。2015 年 12 月，百度无人驾驶汽车成功进行混合路况试验。2018 年 2 月 15 日，百度 28 辆 Apollo 无人车亮相央视春晚，在港珠澳大桥开跑，并在无人驾驶模式下完成 "8" 字交叉跑的高难度动作。

2018 年 7 月 4 日，百度全球首款 L4 级量产自动驾驶客车第 100 辆 "阿波龙" 量产下线（见图 6-23）。

图 6-23 百度第 100 辆 "阿波龙" 量产下线

有报道称，我国目前已经有 20 多部无人驾驶警车，在北京、上海、广州、深圳进行 24h 全天候巡逻。

6.2.3 智能网联汽车技术分级

智能网联汽车包括智能化与网联化两个技术层面。在汽车智能化方面，我国参照美国汽车工程师学会和高速公路安全管理局标准，并结合现阶段中国道路交通的复杂性，将智能汽车划分为 5 个阶段（见表 6-5）。

表 6-5 智能化汽车分级

等级	等级名称	等级定义	控制	监视	失效应对	典型工况
1	驾驶辅助（DA）	系统根据环境信息执行转向和加减速中的一项操作，其他驾驶操作都由人来完成	人与系统	人	人	车道内正常行驶，高速公路无车道干涉路段，停车工况
2	部分自动驾驶（PA）	系统根据环境信息执行转向和加减速，其他驾驶操作由人来完成	人与系统	人	人	高速公路及市区无车路道干涉路段，环岛绕行、拥堵跟车等工况

（续）

等级	等级名称	等级定义	控制	监视	失效应对	典型工况
3	有条件自动驾驶（CA）	系统完成所有驾驶操作，根据系统请求，驾驶人需要提供适当的干预	系统	系统	人	高速公路正常行驶，市区无车道干涉路段
4	高度自动驾驶（HA）	系统完成所有驾驶操作，特定环境下系统会向驾驶人提出响应请求，驾驶人可以对系统请求不进行响应	系统	系统	系统	高速公路全部工况及市区有车道干涉路段
5	完全自动驾驶（FA）	系统可以完成驾驶人能够完成的所有道路环境下的操作，不需要驾驶人介入	系统	系统	系统	所有行驶工况

在汽车网联化方面，按照网联通信内容的不同分为3个等级（见表6-6）。

表6-6 网联化分级

等级	等级名称	等级定义	控制	典型信息	传输需求
1	网联辅助信息交互	基于车-路、车-后台通信，实现导航等辅助信息的获取，以及车辆行驶与驾驶人操作等数据的上传	人	地图、交通流量、交通标志、里程等信息	传输实时性、可靠性要求较低
2	网联协同感知	基于车-车、车-路、车-人、车-后台通信，实时获取车辆周边交通环境信息，与车载传感器的感知信息融合，作为自车决策与控制系统的输入	人与系统	周边车辆/行人/非机动车位置、信号灯相位、道路预警等信息	传输实时性、可靠性要求较高
3	网联协同决策与控制	基于车-车、车-路、车-人、车-后台通信，实时并可靠获取车辆周边交通环境信息及车辆决策信息，车-车、车-路等各交通参与者之间的信息进行交互融合，形成车-车、车-路等各交通参与者之间的协同决策与控制	人与系统	车-车、车-路间的协同控制信息	传输实时性、可靠性要求最高

6.2.4 智能网联无人驾驶汽车基本结构原理

1. 智能网联无人驾驶汽车总体组成

智能网联无人驾驶汽车的车身、底盘和动力部分与传统汽车类似，区别在于增加智能和网联部分，其主要由环境感知系统、定位导航系统、中央处理单元、路径规划系统、辅助驾驶系统与运动控制系统六大系统组成（见图6-24）。

（1）环境感知系统

传统驾驶汽车靠驾驶人眼睛和耳朵感知周围环境情况（道路、车辆、行人等情况），无人驾驶汽车则依靠传感器感知周围环境，并对信息进行处理，并传送给中央处理器。常见的传感器有雷达传感器和视觉传感器（见图6-25）。雷达传感器主要用来探测一定范围内障碍物（如车、人、路肩等）的方位、距离及移动速度。视觉传感器主要用来识别车道线、停

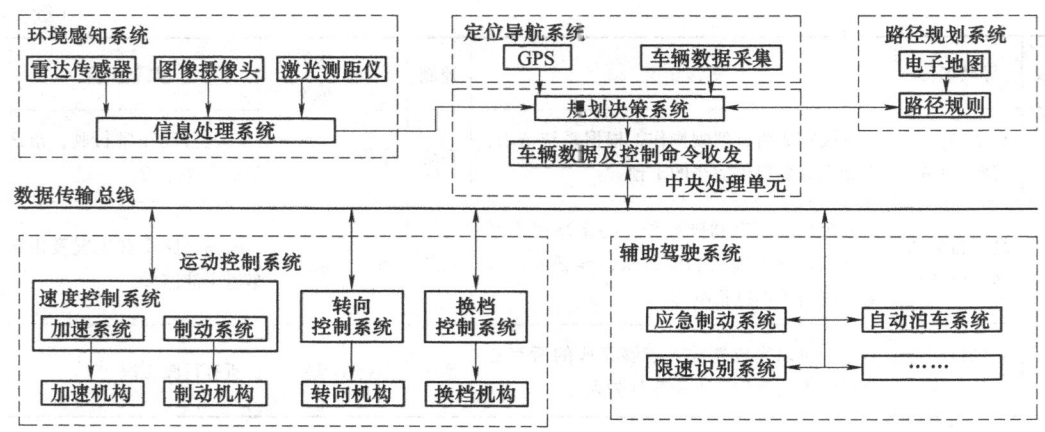

图 6-24 智能网联无人驾驶汽车总体组成

止线、交通信号灯、交通标志牌、行人、车辆等。

（2）定位导航系统

无人驾驶汽车通过定位导航系统获得汽车的位置、姿态等信息（比如获取经纬度坐标、速度、加速度、航向角等）。常用的定位导航技术有航迹推算（DR）技术、惯性导航系统（INS）、全球卫星导航（GPS）定位技术（见图 6-26）、中国北斗卫星导航系统（BDS）、实时动态（RTK）定位技术、路标定位技术、地图匹配定位（Map Matching）技术和视觉定位导航技术等。

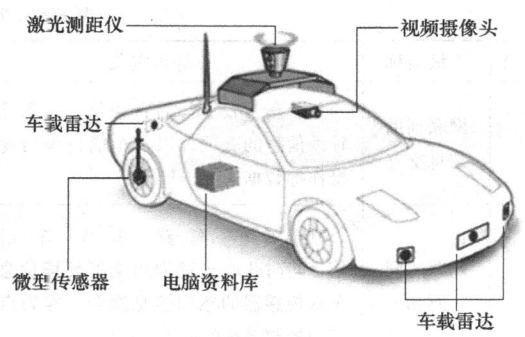

图 6-25 传感器在汽车上的位置

无人驾驶汽车又通过车联网系统获得车与 X（车、路、人、云端等）的各种信息。车联网系统从空间立体划分可分为云，管，端三段。端系统是汽车的智能传感器，具有车内通信、车之间通信、车网通信的泛在通信终端。管系统解决车与车（V2V）、车与路（V2R）、车与网（V2I）、车与人（V2H）的互联互通，实现车辆自组网及多种异构网络之间的通信与漫游，在功能和性能上保障实时性、可服务性与网络泛在性。云系统是一个云架构的车辆运行信息平台，它的生态链包含了与汽车相关的各项使用服务内容，其应用系统也是围绕车辆的数据汇聚、计算、调度、监控、管理与应用的复合体系。

目前，智能网联汽车无线通信技术主要有车载通信（V2X）、专用短程通信（DSRC）、长期演进技术-车辆通信（LTE-V）和 5G 移动通信等，由于 5G 通信具有高速率（网络速度是 4G 的 11.2 倍）、低时延（人类眨眼的时间为 100ms，而 5G 的时延为 1ms）和大容量（是 4G 的 10 倍），是智能网联汽车无线通信首选。

（3）中央处理单元

汽车驾驶人靠大脑进行判断分析，无人驾驶汽车的"大脑"则是计算机的中央处理单元，它精确地存储每条公路的限速标准和出入口位置。该系统处理速度极快，且具有自主学习功能。

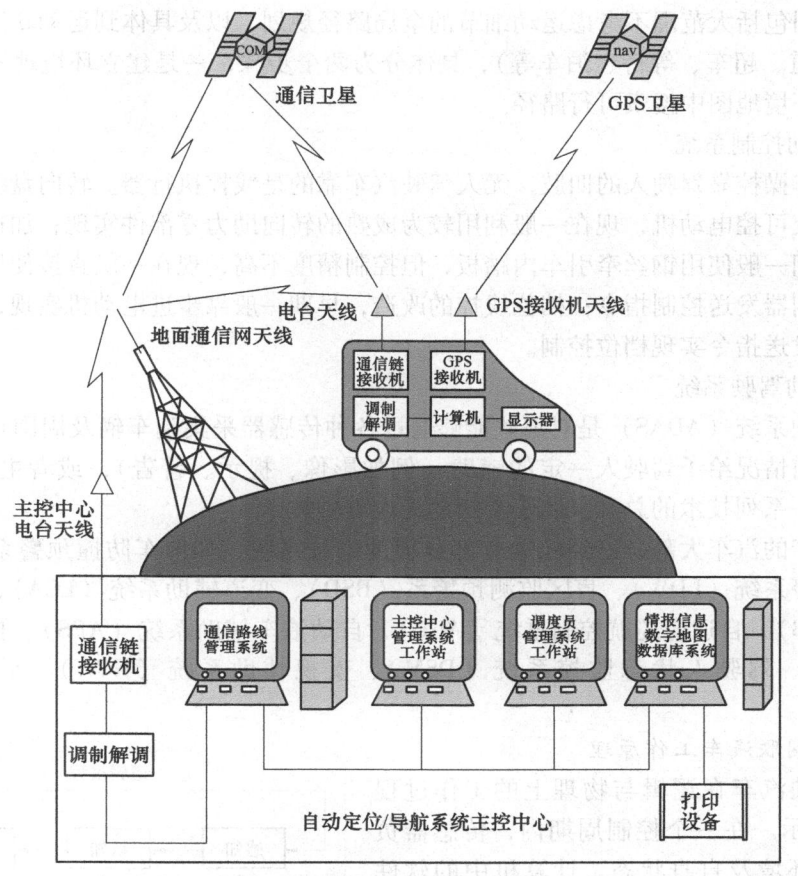

图 6-26　汽车卫星导航

百度无人驾驶汽车的"大脑",形状如一个行李舱大小,被安装在汽车的行李舱内(见图 6-27),里面包括感知、定位、规划、决策、控制、高精地图等软件,以及 CPU 等各种计算所需硬件。软件由算法、计算、数据三大元素构成。其中,算法是模拟人脑的神经元进行计算工作的,由万亿级的参数、千亿级的样本和训练组成。计算能力则是指百度大脑背后的数十万台 GPU 服务器的计算服务。数据量非常之大,包括上万亿的互联网

图 6-27　百度无人驾驶汽车

网页内容、每天数十亿次的网民搜索请求、百亿级的定位请求等等。由于百度无人驾驶车人工智能采用的是一种"云+端"的技术路线,就是百度每天会采集 10+TB 的驾驶数据,然后上传至云端,而云端背后的数千台 GPU 服务器集群则会以 GB/ms 的数据处理速度对其进行处理,进而教会百度的所有无人驾驶汽车如何开车。

(4) 路径规划系统

路径规划是指在一定环境模型基础上,给定无人驾驶汽车的起始点与目标点后,按照某一性能指标规划出一条安全到达目标点的最佳路径。

路径规划包括大范围不考虑运动细节的全局路径规划，以及具体到运动轨迹的局部路径规划（如换道、超车、等待、泊车等），具体分为两个步骤，一是建立环境地图，二是调用搜索算法在环境地图中搜索可行路径。

（5）运动控制系统

传统汽车操控靠驾驶人的四肢，无人驾驶汽车靠的是线控执行器。转向盘线控早期一般在转向柱加装可控电动机，现在一般利用较为成熟的转向助力零部件实现；加速与制动线控的改造，早期一般使用钢丝牵引车内踏板，但控制精度不高，现在一般直接使用车内总线协议向整车控制器发送控制指令；档位线控的改造，早期一般靠步进电动机实现，现在同样向整车控制器发送指令实现档位控制。

（6）辅助驾驶系统

辅助驾驶系统（ADAS）是对那些能够通过各种传感器采集到车辆及周围环境道路的信息后，对当前情况给予驾驶人一定的辅助（例如影像、提示、警告），或者主动减轻/避免碰撞危害的一系列技术的总称，属于初级的无人驾驶技术。

目前生产的汽车大部分已经配置有部分辅助驾驶系统，如前车防撞预警系统（FCW）、车道偏离预警系统（LDW）、盲区监测预警系（BSD）、变道辅助系统（LCA）、自动紧急制动系统（AEB）、自适应巡航控制系统（ACC）、自动泊车辅助系统（APS）、自适应前照明系统（AFS）、驾驶人状态监控系统（DSM）、夜视辅助系统（NVA）、平视显示系统（HUD）等。

2. 智能网联汽车工作原理

无人驾驶汽车在逻辑与物理上的工作过程如图 6-28 所示。在一个控制周期内，传感器负责感知周围环境及自身状态，计算机中的软件系统负责环境建模、决策与规划，执行器负责执行指令并反馈结果。控制周期一般为毫秒级，由多种传感器采样频率、软件算法复杂度、计算机性能以及执行器频率决定。

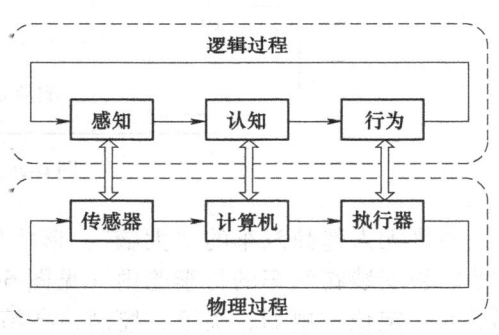

图 6-28 智能网联汽车工作原理

四、任务实施

1. 教师播放 2018 年 2 月 15 日央视春晚的百度 28 辆无人驾驶汽车在港珠澳大桥开跑的视频。

2. 学生分组学习教材任务 6.2，并上网检索国内外智能网联汽车发展动态基本结构原理。

3. 完成如下作业工单：

（1）智能网联汽车是指通过搭载先进_____器、_____器、_____器等装置，并融合现代_____与_____技术，实现_____与_____（车、路、人、云端等）智能信息交换、共享，具备复杂环境_____，智能_____，_____等功能，可实现"安全、高效、舒适、节能"行驶，并最终可实现替代_____来操作的新一代汽车。

（2）填写表 6-7 智能汽车等级定义

项目6 新能源汽车与智能网联汽车

表6-7 智能汽车等级定义

等级	等级名称	等级定义
1	驾驶辅助（DA）	
2	部分自动驾驶（PA）	
3	有条件自动驾驶（CA）	
4	高度自动驾驶（HA）	
5	完全自动驾驶（FA）	

（3）智能网联无人驾驶汽车的车身、底盘和动力部分与传统汽车类似，区别在于增加智能和网联部分，其主要由＿＿＿＿＿＿系统、＿＿＿＿＿＿＿系统、中央处理单元、系统、＿＿＿＿＿＿系统与＿＿＿＿＿＿系统六大系统组成。

（4）智能网联汽车基本工作原理是：在一个控制周期内，＿＿＿＿＿负责感知周围环境及自身状态，计算机中的软件系统负责＿＿＿＿＿、＿＿＿＿＿，执行器负责并反馈结果。

五、任务评价

在完成本学习任务后，通过小组会议的形式进行总结与反思，并推选代表宣讲交流知识与技能的掌握情况，小组之间进行互评，评价内容与标准见表1-3。最后由教师进行总结评价。

任务6.3 其他新能源汽车结构认识

一、学习目标

完成本学习任务后，您能够：
1. 识别燃气汽车与燃油汽车的不同部件。
2. 阐述燃气汽车基本结构与工作原理。
3. 阐述太阳能汽车的基本结构原理。
4. 阐述生物燃料汽车的基本结构原理。

二、情境引入

张先生乘坐公共汽车时，发现该车采用压缩天然气作为燃料，顿时产生了好奇，随后他向某汽车4S店维修技师咨询了燃气汽车的优势、结构与工作原理，顺便询问了其他新能源汽车结构特点，维修技师为他进行了详细介绍。

三、相关知识

6.3.1 燃气汽车

以燃气为燃料的汽车称为燃气汽车（见图6-29）。目前常用的燃气汽车有压缩天然气汽车（CNGV）和液化石油气汽车（LPGV），它们分别以压缩天然气和液化石油气为燃料。

1. CNGV 和 LPGV 的特点

（1）优点
- 有害气体排放低。天然气和液化石油气在常温下为气态，容易与空气混合形成均匀的可燃混合气，燃烧完全，可以大幅度减少 CO、HC 和微粒的排放。另外，天然气和液化石油气的火焰温度低，因此 NO_x 的排放量也相应减少。

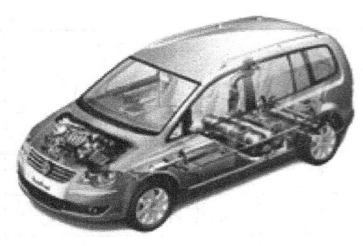

图 6-29 燃气汽车

- 热效率高。天然气辛烷值高达 130，液化石油气的辛烷值也在 100 左右，因此，燃用天然气或液化石油气可提高发动机的压缩比，从而获得较高的发动机热效率。
- 冷起动性和低温运转性能良好，在暖机期间无需加浓混合气。
- 可以燃用稀混合气。其燃烧界限宽，稀燃特性优越，可以减少 NO_x 的生成和改善燃料经济性。
- 延长机油更换周期 因天然气和石油气不稀释机油，可以延长机油更换周期和发动机使用寿命。

（2）缺点
- 储运性能差。因为天然气在常温、常压下是气体，所以体积大，储运性能差。目前广泛采用将天然气压缩到 20MPa 高压或将石油气压缩到 1.6MPa，充入车用气瓶内储运的办法，这些气瓶既增加了汽车自重，又减少了载货空间。
- 一次充气的续驶里程短。
- 动力性能下降。压缩天然气或液化石油气均呈气态进入气缸，使发动机充气系数降低；另外，与汽油或柴油相比，CNG 或 LPG 的理论混合气热值小，因此，燃用 CNG 或 LPG 将使发动机功率下降。

2. CNGV 和 LPGV 的基本结构与工作原理

CNG 和 LPG 汽车的总体结构与汽油机基本相同，只是燃料供给系统有所不同，因此这里只介绍 CNG 和 LPG 的供给系统。

（1）CNG 汽车燃料供给系统的基本组成与工作原理

CNG 汽车燃料供给系统主要由燃料供给系统和电控系统两大部分组成（见图 6-30）。前者主要由天然气瓶、高压减压阀、燃料截止阀、电控调压器、混合器部件等组成，实现压缩天然气在管路内输送和向发动机喷射等功能；后者主要由气体压力等各种传感器、控制中心（ECM）、电子节气门等组成，实现燃料的定时定量喷射。

工作时，高压的压缩天然气从储气瓶出来，经高压减压阀进入电控调压器。高压电磁阀的开合由 ECM 控制，它的作用是将高压的压缩天然气（工作压力 25MPa 左右），经过减压阀将压力调整到 0.7~0.9MPa。电控调压器的作用是根据发动机运行工况精确控制天然气喷射量。天然气与空气在混合器内充分混合，进入发动机缸内，经火花塞点燃进行燃烧，火花塞的点火时刻由 ECM 控制，氧传感器即时传递燃烧后的尾气的氧浓度，ECM 根据氧传感器反馈的信号，及时修正天然气喷射量。

（2）LPG 汽车燃料供给系统的基本组成与工作原理

LPG 汽车燃料供给系统主要由燃料供给系统和电控系统两大部分组成（见图 6-31）。前

项目 6 新能源汽车与智能网联汽车

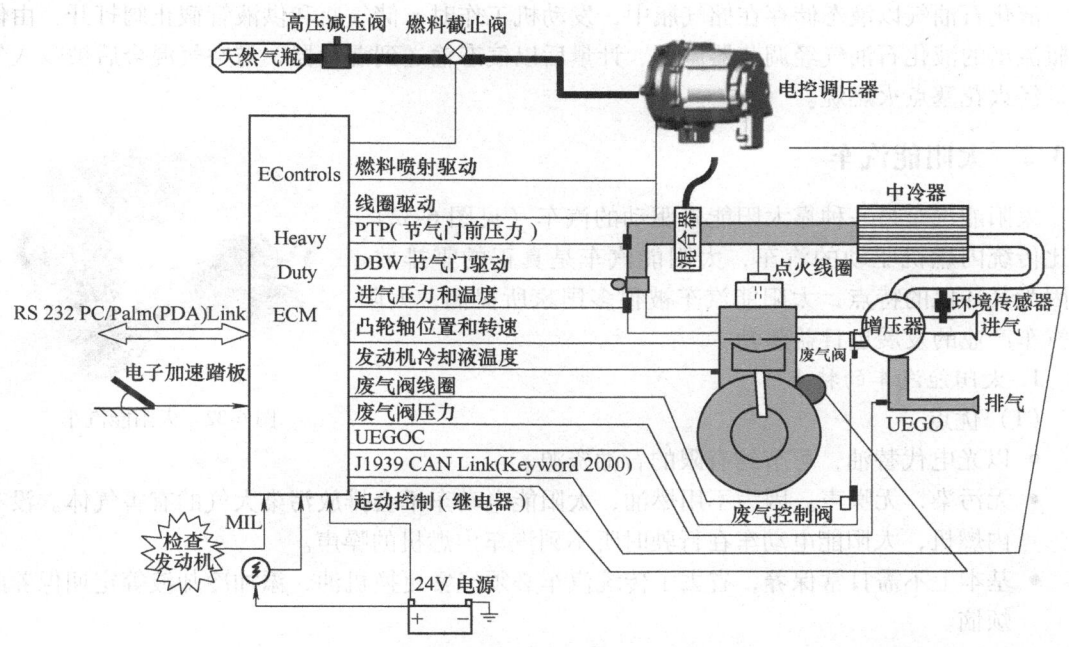

图 6-30 玉柴 CNG 汽车发动机结构原理

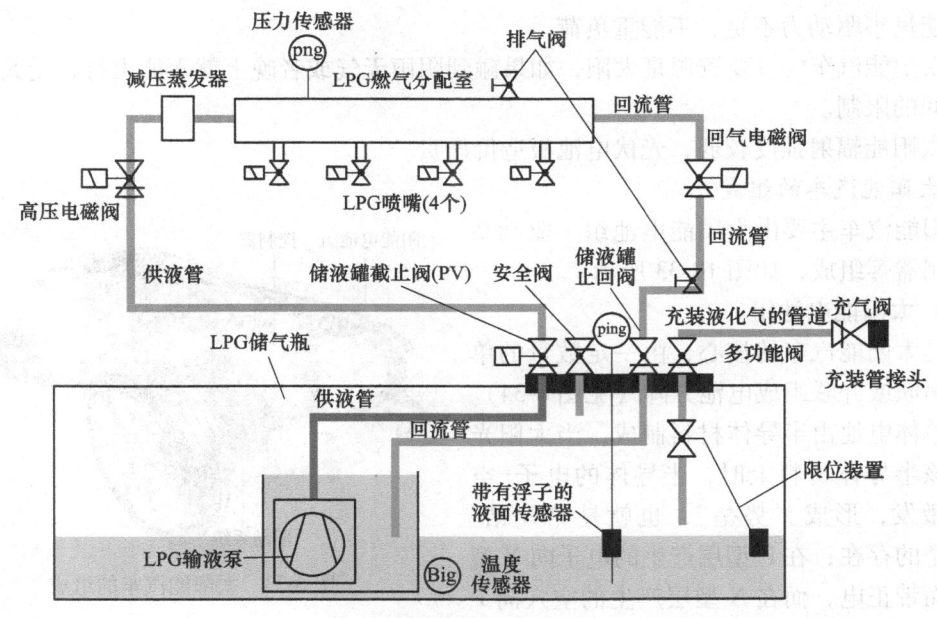

图 6-31 LPG 燃料供给系统工作原理示意图

者主要由储气瓶、充气阀、高压电磁阀、减压蒸发器、油气转换开关、混合器、喷嘴等组成，实现液化石油气的随车储存、在各种管路内输送、充装和向发动机喷射等功能；后者主要由各种传感器、控制器和执行器组成，与原车的 ECU 配合，实现燃料 LPG 的定时定量喷射。

液化石油气以液态储存在储气瓶中，发动机工作时，储气瓶和供液管截止阀打开，由储气瓶流出的液化石油气经调节器调压、计量后以气态输送到混合器，与空气混合后被吸入气缸，经火花塞点火燃烧。

6.3.2　太阳能汽车

太阳能汽车是一种靠太阳能来驱动的汽车（见图6-32）。相比传统内燃机驱动的汽车，太阳能汽车是真正的零排放。正因为其环保的特点，太阳能汽车被很多国家所提倡，太阳能汽车产业的发展也日益蓬勃。

1. 太阳能汽车的特点

（1）优点

- 以光电代替油，可节约有限的石油资源。
- 无污染，无噪声。因为不用燃油，太阳能电动车不会排放污染大气的有害气体。没有内燃机，太阳能电动车在行驶时听不到汽车内燃机的噪声。
- 基本上不需日常保养，省去了传统汽车必须经常更换机油，添加冷却液等定期保养的烦恼。
- 太阳能是一种新型的可再生能源，正得到越来越广泛利用。

图 6-32　太阳能汽车

（2）缺点

- 能量小驱动力不足，不能重负荷。
- 太阳能汽车的首要资源是太阳，如果碰到阴雨天气或者晚上就不能出行，受天气和时间的限制。
- 太阳能辐射强度较弱，光伏电池板造价昂贵。

2. 太阳能汽车的组成

太阳能汽车主要由太阳能电池组、驱动系统、控制器等组成，如图10-33所示。

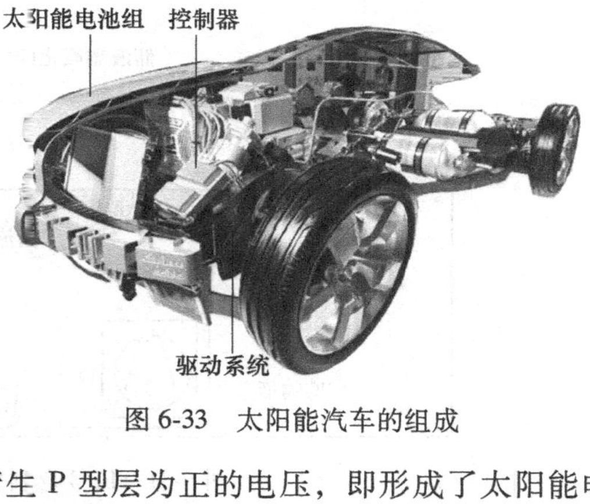

（1）太阳能电池组

它是太阳能汽车的核心，由一定数量的单体电池串联或并联组成电池方阵（见图6-34）。太阳能单体电池由半导体材料制成，当太阳光照射在该半导体材料上时，半导体的电子-空穴对被激发，形成"势垒"，也就是P-N结。由于势垒的存在，在P型层产生的电子向N型层移动而带正电，而在N型层产生的空穴向P型层移动而带负电，于是在半导体元件的两端产生P型层为正的电压，即形成了太阳能电池放电，如图6-35所示。

图 6-33　太阳能汽车的组成

太阳能电池的电流大小与太阳光照射强度的大小和太阳能电池面积的大小成正比。车用太阳能电池将很多太阳能电池排列组合成太阳能电池板，以产生所需要的大电流和高电压。

（2）驱动系统

太阳能汽车采用的驱动电机主要有交流异步电机、永磁电机、直流电机，其驱动系统与

EV基本相同。

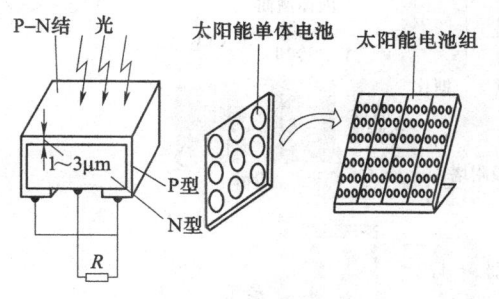

图6-34　太阳能电池的组成

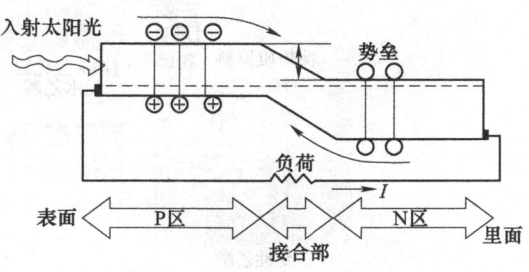

图6-35　太阳能电池的原理

（3）控制器

主要实现对太阳能电池组进行管理以及对电机的控制，其作用与EV控制系统相同。

3. 太阳能汽车的工作原理

太阳能汽车由太阳能电池板在向日自动跟踪器的控制下始终正对太阳，接受太阳光，并转换成电能，向电机供电，再由电机驱动汽车行驶，它实际上是一种电动汽车，其工作原理与串联式混合动力汽车（SHEV）基本相同。

由于太阳能电池的能量较小，而且受天气的影响，在阴天、下雨时，太阳能电池的转换效率降低或停止工作，所以太阳能汽车往往与动力蓄电池组共同组成太阳能混合动力电动汽车。当太阳光强烈，转换为电能充足时，由太阳能电池板将太阳能转换为电能后，通过充电器向动力蓄电池组充电，也可以由太阳能电池板直接提供电能，通过电流变换器将电流输送到驱动电机，驱动汽车行驶，其驱动模式相当于串联式混合动力电动汽车（SHEV）。一般采用智能控制系统来控制其运行。当太阳光较弱或阴天时，则靠动力蓄电池组对外供电。

6.3.3　生物燃料汽车

1. 燃料乙醇（bio-ethanol）

乙醇俗称酒精，它以玉米、小麦、薯类、糖或植物等为原料，经发酵、蒸馏而制成。将乙醇进一步脱水再经过不同形式的变性处理后成为燃料乙醇（见图6-36）。燃料乙醇也就是用粮食或植物生产的可加入汽油中的品质改善剂。它不是一般的酒精，而是它的深加工产品。燃料乙醇一般不会直接用来当汽车燃料，而是按一定的比例与汽油混合在一起使用，这有利于增加燃料的辛烷值。

（1）醇类燃料作为汽车燃料的优点

- 醇类燃料辛烷值比汽油高，可采用高压缩比，提高热效率。但是，醇类的抗爆性敏感度大，中、高速时的抗爆性不如低速时好。普通汽油与15%～20%的乙醇混合，辛烷值可达到优质汽油的水平。
- 蒸发潜热大，使得醇类燃料的汽车冷起动困难并且在低温运行时性能变化。
- 常温下为液体，操作容易，携带方便。
- 可燃界限宽，燃烧速度快，可以实现稀薄燃烧。
- 与传统的发动机技术有继承性，特别是使用汽油、醇类混合燃料时，发动机结构变化不大。

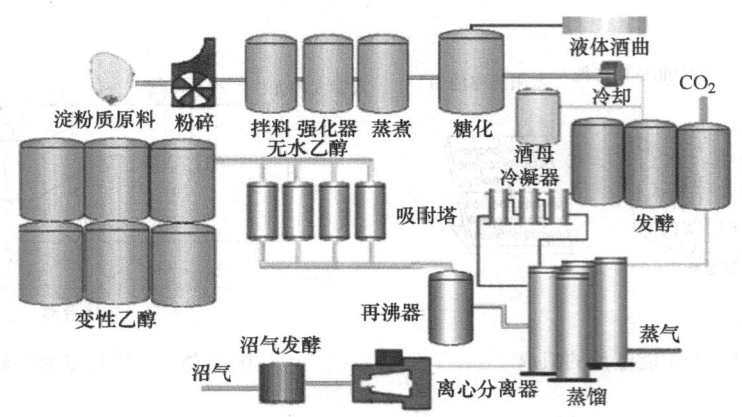

图 6-36 燃料乙醇生产过程

（2）醇类燃料代替化石燃料的缺点
- 热值低。甲醇的热值只有汽油的 48%，乙醇的热值只有汽油的 64%。因此，与燃用汽油相比，在同等的热效率下，醇类的燃烧经济性差。
- 沸点低。蒸气压高，容易产生气阻。
- 甲醇有毒，会刺激眼结膜，通过呼吸、消亿系统和皮肤接触进入人体，会造成人体中毒。
- 腐蚀性大。醇类具有较强的化学活性，能腐蚀铝、铅、锰、塑料、合成橡胶等，而这些材料是用汽油燃料汽车的典型材料。用汽油中汽车中如燃油箱、油泵、油泵膜片、喷油器、浮子和许多密封件等在甲醇汽车中将迅速损坏。
- 醇混合燃料易分层，因此，必须加助溶剂。目前世界上许多国家主要采用甲醇燃料，还没有在汽车上使用乙醇燃料。这主要是处于经济上的考虑，以及防止大量粮食转化成汽车燃料造成的副效应。

2. 生物柴油（Biodiesel）

生物柴油是指以油料作物、野生油料植物和工程微藻等水生植物油脂以及动物油脂、餐饮垃圾油等为原料油，通过酯交换工艺制成的可替代石化柴油的再生性燃料（见图 6-37）。

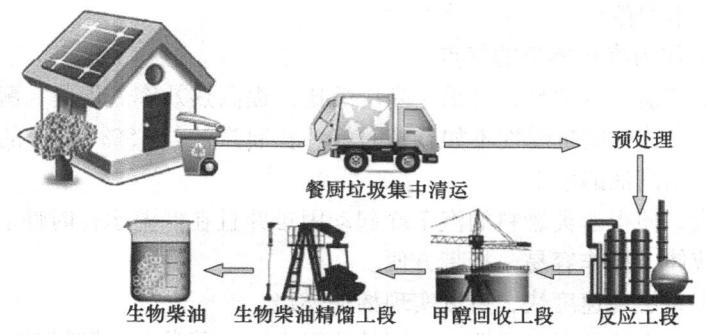

图 6-37 生物柴油生产过程

生物柴油的特点

- 具有优良的环保特性。主要表现在由于生物柴油中硫含量低，使得二氧化硫和硫化物的排放低，可减少约 30%（有催化剂时为 70%）；生物柴油中不含对环境会造成污染的芳香族烷烃，因而废气对人体损害低于石化柴油。检测表明，与普通柴油相比，使用生物柴油可降低 90% 的空气毒性，降低 94% 的致癌率；由于生物柴油含氧量高，使其燃烧时排烟少，一氧化碳的排放与柴油相比减少约 10%（有催化剂时为 95%）；生物柴油的生物降解性高。
- 具有较好的低温发动机起动性能。无添加剂冷滤点达 -20℃。
- 具有较好的润滑性能。使喷油泵、发动机缸体和连杆的磨损率低，使用寿命长。
- 具有较好的安全性能。由于闪点高，生物柴油不属于危险品。因此，在运输、储存、使用方面的安全性显而易见。
- 具有良好的燃料性能。十六烷值高，使其燃烧性好于柴油，燃烧残留物呈微酸性，使催化剂和发动机机油的使用寿命加长。
- 具有可再生性能。作为可再生能源，与石油不同，它可以通过农业科学和生物科学的努力实现大量生产，可供应量不会枯竭。
- 无需改动柴油机，可直接添加使用，同时无需另外添设加油设备、储存设备及进行人员特殊技术训练。
- 生物柴油以一定比例与石化柴油调和使用，可以降低油耗、提高动力性，并降低尾气污染。

四、任务实施

现场感受情境引入中的工作氛围，采用小组合作形式，通过角色扮演汽车售后接待，完成此次实训任务。

1. 维修技师向李先生讲解燃气汽车的种类及优势。
2. 介绍 CNGV 结构与工作原理。
3. 介绍太阳能汽车和生物燃料汽车结构特点。
4. 完成以下作业工单：

（1）填写表 6-8 CNGV 和 LPGV 的特点

表 6-8 CNGV 和 LPGV 的特点

序号	优　点	缺　点
1		
2		
3	冷起动性和低温运转性能良好	充气系数降低
4		CNG 或 LPG 的理论混合气热值小
5		

（2）LPG 汽车燃料供给系统主要由储气瓶、充气阀、＿＿＿＿＿＿、减压蒸发器、＿＿＿＿＿＿、混合器、＿＿＿＿＿＿等组成。

（3）LPG 燃料供给系统工作时，储气瓶和＿＿＿＿＿＿打开，由储气瓶流出的液化石油气经_____调压、计量后以气态输送到_____，与空气混合后被吸入气缸，经火花塞点火燃烧。

（4）在方框中填写图 6-38 太阳能汽车的主要组成。

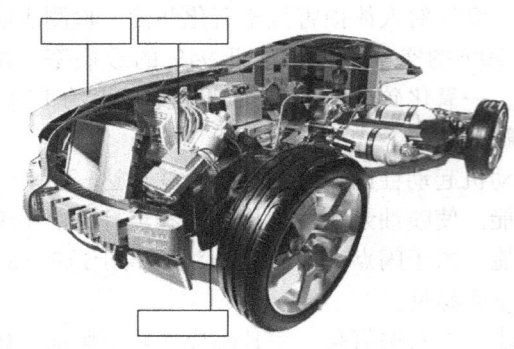

图 6-38　太阳能汽车的组成

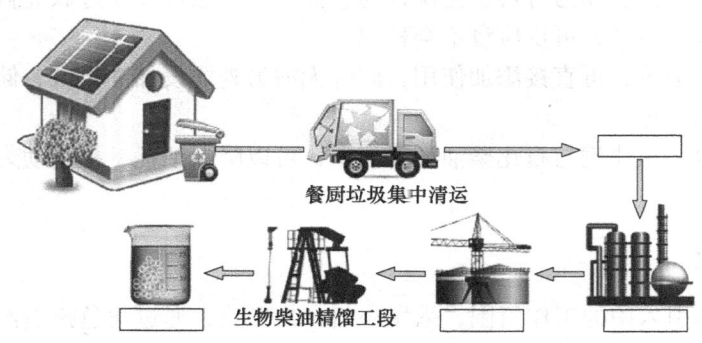

图 6-39　生物柴油生产过程

（5）在方框中填写图 6-39 生物柴油的生产过程。

五、任务评价

在完成本学习任务后，通过小组会议的形式进行总结与反思，并推选代表宣讲交流知识与技能的掌握情况，小组之间进行互评，评价内容与标准见表 1-3。最后由教师进行总结评价。

项目 7 汽车选购与保险索赔

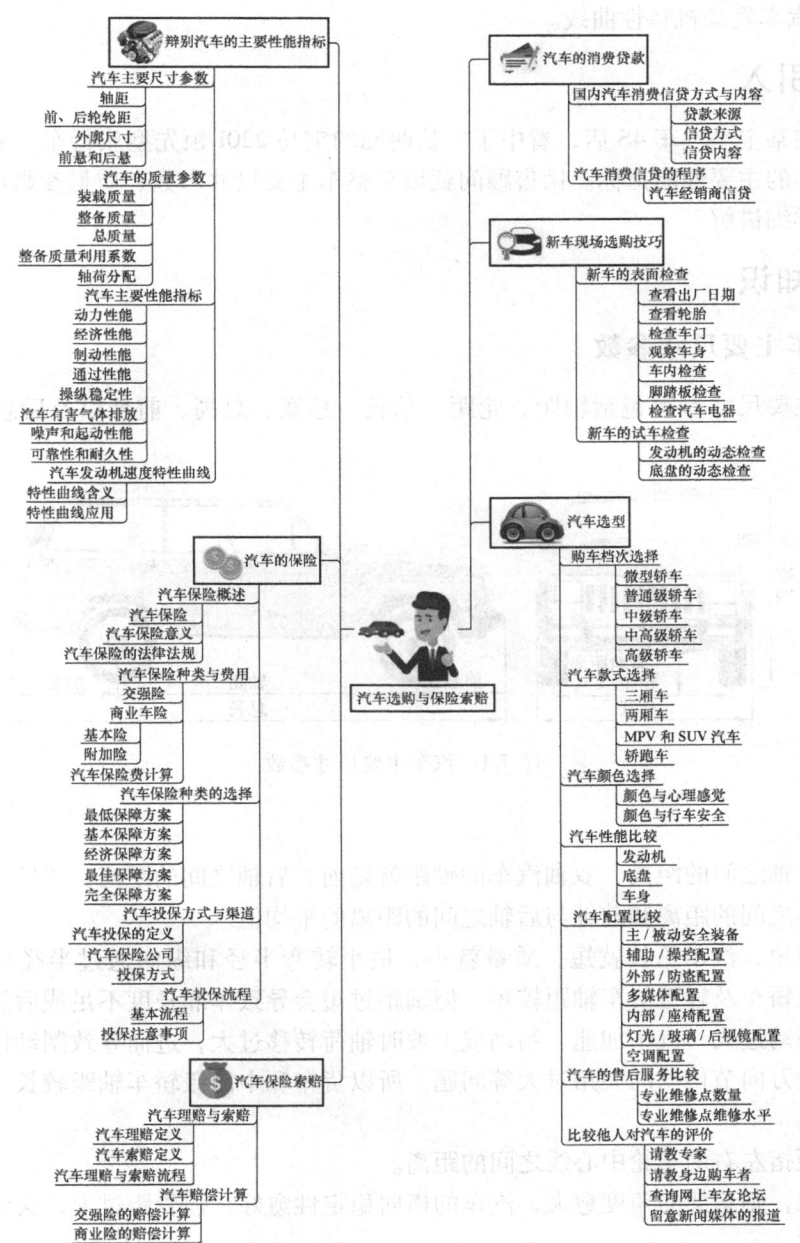

任务 7.1 辨别汽车的主要性能指标

一、学习目标

完成本学习任务后,您能够:
1. 解读汽车各主要尺寸参数及质量参数。
2. 分析汽车主要性能指标,学会辨别汽车的优劣。
3. 解读汽车发动机特性曲线。

二、情境引入

张先生在某宝马汽车 4S 店,看中了一款两厢的宝马 220i 领先型旅行车,要求汽车销售顾问介绍该车的主要性能指标。销售顾问就该车整车主要尺寸参数、质量参数以及主要性能指标进行了详细讲解。

三、相关知识

7.1.1 汽车主要尺寸参数

汽车的主要尺寸参数包括轴距、轮距、总长、总宽、总高、前悬以及后悬等(见图 7-1)。

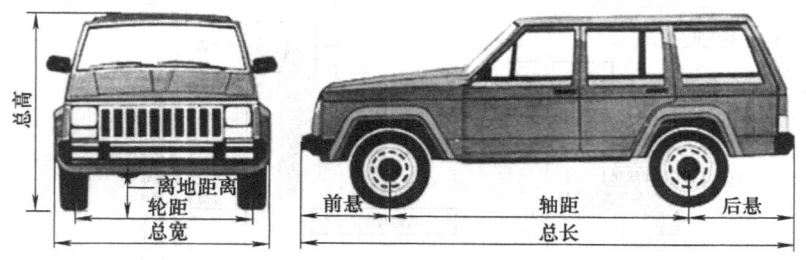

图 7-1 汽车主要尺寸参数

1. 轴距

轴距指车轴之间的距离。双轴汽车的轴距就是前、后轴之间的距离;三轴汽车的轴距是指前轴与中轴之间的距离和前轴与后轴之间的距离的平均值。

汽车轴距短,汽车总长就短,质量就小,最小转弯半径和纵向通过半径也小,机动灵活,一般普通轿车及轻型货车轴距较短。但轴距过短会导致车厢长度不足或后悬过长,汽车行驶时纵向振动过大,汽车加速、制动或上坡时轴荷转移过大,进而导致制动性和操纵稳定性变坏,以及万向节传动的夹角过大等问题。所以货车和中高级轿车轴距较长。

2. 轮距

汽车轮距指左右两车轮中心线之间的距离。

轮距愈大,则悬架的角度愈大,汽车的横向稳定性愈好,但轮距过大,会使汽车的总宽和总质量过大。

3. 汽车的外廓尺寸

汽车的外廓尺寸指总长、总宽和总高。我国对公路车辆的限制尺寸是：总高不大于4m，总宽（不包括后视镜）不大于2.5m，左、右后视镜等突出部分的侧向尺寸总共不大于250mm；总长对于载货汽车及越野汽车不大于12m，牵引汽车带半挂车不大于16m，汽车拖带挂车不大于20m，挂车不大于8m，大客车不大于12m，铰接式大客车不大于18m。

4. 汽车的前悬和后悬

汽车前悬指汽车前端至前轮中心之悬置部分。前悬处要布置发动机、弹簧前支架、车身前部、保险杠和转向器等，要有足够的纵向布置空间。前悬也不宜过长，以免影响通过性。

汽车后悬指汽车后端至汽车后轮中心之悬置部分。后悬长度主要与货厢长度、轴距及轴荷分配有关。后悬也不宜过长，以免使汽车的离去角过小而引起上、下坡时刮地，同时转弯也不灵活。

7.1.2 汽车的质量参数

汽车的质量参数主要包括汽车的装载质量、总质量、整备质量利用系数和轴荷分配等。

1. 汽车装载质量

乘用车：以座位数计算，包括驾驶人座位在内最多不超过9个座位。

商用车中的客车：以载客量计。

商用车中的载货汽车：以其在良好的硬路面上行驶时所装载货物质量的最大限额（t）计。超载将导致车辆早期损坏，制动距离变长，甚至造成交通事故。

2. 汽车整备质量

汽车整备质量指汽车在加满燃料、润滑油、工作液（如制动液）及发动机冷却液并装备（随车工具及备胎等）齐全后但未载人、载货时的总质量。

整备质量越小的汽车，燃油消耗越少，经济性越好。

3. 汽车总质量

汽车总质量指已整备完好、装备齐全并按规定载满客、货时的汽车质量。

4. 汽车整备质量利用系数

汽车整备质量利用系数指载货汽车的装载质量与整备质量之比。它表明单位汽车整备质量所承受的汽车装载质量。此系数愈大表明该车型的材料利用率及设计与工艺水平愈高。

5. 汽车的轴荷分配

汽车轴荷分配指汽车空载和满载时的整车质量分配到各个车轴上的百分比。

轴荷分配对汽车的牵引性、通过性、制动性、操纵性和稳定性等主要性能以及轮胎的寿命，都有很大的影响。

7.1.3 汽车主要性能指标

汽车主要性能指标包括汽车的动力性能、经济性能、制动性能、通过性能、操纵稳定性、汽车有害气体排放、噪声、起动性能、可靠性和耐久性等。

1. 动力性能

动力性能主要指汽车最高车速、加速时间、爬坡性能、发动机有效功率等。

（1）最高车速

最高车速指在水平良好路面（混凝土或沥青）上和规定载质量条件下汽车所能达到的最高车速（km/h）。它是汽车的一个重要动力指标。目前，普通轿车最高车速一般为150~200km/h。

（2）加速时间

加速时间指汽车加速到一定车速所需要的时间，常用原地起步加速时间与超车加速时间表示。它也是汽车动力性能的重要指标。轿车常用0~100km/h的换档加速时间来评价，普通轿车一般为10~15s。

（3）爬坡性能

爬坡性能指汽车满载在良好路面等速行驶的最大爬坡度。一般要求在30%（即16.7°）左右。越野车要求更高，一般在60%（即31°）左右。

（4）发动机有效功率

发动机曲轴输出的功率称为发动机有效功率。

发动机制造厂按国家规定所标定的发动机有效功率称为标定功率，发动机铭牌上标明的功率就是标定功率。我国内燃机功率标定分为四级，见表7-1。

表7-1 我国内燃机功率标定

分级	含义	应用
15min功率	在标准环境条件下，内燃机能连续稳定运转15min时的最大有效功率	汽车等
1h功率	在标准环境条件下，内燃机能连续稳定运转1h时的最大有效功率	工程机械、拖拉机等
12h功率	在标准环境条件下，内燃机能连续稳定运转12h时的最大有效功率	部分拖拉机和电站等
持续功率	在标准环境条件下，内燃机能长期连续稳定运转的最大有效功率	铁路机车、船舶和发电机组等

相同排量的发动机，功率越大，动力性能越好。

为了衡量不同发动机的动力性能，发动机还常采用升功率进行比较，它是指发动机在标定工况下每升气缸工作容积所发出的有效功率。升功率越大，发动机动力性能越好。

2. 经济性能

汽车的经济性能通常以汽车百公里燃油消耗量表征，即汽车在良好的水平硬路面以一定载荷（轿车半载、货车满载）及最高档等速行驶时的百公里燃料消耗量，单位为L/100km。

汽车的经济性能也可用发动机燃油耗量表征，即发动机每发出1kW有效功率，在1h内所消耗的燃油质量，单位是g/kW·h。

3. 制动性能

汽车的制动性能以汽车的制动距离来表征。即汽车在良好的试验跑道上在规定的车速下紧急制动（紧急制动时踏板力对乘用车要求不大于500N；对其他机动车要求不大于700N）时，由踩制动踏板起到完全停车时的距离。

按GB 7258—2017新标准要求，乘用车空载以50km/h初速度的制动距离应不大于19m，不同类型的汽车有不同的制动距离要求。

4. 通过性能

汽车的通过性能以最小转弯半径、汽车的最小离地间隙、接近角、离去角以及纵向通过角等表征。

（1）最小转弯半径

最小转弯半径指当转向盘转到极限位置、汽车以最低稳定车速转向行驶时，外侧转向轮的中心平面在支承平面上滚过的轨迹圆半径 R（见图 7-2）。它表征了汽车能够通过狭窄弯曲地面空间的能力。最小转弯半径越小，汽车的机动性越好。轿车的最小转弯半径一般约为轴距的 2~2.5 倍。

（2）汽车的最小离地间隙

汽车的最小离地间隙指汽车满载、静止时，平直地面与汽车上的中间区域最低点之间的距离 h（见图 7-3）。它反映了汽车无碰撞地通过地面凸起的能力。

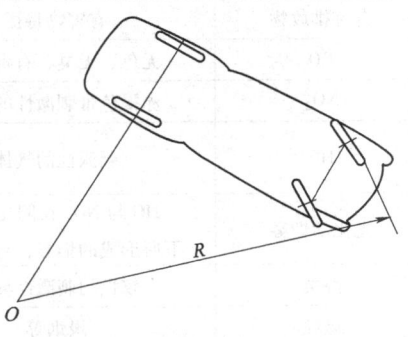

图 7-2　汽车最小转弯半径

（3）接近角 γ_1

接近角 γ_1 指汽车满载、静止时，前端突出点向前轮所引切线与地面间夹角（见图7-3）。γ_1 越大，越不易发生汽车前端触及地面，通过性越好。

（4）离去角 γ_2

离去角 γ_2 指汽车满载、静止时，后端突出点向后轮所引切线与地面间的夹角（见图 7-3）。γ_2 越大，越不易发生汽车后端触及地面，通过性越好。

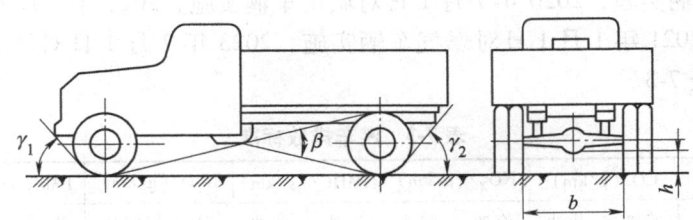

图 7-3　汽车通过性指标

h—最小离地间隙　b—两侧轮胎内缘间距　γ_1—接近角　γ_2—离去角　β—纵向通过角

（5）纵向通过角 β

纵向通过角 β 指汽车满载、静止时，垂直于汽车纵向中心平面，分别与前、后车轮轮胎相切、相交，并与车轮底盘刚性部件（除车轮）接触的两个平面形成的最小锐角（见图 7-3）。它决定了车辆所能通过的最陡坡道。β 越大，汽车通过性越好。

5. 操纵稳定性

操纵稳定性是指汽车按照驾驶人要求保持稳定行驶的能力。

操纵稳定性通常用直线行驶稳定性、转向灵敏性度、振动及翻倾等来表征。

6. 汽车有害气体排放

汽车有害气体排放主要来自发动机，有一氧化碳（CO）、碳氢化合物（HC）、氮氧化物（NO_x）、二氧化硫（SO_2）、醛类和微粒（含炭烟）等。

发动机有害气体排放及危害见表 7-2。

表 7-2 发动机主要有害气体排放及危害

有害排放物	有害物特征	危害
CO	无色、无臭、有毒气体	使人出现恶心、头晕、疲劳等缺氧症状，严重时窒息死亡
NO_2	赤褐色带刺激性的气体	伤害心、肝、肾。参与光化学反应形成臭氧和醛等
HC	刺激性的气体	破坏造血机能，造成贫血、神经衰弱，降低肺对传染病的抵抗力。参与光化学反应形成臭氧和醛等
光化学烟雾	HC 与 NO_x 在阳光作用下所形成的烟雾，有刺激性	降低大气可见度，伤害眼睛、咽喉，影响植物生长
醛类	较强的刺激性臭味	伤害眼睛、上呼吸道、中枢神经
微粒	炭烟等	伤害肺组织
SO_2	无色、刺激性气体	刺激鼻喉，引起咳嗽、胸闷、支气管炎等

汽车尾气污染在直接危害人体健康的同时，还会对人类生活的环境产生深远的影响。因此，各国都制定了相应的汽车排放标准。

我国排放标准参照欧洲法规体系，从"国Ⅰ"到"国Ⅵ"，机动车排放标准越来越严格。由环境保护部、国家质检总局分别于 2016 年 12 月 23 日、2018 年 6 月 22 日发布《轻型汽车污染物排放限值及测量方法（中国第六阶段）》自 2020 年 7 月 1 日起实施、《重型柴油车污染物排放限值及测量方法（中国第六阶段）》自 2019 年 7 月 1 日起实施。这就是常说的国Ⅵ排放。国Ⅵ排放标准分为两个阶段实施，分别是国Ⅵ-A 和国Ⅵ-B，国Ⅵ-A 于 2019 年 7 月 1 日对燃气车辆实施，2020 年 7 月 1 日对城市车辆实施，2021 年 7 月 1 日对所有车辆实施。国Ⅵ-B 将于 2021 年 1 月 1 日对燃气车辆实施，2023 年 7 月 1 日对所有车辆全面实施。具体排放标准见表 7-3。

表 7-3 汽车排放标准

排放物	THC/(g/km) 汽油	柴油	CO/(g/km) 汽油	柴油	NO_x/(g/km) 汽油	柴油	NMHC/(g/km) 汽油	柴油	N_2O/(g/km) 汽油	柴油	PM/(mg/km) 汽油	柴油	PN/(#/km) 汽油	柴油
国V	100	—	1000	500	60	180	68	—	无	无	4.5	4.5	无	$6.0×10^{11}$
国Ⅵ-A	100		700		60		68		20		4.5		$6.0×10^{11}$	
国Ⅵ-B	50		500		35		35		20		3		$6.0×10^{11}$	

注：NMHC 是非甲烷总烃、PM 是排放颗粒物。

7. 噪声

噪声是汽车工作时发出的一种声强和频率无一定规律的声音，主要包括燃烧噪声和机械噪声。

噪声不仅损害人的听觉器官，还伤害神经系统、心血管系统、消化系统和内分泌系统，容易使人性情烦躁，反应迟钝，甚至耳聋，诱发高血压和神经系统的疾病。

我国的噪声标准（GB/T 18697—2002）规定，轿车的噪声不得大于 79dB（A）。

8. 起动性能

起动性能是表征汽车发动机起动难易的指标。发动机起动性能好，便于汽车起步行驶，同时减少了起动时的功率消耗和发动机的磨损。

起动性能一般以一定条件下的起动时间长短来衡量。我国的汽车起动性能试验方法（GB/T 12535—2007）国标规定，不采用特殊的低温起动措施，汽车发动机在（-10±2）℃的气温条件下起动，应能在15s以内达到自行运转。

9. 可靠性

可靠性是指发动机在规定的运转条件下，具有持续工作，不至于因为故障而影响正常运转的能力。

可靠性一般以保证期内的不停车故障数、停车故障数、更换主要零件和重要零件数等具体指标来衡量。按照汽车发动机可靠性试验方法的规定，我国汽车发动机应能在标定工况下连续运行300~1000h。

10. 耐久性

耐久性是指发动机在规定的运转条件下长期工作而不大修的性能。

耐久性一般以发动机从开始使用到第一次大修前累计运转的时间表示。

7.1.4 汽车发动机特性曲线

评价汽车动力、经济性能，经常采用汽车发动机特性曲线来进行。

1. 发动机特性曲线

发动机性能指标随调整状况及运行工况的变化而变化的关系称为发动机特性，将其绘制成曲线就是发动机特性曲线，如图7-4所示。利用发动机特性曲线可以方便、全面地评价发动机性能，指导汽车的正确使用与维修。汽车发动机常用速度特性来评价。

2. 汽车发动机速度特性

发动机速度特性是指当燃料供给调节机构（如汽油机的节气门）位置不变时，发动机性能指标（转矩、功率及燃油消耗率等）随转速的改变而变化的关系。对应的曲线称为速度特性曲线。

当燃料供给调节机构固定在全负荷位置（如汽油机节气门全开位置）时，所测得的速度特性称外特性或全负荷速度特性。

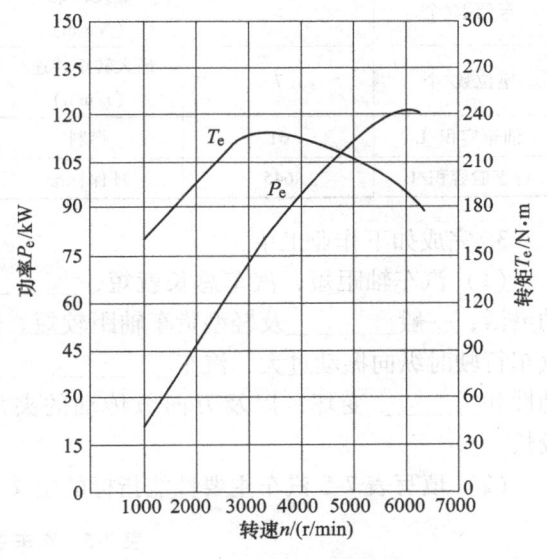

图7-4　发动机特性曲线

当燃料供给调节机构固定在全负荷以内各位置时，所测得的速度特性就称为部分负荷速度特性。

从外特性曲线可以找出该发动机的最大功率、转矩及对应的转速等。如图7-4所示，发动机的最大功率及对应的转速是123kW/6000(r/min)，最大转矩及对应的转速是225N·m/3500(r/min)。使用时，若要获得较大功率，发动机转速就应该高一些；而要发挥最大转矩，则应该适当降低发动机转速。

四、任务实施

现场感受情境引入中的工作氛围，采用小组合作形式，通过角色扮演汽车销售，完成此次实训任务。

1. 结合表7-4，销售顾问为张先生介绍车辆主要尺寸参数及质量参数。
2. 为张先生解读汽车发动机主要性能指标，辨别汽车的优劣。

表7-4　宝马220i领先型旅行车基本性能参数

车　身		发动机		底　盘	
长×宽×高/（mm×mm×mm）	4580×1800×1662	排量/mL	1499	变速器	双离合变速器（DCT）
轴距/mm	2780.0	进气形式	涡轮增压	驱动方式	前置前驱
前轮距/mm	1561	气缸排列	3L	前悬架类型	麦弗逊独立悬架
后轮距/mm	1565	配气机构	DOHC	后悬架类型	多连杆式独立悬架
最小离地间隙/mm	165	最大功率（kW）	103	转向助力类型	机械液压助力
车身结构	5门7座MPV	最大功率转速/（r/min）	4500～6500	前制动器类型	通风盘式
车门数/个	5	最大转矩/（N·m）	220	后制动器类型	通风盘式
座位数/个	7	最大转矩转速/（r/min）	1480～4200	驻车制动类型	电子驻车
油箱容积/L	61	燃料	汽油97号	前轮胎规格	205/55 R17
行李舱容积/L	645	环保标准	国V/国VI	后轮胎规格	205/55 R17

3. 完成如下作业工单：

（1）汽车轴距短，汽车总长就短，_____就小，_____和纵向通过半径也小，机动灵活，一般_____及轻型货车轴距较短。但轴距过短会导致货厢_____或后悬过长，汽车行驶时纵向振动过大，汽车_____、_____或_____时轴荷转移过大而导致其制动性和_____变坏，以及万向节传动的夹角过大等。所以一般货车、中高级轿车轴距较长。

（2）填写表7-5汽车主要性能指标的定义。

表7-5　汽车主要性能指标

性能	参数	定　义
动力性能	最高车速	
	爬坡性能	
经济性能	百公里油耗	
制动性能	制动距离	
通过性能	最小转弯半径	
	接近角	

（3）汽车经济性能通常以_____和_____表征。
（4）通常以发动机速度特性曲线来全面评价汽车_____、_____性能。

五、任务评价

在完成本学习任务后,通过小组会议的形式进行总结与反思,并推选代表宣讲交流知识与技能的掌握情况,小组之间进行互评,评价内容与标准见表1-3。最后由教师进行总结评价。

任务7.2 如何进行汽车选型

一、学习目标

完成本学习任务后,您能够:
1. 阐述家用乘用车的选购基本原则。
2. 运用选购方法对家用乘用车进行选择与比较。

二、情境引入

张先生驾车来到某宝马汽车4S店,销售顾问热情接待了他,了解到张先生喜欢节假日外出自驾游,最近家里喜添一位新成员,现在一家六口,原来的5座轿车已满足不了日常出行,本次购车预算在25万~28万元之间。要求汽车销售顾问提供一些汽车选购的参考建议。

三、相关知识

7.2.1 购车档次选择

1. 轿车档次

分微型轿车、普通级轿车、中级轿车、中高级轿车和高级轿车等,其对应的排量和价格如表7-6所示。

表7-6 汽车档次

汽车档次	发动机排量/L	参考价格/万元	车辆性能	购车目的	适用家庭
微型轿车	≤1	≤5	一般	代步	经济一般
普通轿车	1~1.6	5~10	较好	代步、公务	经济中等
中级轿车	1.6~2.5	10~15	好	公务、代步	经济较好
中高级轿车	2.5~4	15~25	豪华	公务、代步	经济好
高级轿车	≥4	>25	超豪华	公务、享乐	经济很好

2. 轿车档次选择

首先应考虑购车目的和家庭经济条件,量力而行。在考虑汽车经费支出时,不仅要考虑汽车售价,还应综合考虑附加费(包括车辆购置税、牌证费、保险费、车船使用税、日常的使用费等)。高档车,各方面收费都较高。

我国2004年颁布的新"汽车产业发展政策"提出"引导汽车消费者购买和使用低能耗、低污染、小排量、新能源、新动力的汽车,加强环境保护",对购买小排量汽车也有许多优惠政策,值得提倡。

225

3. 进口轿车选择

有些购车者面临着进口车的选择问题。社会上流传"日系车省油、德系车安全、法系车时尚、美系车大气",有一定历史背景,可以参考。

一般而言,美国车系(通用、福特、克莱斯勒)材质优良、动力强劲、乘坐舒适、驾驶安全,但油耗偏高。近年,美国汽车公司也吸收了日本车系的理念和技术,推出了一些针对中国消费者特点的经济实用型轿车,例如目前畅销的欧宝系列及福特蒙迪欧等。

欧洲车底盘扎实、悬架系统较好、注重操纵性、追求驾驶乐趣、制造工艺精良。德国车的刚劲沉稳、法国车超凡的操控性、意大利车出色的高性能,一直为世人称道。

日本车轻巧美观、造型新颖、油耗低、使用效率高、注重经济性。

相同排量和配置的进口车,由于关税,价格一般比国产车高,各种其他税费及日后的配件及使用费等都较高,应全面考虑。现在世界主要汽车大公司都来我国合资,根据我国实际情况设计、生产出来的汽车质量都比较好。

7.2.2 汽车款式选择

现代汽车品种繁多,每年都推出几十款新车,用户可以根据自己喜好,随意选择。不同车款特点如下所示。

1. 三厢车(见图 7-5)

三厢车"有头有尾",是中国人的传统选择。车尾密封的行李舱方便行李与人分开。缺点是扁阔的行李舱放不下较大件的行李,行车时乘客照顾不到放在行李舱的东西。

2. 两厢车(见图 7-6)

两厢车的车尾没有行李舱,所以摆放简单行李的位置是在后座位靠背的后面,使车身的长度缩短了很多,转向更加灵活;此外,在停车时不用估计行李舱的长度,所以容易预估位置。燃油耗比三厢车低。

图 7-5 三厢红旗汽车

图 7-6 两厢 BMW 2 系多功能旅行车

3. MPV 汽车(见图 7-7)

MPV(Multi-purpose Vehicle)汽车就是"多厢途汽车",它可以当乘用车用,也可以用为商务车,还可以用为休闲旅行车,甚至可被当成小货车来使用。它兼具了轿车的舒适性和小型客车的较大空间,一般为单厢式结构,即俗称的"子弹头"。

4. SUV 汽车(见图 7-8)

SUV(Sports Utility Vehicles)汽车是指造型新颖的多功能越野车,它不仅具有 MPV 的多功能性,而且还有越野车的越野性。

MPV 和 SUV 汽车车身都较高，视野较广阔，座位较高，坐在上面，就好像坐在客厅的椅子上一样，身体与腿部成 90°，令长途行车也不易感觉疲倦。

5. 轿跑车（见图 7-9）

兼有轿车和跑车特点，一方面强调要善于奔跑、具有运动性，另一方面又不能丢掉轿车载人、实用的功能。给人以潇洒的感觉，车速快，为众多青年人和汽车运动爱好者所青睐。

图 7-7　别克 GL8 ES MPV 汽车

图 7-8　传祺 GS8 SUV 汽车

图 7-9　奔驰 CLS 轿跑车

7.2.3　汽车颜色选择

1. 颜色与心理感觉

汽车的颜色五花八门，不同颜色给人的感觉不同。

银灰色最能反映汽车本质的颜色，看见银灰色就想起了金属材料，给人感觉整体感很强，美国杜邦公司的调查结果显示，银色汽车最具人气，也最具运动感。

白色给人以明快、活泼、清洁、朴实、大方的感觉，容易与外界环境相互吻合、协调。另外，白色是膨胀色，容易使小车显大。日本在 20 世纪 80 年代，有白色代表高级的说法，白色车的销量曾经占到过总销量的 70%。另外，白色车相对中性，对性别要求不高。

黑色是一种矛盾的颜色，既代表保守和自尊，又代表新潮和性感，给人以庄重、尊贵、严肃的感觉。黑色也容易与外界环境相吻合。黑色一直是公务车最受青睐的颜色，高档车黑色气派十足，但低档车最好不要选用黑色。

红色给人以跳跃、兴奋、欢乐的感觉。红色是放大色，同样可以使小车显大。阳光下感觉如同一团火焰，对跑车或运动型车非常适合。

蓝色给人感觉是清爽、清凉、冷静、豪华和气派。

黄色给人以欢快、温暖和活泼的感觉。黄色是扩大色，在环境视野中很显眼，跑车选用黄色非常适合，校车、小型车用黄色也非常适合。出租车和工程抢险车的黄色，一是便于管理，二是便于人们早早地发现，可与其他汽车区别。但私家车选用黄色的不多。

绿色有较好的可视性，这是大自然中森林的色彩，也是春天的色彩。小车选绿色很有个性，但豪华型车如果选用绿色，有点不伦不类的感觉。

实际汽车生产企业一般都准备了很多种颜色可供选择，如甲壳虫车身颜色高达 16 种，有些高档车更为顾客准备了几十种颜色，可谓色彩斑斓，琳琅满目。顾客可以向销售商索取该车的色彩样本，选择所钟爱的颜色，据此向销售商订货。

2. 颜色与行车安全

国内外大量科学研究表明，不同汽车外表颜色，发生撞车等交通事故的概率不同。如

图7-10所示，黑色汽车交通事故率最大，而银灰色最安全。

专家解析认为，首先，颜色是有进退性的，即所谓的前进色和后退色。例如，有红色、黄色、蓝色、黑色共4部轿车与你保持相同的距离，你就会觉得红色车和黄色车要离自己近一些，是前进色；而蓝色和黑色的轿车看上去较远，是后退色。前进色的视觉效果要比后退色好，看起来要近一些，车主就会早一点时间察觉到危险情况。

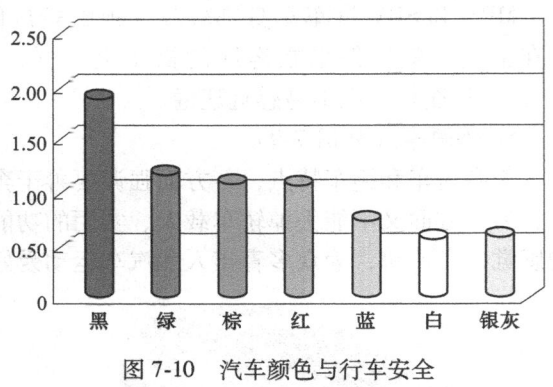

图7-10 汽车颜色与行车安全

其次，颜色有胀缩性，即膨胀色和收缩色。如将相同车身涂上不同的颜色，会产生体积大小不同的感觉。如黄色看起来感觉大一些，是膨胀色；而同样体积的黑色、蓝色感觉小一些，是收缩色。收缩色看起来比实际要小，尤其是傍晚和下雨天，常不为对方车辆和行人注意而诱发事故。黄色等为膨胀色，看起来比实际要大，不论远近都很容易引起注意。

7.2.4 汽车性能比较

汽车好坏的本质在于性能，应该从厂商提供的说明书，初步了解车辆的性能。

1. 发动机

发动机是汽车的"心脏"，它的性能决定了整车的动力性能、经济性能和排放性能。

一般发动机排量大，额定功率就大，牵引力就大，车速也会高。但百公里燃油消耗也高，从汽车说明书上都可以直接看出上述指标。选车时应该以"既要马儿跑得快，又要马儿少吃草"为佳。

2. 底盘

汽车的底盘直接影响到车辆的行驶安全性、稳定性、舒适性和操作方便性，也影响到汽车的动力性与经济性。

汽车底盘的变速器有手动和自动两种类型可供选择，自动变速器的汽车少了一个离合器，左脚完全解放出来，驾驶起来轻松多了，不用老操心着换档，思想集中，行车事故相对少了。对于驾驶经验不足者、女性和老年人等，采用自动变速器的汽车，就有很大的优越性。但自动变速器的价格要比手动的高，百公里油耗也稍高，加速要慢一些。所以，熟练的驾驶人较多选用手动变速器。

3. 车身

车身款式多样，主要从外观颜色、尺寸以及车内空间等方面选择。车身总体尺寸在汽车说明书上都有标出。相同外形尺寸的车辆，轴距和轮距越大，稳定性越好，车内空间越大。但占地面积大、转弯半径大、质量大、油耗高。女性比较喜欢小巧玲珑的"迷你"型靓车。

车身的设计还与油耗有很大关系，流线形越好的车空气阻力越小，越省油。从汽车说明书上可以查到该车的空气阻力系数，应该越小越好。

7.2.5 汽车配置比较

1. 汽车配置的多样性

一个系列的家用汽车，往往包括很多具体型号，它们之间可能外形没有很大区别，但配置却相差很多，价格也不尽相同。区别在除发动机与变速器之外的其他配置。

主要配置包括空调装置、LED 车灯、真皮座椅、座椅电动调节、电动后视镜、电动门窗、电动行李舱、天窗、GPS 导航、车身稳定系统（EPS）、制动辅助系统（BAS）、车道偏离预警系统、自动紧急制动系统（AEB）、胎压监测装置、CD 音响、倒车雷达以及铝合金轮毂等。

2. 汽车配置选择

汽车配置可以根据自己需要与条件选择。

对安全配置是优先要考虑的。在 ABS、安全气囊（SRS）已经成为乘用车标配的基础上，可选择制动辅助系统（BAS）、自动紧急制动系统（AEB）、车道偏离预警系统（LDW）以及车身电子稳定系统（ESP）。

真皮座椅气派、美观、凉爽、透气性好、易于擦洗，适于南方炎热地区使用；但北方寒冷的地方就很少有人选用了，因为它又凉又滑，转弯时有一种容易滑出去的感觉。所以，北方人喜欢选用绒面或布面座椅。中国幅员辽阔，客观环境千差万别，挑选汽车时自然也要区别对待。

CD 音响不可没有，但也不必要求太高，高保真音乐越动听，越容易分散驾驶时的注意力，增加发生事故的可能性。

7.2.6 汽车的售后服务比较

车辆的售后服务是购车考虑的一个重要的环节，因为日后车辆的保养和维修要延续几年甚至十几年时间，良好的售后服务会给车主带来许多方便。

1. 比较维修服务

对比售后服务，一是要看所在的地区有多少您所确定购买的品牌汽车的专业维修点。维修点多，说明厂家重视售后服务，同时也可以有更多选择的余地；二是看这些专业维修点的维修水平、服务态度、价格标准。可以亲自前往专业维修点感受一下他们的服务，看看厂商给予他们何种授权及评价。

2. 比较汽车的保修期

汽车在保修期内，厂家负责免费维修，只要不是车主的人为因素，一般连维修配件都是免费的。

保修期分保修年数和行驶里程数两种。对于出租车、营运车而言，一年可跑上十多万 km，其着眼点当然是放在保修的年数上。而对私家车来说，一年下来，也就是两万 km 左右，应要求保修里程数越长越好。

7.2.7 比较他人对汽车的评价

1. 请教专家

主要是指有经验的汽车修理工、驾驶人、销售人员、专业老师、管理人员等，他们常年与汽车打交道，所以最有发言权。

2. 请教身边购车者

可以向他们咨询，如汽车发动机工作稳定吗？驾驶感觉如何？山道上跑得怎么样？买来多久进的修理厂？修理厂的态度好吗？夏天开空调时凉快吗？开空调油耗多少等等。

3. 查询网上车友论坛

形形色色的有车族（包括无车的网民），在网站上发布无数的帖子，语言生动、直言不讳。信息量之大，任何媒体都无可比拟，可以作为一个参照。当然，对于网上的信息必须注意筛选。

4. 留意新闻媒体的报道

近年来，新闻媒体对于汽车的报道越来越多，通常，新闻媒体的报道正面为多，注意将不同媒体不同来源的消息放在一起分析，得出结论。还有一种方法，就是注意股市和股价的变化。我国主要的汽车制造企业，都是上市公司，他们的业绩会比较准确地反映到年报中，从而影响股价的变化。

四、任务实施

现场感受情境引入中的工作氛围，采用小组合作形式，通过角色扮演汽车销售，完成此次实训任务。

1. 汽车销售顾问为张先生介绍汽车选购的方法。
2. 阐述汽车颜色与行车安全之间的联系。
3. 完成如下作业工单：

（1）购车首先应考虑_____和_____条件，量力而行。在考虑购车经费支出时，不仅要考虑汽车售价，还应综合考虑_____、牌证费、_____、车船使用税、日常的使用费等。

（2）填写表7-7 车系特点。

表7-7　车系特点

车系	特点	车系	特点
美系车		法系车	
德系车		日系车	

（3）汽车颜色的选择与_____、_____因素有关。

（4）车身的设计还与油耗有很大关系，流线形越好的车_____越小，越省油。

（5）应从_____、_____、查询网上车友论坛，以及留意新闻媒体的报道方面，比较他人对汽车的评价。

五、任务评价

在完成本学习任务后，通过小组会议的形式进行总结与反思，并推选代表宣讲交流知识与技能的掌握情况，小组之间进行互评，评价内容与标准见表1-3。最后由教师进行总结评价。

任务 7.3　新车现场选购技巧

一、学习目标

完成本学习任务后,您能够:
1. 阐述新车表面检查项目。
2. 进行汽车发动机、底盘的动态检查。

二、情境引入

张先生在某宝马汽车 4S 店购买了一款两厢的宝马 220i 领先型旅行车,交车当天,在销售顾问的协助下对车辆进行了验收。

三、相关知识

7.3.1　新车的表面检查

1. 查看出厂日期

出厂日期是标志该车从生产线上完成装配的日期。它往往被注明在发动机舱盖下面的一块小铭牌上。如果您看到这个日期与您买车的日期十分接近,说明该车较新。另外,新车的里程表上显示的行驶了 10~20km 是正常的,可以认定"0km"的新车。

2. 查看轮胎

零公里新车的轮胎,是完全没有磨损的,包括轮胎制造过程中产生的细小痕迹以及刺状的突起都不应存在。

3. 观察"跑冒滴漏"

打开发动机舱盖,观察发动机气缸体和气缸盖、油底壳之间有无机油渗漏,散热器周围有无水渍,蓄电池桩头附近有无污染和锈蚀,空调管路的接口处有无尘土粘黏。

观察底盘,转向节附近有无渗油,驱动轴的防尘套是否完好,减振器周围有无尘土粘黏,减振器的橡胶零件有无变形,变速器和后桥的外壳是否有渗漏的油迹,或观察地面是否有滴油的痕迹。

4. 检查车门

试试车门开启是否灵活,听听车门开合时的声音。关门时,如果发出沉闷的砰砰声音,说明车门工艺精湛,密封性良好;如果关门时,发出清脆的啪啪声,说明车门工艺不好,密封性差。

5. 观察车身

应首先注意发动机舱盖、行李舱盖以及车门装配的几何尺寸是否准确,缝隙是否均匀;边角有无漆溜或鼓包;线条是否清晰明快。从侧面迎着光线观察,这样,可以了解车身的弧线是否圆滑,棱线是否笔直。

6. 车内检查

坐进驾驶室,您可以试试门窗升降是否平顺,角落边缘有无锈迹,座位有无污垢。用手晃动转向盘，上下不能有窜动现象，左右转动转向盘，应该有一定自由行程，这个自由行程要符合使用说明书的要求，一般不超过15°。仪表板及仪表装配是否工整，有没有歪斜现象。试试工具箱、烟灰缸以及车内其他小装置的开合是否顺畅。

7. 脚踏板检查

静止状态下，检查一下加速踏板是否反应灵敏；离合器踏板是否过硬过沉；离合器踏板和制动踏板是否有一定的自由行程，这个自由行程是否符合使用说明书要求；踏下制动踏板到极限，有无继续向下的感觉，如果有，说明制动油路有问题。三个踏板均应回位迅速无卡滞的现象。

8. 检查汽车电器

检查蓄电池的正负极插头是否洁净。

打开起动开关的第一档，仪表板上所有的指示灯应该全亮。油量指针应该有上升的变化。检查灯光时，先打开故障警告开关，此时，所有的灯光均应有节奏地闪动；扳动转向灯开关和雾灯开关，检查灯光是否完好；挂倒档，倒档灯应该亮起，踩下制动踏板，制动灯应该亮。

检查刮水器，在中、低、高各速度上工作正常，喷水器出水畅通。

按动喇叭，声音应该柔和动听。

打开收录机，听听音响效果。先开到最小声音，听听音响对细小声音的分辨能力；然后，开到最大声音，听听喇叭是否失真。

7.3.2 新车的试车检查

试车是购车的关键环节，包括起动、驾驶、检验等项目，请个修理技师或有开车经验的人一同挑选最好。

1. 发动机的动态检查

起动发动机，看看发动机在急速时是否平稳，有无不规则颤动，转速表的指针是否上下晃动，晃动厉害，说明急速不稳。观察转速表指示的转速是否符合说明书要求；加大节气门开度，发动机的声音应该是由小到大的平稳轰鸣。其中如果有极细小的金属敲击声或沉闷的碰撞声，都可能是发动机致命的缺陷。可以多试几台车，互相区别一下它们发动机的声音，选一辆声音最小、最柔和的。

突然加大节气门开度，看看发动机的反应快慢，车子是否有"推背感"，如果有，说明加速性能良好。

2. 底盘的动态检查

轻轻转动转向盘，车辆反应应该及时灵敏。如果感觉很沉，很费力，或者自由行程过大，反应迟缓，说明转向器有问题。向左右转弯后，让它自己转回，看看是否朝正直方向前进，如果不能回到正直方向或者出现跑偏现象，说明转向器或前轮的前束有问题。

检查制动，轻轻踏下制动踏板，看看是否反应灵敏，反应迟缓或过于灵敏都不好。紧急制动后，方向应仍能保持正直。

在颠簸的道路上行驶，打开窗户，倾听底盘、减振器是否出现异响。

四、任务实施

现场感受情境引入中的工作氛围，采用小组合作形式，通过角色扮演汽车销售，完成此次实训任务。

1. 销售顾问协助张先生进行新车的出厂日期、轮胎、车门、车身以及汽车电器等表面检查。
2. 陪同张先生进行试车检查体验整车动态性能。
3. 完成如下作业工单：

（1）填写表7-8新车检查的具体检查内容

表7-8 新车检查

项目	具体检查内容
表面检查	
	查看轮胎
	观察车身
	汽车电器检查
试车检查	

（2）打开发动机舱盖，观察发动机气缸体和气缸盖、油底壳之间有无_____渗漏，散热器周围有无_____，蓄电池桩头附近有无_____和_____，空调管路的接口处有无尘土粘黏。

（3）用手晃动转向盘，上下不能有_____现象，左右转动转向盘，应该有一定_____，且符合使用说明书的要求，一般不超过_____度。仪表板及仪表装配是否工整，有没有歪斜现象。

五、任务评价

在完成本学习任务后，通过小组会议的形式进行总结与反思，并推选代表宣讲交流知识与技能的掌握情况，小组之间进行互评，评价内容与标准见表1-3。最后由教师进行总结评价。

任务7.4 如何选择汽车的保险

一、学习目标

完成本学习任务后，您能够：

1. 阐述汽车保险种类与投保的渠道。
2. 阐述汽车投保流程。
3. 进行投保方案的制订。

二、情境引入

陈先生最近考取驾驶证后，新购一款宝马220i领先型旅行车，主要用于日常上下班代步，喜欢自驾游，且家中有私人车库。保险专员在获得陈先生购车信息后，根据陈先生的需求制订合理的汽车保险方案。

三、相关知识

7.4.1 汽车保险概述

1. 汽车保险

汽车保险是以汽车本身及第三者责任等为保险标的一种不定值财产保险。保险客户，主要是拥有各种汽车的法人团体和个人；保险标的，主要是各种类型的汽车。

2. 汽车保险意义

随着社会经济的发展和人民生活水平的不断提高，汽车的数量不断增加，尤其是家庭拥有的乘用车数量增长迅速，交通事故频繁发生，给人类的生命财产造成了极大的威胁。因此，汽车保险使道路交通事故受害人依法得到赔偿，是保护人身财产安全的重要举措，是现代社会处理风险的一种非常重要的手段，是风险转嫁的一种最重要、最有效的方法，是不可缺少的经济补偿制度。

3. 汽车保险的法律法规

为了保证交通事故中受害者的正当权益得到有效保证，各国都制定有各种汽车保险的法律法规。世界上最早的一份汽车保险出现在1895年的英国。我国于1950年也开办了汽车保险，1980年全面展开，国务院及中国保监会先后发布了《机动车交通事故责任强制保险条例》《中华人民共和国保险法》《关于加强机动车辆商业保险条款费率管理的通知》《机动车辆商业保险示范条款》《关于深化商业车险条款费率管理制度改革的指导意见（征求意见稿）》等一系列法规文件，有力地推动了我国汽车保险的改革。

我国汽车保险条例规定：在中华人民共和国境内道路上行驶的机动车的所有人或管理人都应当投保交强险，机动车所有人、管理人未按规定投保交强险的，公安机关交通管理部门有权扣留机动车，通知机动车所有人、管理人依照规定投保，并处以应缴纳的保险费的2倍罚款。而商业险可以根据需要由车主自主参加。汽车保险由保险公司组织实施。

7.4.2 汽车保险种类

我国汽车保险一般包括强制车险和商业车险两种。强制车险专指机动车辆交通事故强制责任保险；商业车险包括基本险和附加险两部分。各种保险内容及其费用见表7-9。

项目 7　汽车选购与保险索赔

表 7-9　保险种类及其保险费用

保险种类			保险内容	保险费用
强制车险（交强险）			是由保险公司对被保险机动车发生交通事故造成第三方受害人（不包括本车人员和被保险人）的人身伤亡、财产损失，在责任限额内予以赔偿的强制性责任保险	根据不同车辆（分家庭自用车、非营业客车、营业客车等 8 大种类 42 种小类）和出险不同而不同（如 6 座以下家用乘用车第一年保费为 950 元/年）
商业车险	基本险	车辆损失保险	是指对由于保险责任范围内的自然灾害和意外事故[1]车辆本身的损失由保险人负责赔偿的一种机动车辆保险	根据不同车辆车龄不同（如 6 座以下家用乘用车第一年保费为 630+购车费×1.5%元）
		第三者责任保险（A 款）	是指保险人或其允许的驾驶人员在使用保险车辆过程中发生意外事故，致使第三者遭受人身伤亡或财产直接损毁，依法应当由被保险人承担的赔偿责任，由保险公司负责赔偿	根据不同车辆和保险额分为 7 档（如 6 座以下家用乘用车保险额为 10 万，保费为 1090 元/年）
		全车盗抢险	是指保险车辆全车被盗窃、被抢夺，经公安刑侦部门立案证实，满三个月未查明下落，或保险车辆在被盗窃、被盗劫、被抢夺期间受到损坏，或车上零部件及附属设备丢失需要修复的合理费用，由保险公司负责赔偿	根据不同车辆和保险额不同，一般是新车购置价的 1.0%
	附加险	车上责任险	分为车上人员责任险和车上货物责任险，是指投保了本项保险的机动车辆在使用过程中，发生意外事故，致使保险车辆上所载货物遭受直接损毁或车上人员的人身伤亡，依法应由被保险人承担的经济赔偿责任，保险公司在保险单所载明的该保险赔偿额内计算赔偿	根据车辆、座位数、驾驶人和乘客不同，一般是 50 元/人
		无过失责任险	指车辆在使用中，因与非机动车辆、行人发生交通事故，造成对方人员伤亡或财产直接损毁，保险车辆一方无过失，且被保险人拒绝赔偿未果，对被保险人已经支付给对方而无法追回的费用，保险公司负责给予赔偿	一般是新车购置价×0.15%
		车载货物掉落责任险	指车辆在使用中，所载货物从车上掉下致使第三者遭受人身伤亡或财产的直接损毁，依法应由被保险人承担的经济赔偿责任，保险公司负责赔偿	
		玻璃单独破碎险	指车辆在停放或使用过程中，发生本车玻璃单独破碎，保险公司按实际损失进行赔偿	根据车辆和玻璃不同，一般是新车购置价×0.15%
		车辆停驶损失险	指车辆在使用过程中，因遭受自然灾害或意外事故，造成车身损毁，致使车辆停驶造成的损失。保险公司按照与被保险人约定的赔偿天数和日赔偿额进行赔付	

235

(续)

保险种类		保险内容	保险费用
商业车险	附加险 自燃损失险	指车辆在使用过程中，因本车电路、线路、供油系统发生故障及运载货物自身起火燃烧，造成保险车辆的损失，保险公司负责赔偿	新车购置价×0.15%
	新增加设备损失险	指车辆在使用过程中，因自然灾害或意外事故造成车上新增设备的直接损毁，保险公司负责赔偿	
	车身划痕损失险	是指因非碰撞原因导致的车身划痕损失，由保险公司负责赔偿	根据车辆、车龄、油漆和保险额不同，一般在400~3000元不等
	不计免赔特约保险	指车辆发生事故，损失险及第三者责任险事故造成赔偿，对其在符合赔偿规定的金额内按责任应承担的免赔金额，保险公司负责赔偿	（车辆损失险+第三者责任险）×20%
	其他	上述以外的保险，如发动机特别损失险、随车行李物品损失保险、涉水险、后视镜及车灯单独损坏险等	见各保险公司细则

注：[1] 自然灾害和意外事故包括：①碰撞、倾覆、坠落；②火灾、爆炸；③外界物体坠落、倒塌；④暴雨、暴风、龙卷风、洪水、泥石流、海啸、冰雹；⑤地陷、冰陷、雷击、崖崩、雪崩；⑥载运被保险车辆的渡船遭受自然灾害（限有驾驶人员随船照料）。

7.4.3 汽车保险种类的选择

汽车保险项目繁多，除交强险外，其他保险车主可以根据自己具体情况有所选择。目前一般有如下5种组合方案（见表7-10）可供选择。

表7-10 汽车保险组合

组合方案	险种组合	优点	缺点	适用对象
最低保障方案	第三者责任险	费用较低	一旦撞车，自己车的损失自己负担	急于上牌照或通过年检的个人
基本保障方案	车辆损失险+第三者责任险	费用适当，能够提供基本的保障	不是最佳组合	有一定经济压力的车主
经济保险方案	车辆损失险+第三者责任险+不计免赔特约险+全车盗抢险	投保最必要、最有价值的险种，性价比最高	不是最完善的保险方案	是个人精打细算的最佳选择
最佳保障方案	车辆损失险+第三者责任险+车上责任险+玻璃单独破碎险+不计免赔特约险+全车盗抢险	投保价值大的险种，物有所值	保费较高	一般公司或个人
完全保障方案	车辆损失险+第三者责任险+车上责任险+玻璃单独破碎险+不计免赔特约险+新增加设备损失险+自然损失险+全车盗抢险	全部事故损失都能得到赔偿	保费高，某些险种出险的概率小	经济充裕的车主

图 7-11 所示的常见车险及适用人群也可供参考。

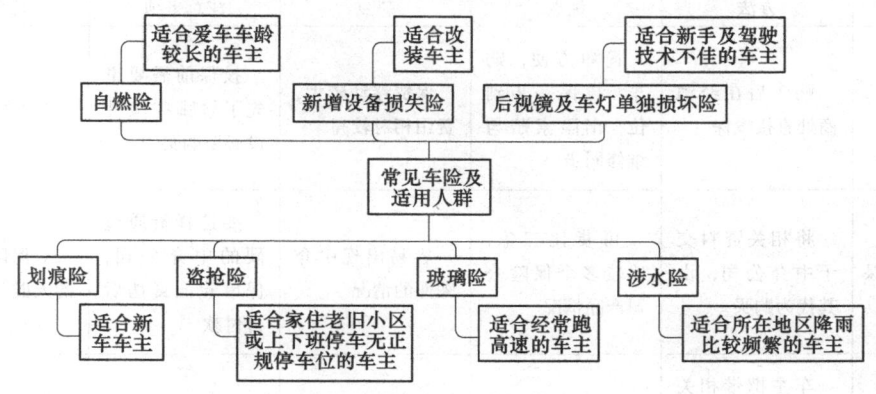

图 7-11 常见车险及适用人群

7.4.4 汽车投保方式与渠道

1. 汽车投保

汽车投保是指经主管部门检验合格并领有牌照的机动车辆，其所有人或管理人向保险公司办理汽车保险手续，是被保险人与保险公司签订保险契约的过程。保险契约是具有法律效力的经济合同，涉及双方的权利与义务，一经签订，双方均必须执行。

2. 汽车保险公司

目前我国影响较大的三家保险公司，一是中国人民保险公司，成立于 1949 年 10 月 20 日，总部设在北京；二是中国太平洋保险（集团）股份有限公司，成立于 1991 年 4 月 26 日，总部设在上海；三是中国平安保险（集团）股份有限公司，成立于 1988 年 3 月 21 日，总部设在深圳。从整个汽车保险市场看，这三家保险公司占有我国 90% 以上的市场份额，形成了"三足鼎立"的局面。除以上三家保险公司外，经营汽车保险业务的保险公司还有中国保险（控股）股份有限公司、中华联合财产保险公司等许多保险公司。

3. 投保方式

在车险市场竞争日益白热化的今天，出现了多种投保方式与渠道（见表 7-11），其保费价格、服务内容也不尽相同，如何选择方便快捷、价格便宜、服务全面的渠道，值得探讨。

表 7-11 投保方式与渠道

渠道	方法	优点	缺点	注意事项	适合人群
电话投保	拨打保险公司的车险销售电话即可，有专业人员上门服务	操作简单，投保快捷（3 天左右），投保较优惠	需要选择较理想的保险公司，拨打正确电话	需提防"山寨"版投保电话，也要防止遭遇假保单	懂得电话投保业务，善于精打细算的人
网上投保	通过进入车险官方网站，自主选择险种	方便快捷（几分钟即可完成投保），投保最优惠	需要懂一些电脑网络知识，对汽车险种熟悉	务必在官方网站进行投保，谨防虚假的钓鱼网站	懂得电脑网络知识，同时对险种有明确要求的人

(续)

渠道	方法	优点	缺点	注意事项	适合人群
4S店投保	购车后在经销商处直接投保	简单方便，购车、投保一步到位，出险索赔与维修同步	保费浮动较大，费用相对较高	投保前需要事先了解哪些险种没必要购买	初次购车人群
保险中介投保	将相关资料交予中介公司，由其代为购买	可货比三家，比较多个保险公司产品情况	容易出现中介骗保的情况	要选择资质过硬的中介公司，保单验证真伪后再付款	对保险中介熟悉的人群
营业厅投保	车主携带相关资料去保险公司营业网点，当场填单缴费投保	权威可靠，手续齐全，立等可取	没有上门服务，只能去固定营业厅办理，优惠少	对险种熟悉，投保资料要齐全	对险种要求明确

7.4.5 汽车投保流程

1. 汽车投保基本流程

不同投保方式，流程有所不同，其基本流程如图7-12所示。

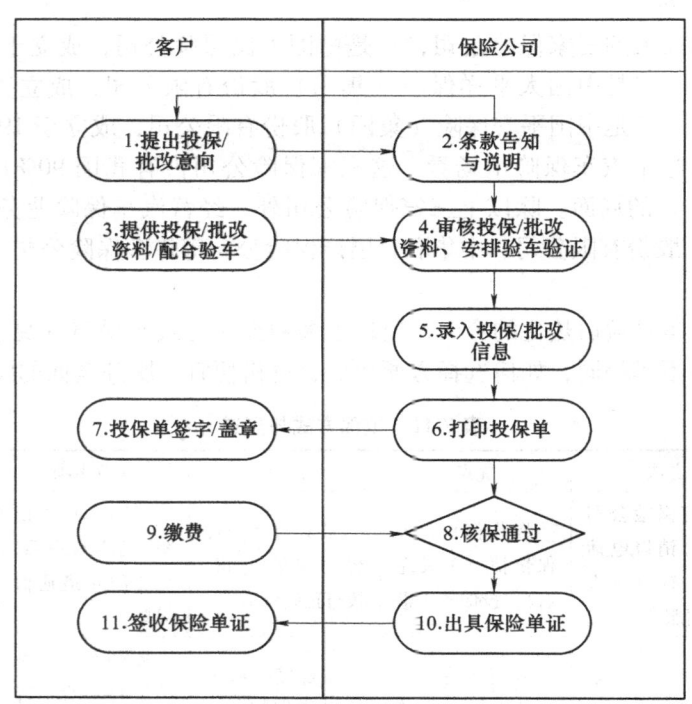

图7-12 汽车投保基本流程

图 7-12 中有以下三种情形可免验车：
① 单保责任险：是指商业第三者责任险、车上人员责任险及其附加险。
② 按期续保：是指本年度保单保险期间起期与上年度保单保险期间止期相连，且本年度承保的损失险类（包括车辆损失险、全车盗抢险及其附加险）险别上年均有承保。
③ 新购置车辆：是指车辆的购置日距保险日不可以超过 7 天。

2. 投保注意事项
① 应选择具有合法资格的保险公司营业机构购买汽车保险，要了解各公司提供服务的内容及信誉度，以充分保障自己的利益。
② 详细了解汽车保险条款内容，各家保险公司的车险条款有所不同，一定要看清楚。
③ 根据自身实际需要购买合适的险种。
④ 起保时间由投保人自己确定，保单生效时间从起保日的当天 0 时起，到约定期满日的 24 时止。保险有效期以一年为限，也可以少于一年，但不能超过一年。期满后可以续保，并重新办理手续。

四、任务实施

现场感受情境引入中的工作氛围，采用小组合作形式，通过角色扮演汽车保险销售，完成此次实训任务。

1. 汽车保险销售工作人员为陈先生介绍购买汽车保险的重要性。
2. 询问陈先生的基本情况与需求，制订合理的投保方案。
3. 估算各险种的基本保费、向客户解释本次投保方案。
4. 完成如下作业工单：

（1）全车盗抢险是指保险车辆全车被盗窃、被抢夺，经_____部门立案证实，满_____个月未查明下落，或保险车辆在被盗窃、被抢劫、被抢夺期间受到损坏，或车上零部件及附属设备丢失需要修复的合理费用，由_____负责赔偿。

（2）投保方案分析

张小姐今年 36 岁，3 年的驾龄，在 2016 年购买了一辆广汽传祺 GA6 轿车，无固定的车库，经济条件中等，但比较节俭。张小姐需要怎样的保险方案？

推荐方案：_____。
方案分析：_____。

（3）目前汽车投保方式与渠道主要有电话投保、_____、_____、保险中介投保和营业厅投保等。

（4）汽车保单生效时间从起保日的当天_____时起，到约定期满日的_____时止。

五、任务评价

在完成本学习任务后，通过小组会议的形式进行总结与反思，并推选代表宣讲交流知识与技能的掌握情况，小组之间进行互评，评价内容与标准见表 1-3。最后由教师进行总结评价。

任务7.5 如何进行汽车保险索赔

一、学习目标

完成本学习任务后,您能够:
1. 掌握汽车保险理赔流程。
2. 进行索赔资料的审核。
3. 进行简易的赔款计算等。

二、情境引入

陈先生在平安保险公司购买一份汽车保险。在某日,王先生驾驶车辆下班回家路上发生交通事故,陈先生向保险公司报案索赔,保险公司理赔人员应当如何开展理赔工作。

7.5.1 汽车理赔与索赔

1. 汽车理赔

是指汽车发生交通事故后,保险公司根据事故发生具体情况、保险条款和相关政策法规所进行的保险赔付过程。

2. 汽车索赔

是指汽车发生交通事故后,被保险人可就自己的事故损失向保险人提出索赔要求,这是被保险人的一项权利。具体赔付数值,则必须根据事故具体情况、保险条款和相关政策法规所进行核算。

3. 汽车理赔与索赔流程

汽车理赔与索赔基本流程如图7-13所示。

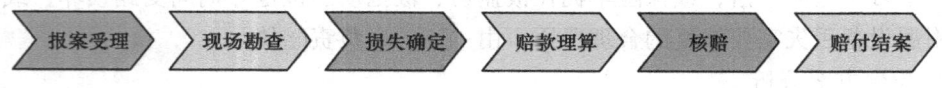

图7-13 汽车理赔与索赔流程

(1) 报案受理

汽车出险后,被保险人应及时通知保险公司,否则,造成损失无法确定或扩大的部分,保险公司将不予赔偿。保险人接到报案后,应及时受理,对相关事项做出安排。

(2) 现场勘查

是指运用科学的方法和现在技术手段,对保险事故现场进行实地勘察和查询,将事故现场、事故原因等内容完整而准确地记录下来的工作过程。

(3) 损失确定

是根据保险合同的规定和现场查勘的实际损失记录,在尊重客观事实的基础上,确定保险责任,然后开展事故定损。

(4) 赔款理算

是保险公司按照法律和保险合同的有关规定,根据保险事故的实际情况,核定和计算应向被保险人赔付金额的过程。

（5）核赔

是在保险公司授权范围内独立负责理赔的人员，按照保险条款及公司内部有关规章制度对赔案进行审核的工作。

（6）赔付结案

是指业务人员根据核赔的审批金额，向保险人支付赔款，对理赔案卷进行整理的工作。

4. 汽车索赔注意事项

① 汽车出现事故后，未经保险公司认可，被保险人不要擅自修复受损车辆。

② 被保险人不要对第三者自行承诺赔偿金额，也不要在保险公司赔偿前放弃向第三者索赔的权利。

③ 索赔时应实事求是。如有隐瞒事实、伪造单证、制造假案等行为发生，被保险人除将有可能因此而受到法律制裁外，还有可能遭到保险公司拒赔。

④ 汽车出现事故，有些是不予赔偿的，如醉酒驾车、出现地震等自然灾害，应该仔细了解保险条款。

7.5.2 汽车赔偿计算

汽车出现事故种类繁多，涉及面广，赔偿计算复杂，尤其是汽车的各种商业保险，各保险公司条款有所不同，其计算的基本依据是保监会 2012 年制定的《关于加强机动车辆商业保险条款费率管理的通知》和《机动车辆商业保险示范条款》等文件。

对于强制车险（交强险）的赔偿计算比较统一，如图 7-14 所示。当有责任时，第三方财产损失最高赔偿 2000 元，第三方医疗费（包括医疗费、诊疗费、住院费、住院伙食补助费、必要合理的后续治疗费、整容费、营养费等）最高赔偿 10000 元，第三方死亡伤残费（包括丧葬费、死亡补偿费、办理丧葬事宜的交通费、残疾赔偿金、残疾辅助器具费、护理费、康复费、交通费、被扶养人生活费、住宿费、误工费、通过判决或调解产生的精神损害抚慰金）最高赔偿 110000 元。当无责任时，第三方财产损失最高赔偿 100 元，第三方医疗费最高赔偿 1000 元，第三方死亡伤残最高赔偿 11000 元。

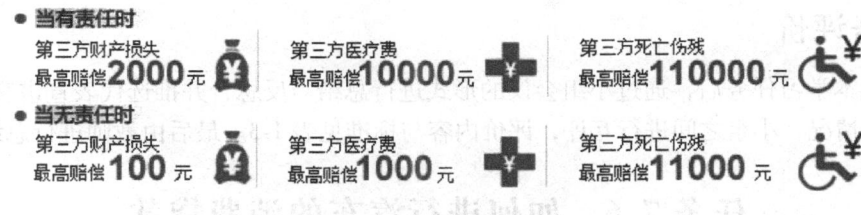

图 7-14 交强险赔偿限额

四、任务实施

现场感受情境引入中的工作氛围，采用小组合作形式，通过角色扮演汽车保险理赔，完成此次实训任务。

1. 汽车保险理赔工作人员为陈先生介绍了理赔流程。

2. 告知陈先生汽车保险索赔所需材料。

3. 完成如下作业工单：

（1）保险索赔案例分析

甲车投保交强险、足额车损险、商业第三者责任险20万元，乙车投保交强险、足额车损险、商业第三者责任险30万元。两车互撞，甲车承担70%责任，车损5000元。乙车承担30%责任，车损3500元，按条款规定主要责任免赔率为15%、次要责任免赔率为5%，则甲、乙两车能获得多少赔款？

甲、乙两车交强险赔偿：

作为甲车第三方的乙车损失为3500元，大于交强险中财产损失赔偿限额的_____元，所以保险公司应赔偿甲车_____元。

作为乙车第三方的甲车损失为5000元，大于交强险中财产损失赔偿限额的_____元，所以保险公司应赔偿乙车_____元。

对于商业保险赔偿计算如下：

甲、乙两车的商业车险：

甲车车损赔偿=（实际损失-交强险赔付金额）×事故责任比例×（1-免赔率之和）

　　　　　=_____

甲车第三方赔偿=（三者损失金额-交强险赔付金额）×事故责任比例×（1-免赔率之和）

　　　　　=_____

乙车车损赔偿=（实际损失-交强险赔付金额）×事故责任比例×（1-免赔率之和）

　　　　　=_____

乙车第三方赔偿=（三者损失金额-交强险赔付金额）×事故责任比例×（1-免赔付率之和）

　　　　　=_____

根据上述计算，甲车赔款计算总额=_____（元），乙车赔款计算总额=_____（元）。

（2）汽车索赔是指汽车发生交通事故后，_____可就自己的事故损失向保险人提出索赔要求，这是被保险人的一项权利。具体赔付数值，则必须根据_____具体情况、保险条款和相关政策法规所进行核算。

五、任务评价

在完成本学习任务后，通过小组会议的形式进行总结与反思，并推选代表宣讲交流知识与技能的掌握情况，小组之间进行互评，评价内容与标准见表1-3。最后由教师进行总结评价。

任务7.6　如何进行汽车的消费贷款

一、学习目标

完成本学习任务后，您能够：

1. 阐述汽车消费信贷操作性文件的种类、用途及填写相关注意事项。
2. 指导客户填写汽车消费信贷操作性文件。

二、情境引入

张先生在某宝马汽车 4S 店，通过按揭贷款的方式购买一款两厢的宝马 220i 领先型旅行车，在销售顾问陪同下完成了汽车消费信贷相关手续的办理。

三、相关内容

7.6.1 我国的汽车消费信贷方式与内容

汽车消费贷款是贷款人向申请购买汽车的借款人发放的贷款，是一种以刺激汽车消费、扩大汽车销售的一项举措。

汽车消费贷款业务最早出现在美国，至今已经有一百多年的历史，并且已经由汽车消费信贷逐步发展成为成熟的汽车金融体系，汽车金融公司成为汽车消费信贷及其他汽车金融服务的主要提供者。我国汽车消费信贷起步于 1995 年，还处在汽车金融的初级阶段汽车消费信贷阶段，并且大多数的汽车信贷由商业银行提供，汽车金融公司在我国才刚刚起步。

我国的汽车消费信贷以贷款来源分有银行贷款、汽车金融公司贷款和汽车经销商消费信贷 3 种形式。他们分别是指银行、汽车金融公司和汽车经销商直接向借款人的消费信贷。各种信贷方式与内容比较见表 7-12。

表 7-12 汽车消费信贷方式与内容比较

汽车信贷方式		信贷内容	优缺点
银行贷款	抵押贷款	购车债务人以其抵押物（一般为房产）作为获得贷款的条件。当债务人不履行债务时，债权人有权以该抵押物折价或拍卖用于还贷	需要有房产等作为抵押，手续比较繁琐。房地产不易贬值，比较受银行的欢迎
	按揭贷款	购车债务人以购买的汽车作为担保，按规定支付首付款后，银行将借款人所购汽车的产权转给银行作为还款的保证，然后由银行贷款为其垫付其余的购车款。在还清全部按揭的本息后，银行将该汽车的所有权转回给购车者	无需其他抵押物，手续简便。需要偿还银行一定利息
	质押贷款	购车债务人将其本人的动产[1]移交给贷款银行，暂时归银行占有作为担保。当债务人不履行债务时，贷款银行有权依法以该抵押动产折价或拍卖、变卖该动产，获得的价款优先用于还贷	手续简单、变现能力强，银行欢迎，但拥有大额存单的人不多
	第三方担保贷款	是指汽车经销商为购车人提供第三方担保的贷款。对借款人未按合同约定偿还贷款本息的，经销商将承担第三方担保责任	贷款的保障比较差，经销商和银行要承受风险
汽车金融公司贷款		是指汽车金融公司为购车人提供的一种贷款，买方需支付本金和一定的利息	贷款申请门槛比银行低，手续便捷，但费用稍高
汽车经销商信贷		是汽车经销商向买方提供的一种贷款，买方需支付首付款和分期偿还本金和利息	是卖方的一种促销方式，也为买方提供了方便，但需要支付一定利息

注：[1] 可以作为汽车质押贷款的动产有：银行存单、国库券、金融债券、国家重点建设债券、汇票、本票、支票、提单、股份、股票、商标权、专利权等。

7.6.2 汽车消费信贷的程序

不同汽车消费贷款方式的流程有所不同，以目前常用的汽车经销商信贷为例，其流程如图 7-15。

流程	主办部门	关联文件资料
客户咨询	咨询部	1.汽车消费信贷购车须知；2.购车常识；3.汽车消费信贷实际操作问答；4.消费信贷购车价格明细表；5.消费信贷购车费用明细表；6.汽车分期付款销售计算表；7.客户需提供个人资料明细表；8.客户登记表
客户决定购买	咨询部	9.消费信贷购车初、复审意见表(需填写初审意见)；10.消费信贷购车申请表(一式两联，客户持一联回单位盖章)
复审	审查部	11.消费信贷购车资格审核调查表；12.银行汽车消费信贷申请书；9.消费信贷购车初、复审意见表(需填写复审意见)
与银行交换意见	审查部	将经过复审的客户文件提交银行进行初审鉴定
交首付款	财务部	通知客户交付首期购车款，为客户办理银行户头并为其办理银行信用卡
客户选定车型	服务部	13.车辆验收交接单(客户签字、选车和提车用同一单)
签订购车合同书	审查部	14.购车合同书
公正、办理保险	审查部	15.办理经济事务公证申请表(用于个人)；16.公证出具接洽笔录；17.车辆险投保单；18.机动车辆分期付款售车信用险或保证险投保单；19.分期付款售车分期付款险或保证保险问讯表；20.为保险公司准备的客户文件
终审	审查部	客户文件经银行初审确认，主管领导在文件的审批栏目签署意见，包括：消费信贷购车资格审核调查、银行汽车消费贷款申请书、个人消费贷款保证合同
办理银行贷款	审查部	21.送交银行的终审文件；22.个人消费贷款保证合同；23.委托付款授权委托书；24.委托收款通知书；25.个人消费贷款借款合同书；26.个人消费贷款审批书
车辆上牌	服务部	27.使用发票须知；28.出厂证　29.车辆挂牌流程(正式发票、购车人身份证、车辆合格证、停车泊位证、车辆保险单)
给客户交车	服务部	为客户办理完上牌手续后应留下：购车发票、车辆购置税发票、车辆合格证、行驶证复印件
建立客户档案	档案部	30.经销商建立客户档案

图 7-15　汽车经销商信贷流程（图中数字为操作性文件目录号）

四、任务实施

现场感受情境引入中的工作氛围，采用小组合作形式，通过角色扮演汽车消费信贷办理，完成此次实训任务。

1. 为张先生讲解汽车消费信贷操作性文件的种类与用途。
2. 指导张先生完成汽车消费信贷业务的主要操作性文件的填写。
3. 完成如下作业工单：

（1）汽车消费贷款是_____向申请购买汽车的_____发放的贷款，是一种以刺激汽车_____、扩大汽车销售的一项举措。

（2）填写表 7-13 汽车银行信贷方式与内容比较。

表 7-13　汽车银行信贷方式与内容比较

汽车银行贷款方式	信 贷 内 容
抵押贷款	购车债务人以购买的汽车作为担保，按规定支付首付款后，银行将借款人所购汽车的产权转给银行作为还款的保证，然后由银行贷款为其垫付其余的购车款。在还清全部按揭的本息后，银行将该汽车的所有权转回给购车者
质押贷款	

（3）我国的汽车消费信贷以贷款来源分有_____、_____和汽车经销商消费信贷 3 种形式。

五、任务评价

在完成本学习任务后，通过小组会议的形式进行总结与反思，并推选代表宣讲交流知识与技能的掌握情况，小组之间进行互评，评价内容与标准见表 1-3。最后由教师进行总结评价。

项目 8 汽车驾驶与考证

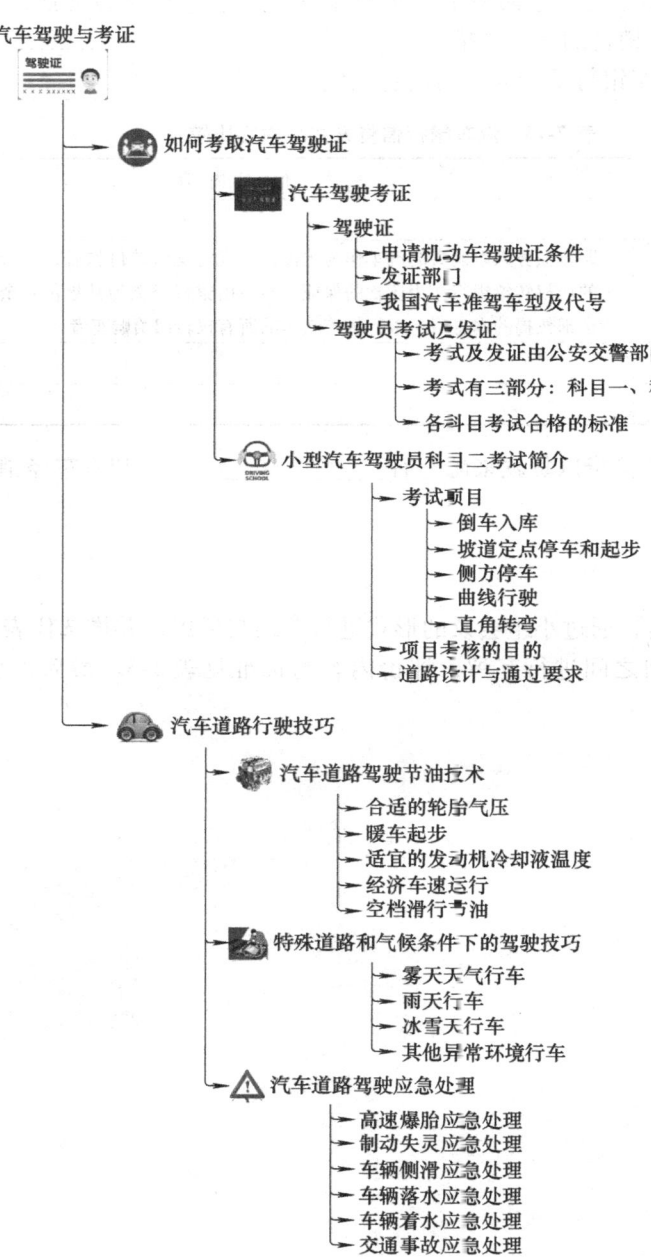

项目 8 汽车驾驶与考证

任务 8.1 如何考取汽车驾驶证

一、学习目标

完成本学习任务后，您能够：
1. 区分汽车驾驶证的种类与要求。
2. 阐述考驾驶证的流程。
3. 学会汽车的操作要求及注意事项。

二、情境引入

小陈是高校的一名学生，想考取汽车驾驶证，于是来到了某驾校咨询，工作人员给他介绍了考取驾驶证的流程及相关事项。

三、相关知识

8.1.1 汽车驾驶考证概述

1. 驾驶证

根据我国公安部 2016 年《机动车驾驶证申领和使用规定》，驾驶机动车，应当依法取得机动车驾驶证（见图 8-1）。

申请机动车驾驶证，应当符合国务院公安部门规定的驾驶许可条件（如年龄条件、身体条件等）；经考试合格后，由公安机关交通管理部门发给相应类别的机动车驾驶证。

我国汽车准驾车型及代号如表 8-1 所示。

图 8-1 机动车驾驶证

表 8-1 准驾车型及代号

准驾车型	代号	准驾的车辆	准予驾驶的其他准驾车型
大型客车	A1	大型载客汽车	A3、B1、B2、C1、C2、C3、C4、M
牵引车	A2	重型、中型全挂、半挂汽车列车	B1、B2、C1、C2、C3、C4、M
城市公交车	A3	核载 10 人以上的城市公共汽车	C1、C2、C3、C4
中型客车	B1	中型载客汽车（含核载 10 人以上、19 人以下的城市公共汽车）	C1、C2、C3、C4、M
大型货车	B2	重型、中型载货汽车；大、重、中型专项作业车	
小型汽车	C1	小型、微型载客汽车以及轻型、微型载货汽车、轻、小、微型专项作业车	C2、C3、C4
小型自动档汽车	C2	小型、微型自动档载客汽车以及轻型、微型自动档载货汽车	
低速载货汽车	C3	低速载货汽车（原四轮农用运输车）	C4
三轮汽车	C4	三轮汽车（原三轮农用运输车）	

(续)

准驾车型	代号	准驾的车辆	准予驾驶的其他准驾车型
残疾人专用小型自动档载客汽车	C5	残疾人专用小型、微型自动档载客汽车（只允许右下肢或者双下肢残疾人驾驶）	
普通三轮摩托车	D	发动机排量大于50mL或者最大设计车速大于50km/h的三轮摩托车	E、F
普通二轮摩托车	E	发动机排量大于50mL或者最大设计车速大于50km/h的二轮摩托车	F
轻便摩托车	F	发动机排量小于等于50mL，最大设计车速小于等于50km/h的摩托车	
轮式自行机械车	M	轮式自行机械车	
无轨电车	N	无轨电车	
有轨电车	P	有轨电车	

2. 驾驶员考试及发证

驾驶员考试及发证由公安交警部门负责，考试共分三部分，即：道路交通安全法律、法规和相关知识考试科目（简称"科目一"）、场地驾驶技能考试科目（简称"科目二"）、道路驾驶技能和安全文明驾驶常识考试科目（简称"科目三"）。驾驶员考试时是按科目顺序依次过关。

（1）科目一考试

内容包括：道路通行、交通信号、交通安全违法行为和交通事故处理、机动车驾驶证申领和使用、机动车登记等规定以及其他道路交通安全法律、法规和规章。

（2）科目二考试

内容包括：

① 大型客车、牵引车、城市公交车、中型客车、大型货车考试项目为：桩考、坡道定点停车和起步、侧方停车、通过单边桥、曲线行驶、直角转弯、通过限宽门、通过连续障碍、起伏路行驶、窄路掉头，以及模拟高速公路、连续急弯山区路、隧道、雨（雾）天、湿滑路、紧急情况处置。对大型客车、牵引车，省级公安机关交通管理部门可以根据实际增加考试内容。

② 小型汽车、小型自动档汽车、残疾人专用小型自动档载客汽车和低速载货汽车考试项目为：倒车入库、坡道定点停车和起步、侧方停车、曲线行驶、直角转弯。

③ 三轮汽车、普通三轮摩托车、普通二轮摩托车和轻便摩托车考试项目为：桩考、坡道定点停车和起步、通过单边桥。

④ 轮式自行机械车、无轨电车、有轨电车的考试内容由省级公安机关交通管理部门确定。

（3）科目三道路考试

内容包括：驾驶技能考试和安全文明驾驶常识考试。

① 道路驾驶技能考试内容包括：大型客车、牵引车、城市公交车、中型客车、大型货车、小型汽车、小型自动档汽车、低速载货汽车和残疾人专用小型自动档载客汽车考试上车

准备、起步、直线行驶、加减档位操作、变更车道、靠边停车、直行通过路口、路口左转弯、路口右转弯、通过人行横道线、通过学校区域、通过公共汽车站、会车、超车、掉头、夜间行驶；其他准驾车型的考试内容，由省级公安机关交通管理部门确定。

大型客车、中型客车考试里程不少于20km，其中白天考试里程不少于10km，夜间考试里程不少于5km。

牵引车、城市公交车、大型货车考试里程不少于10km，其中白天考试里程不少于5km，夜间考试里程不少于3km。

小型汽车、小型自动档汽车、低速载货汽车、残疾人专用小型自动档载客汽车考试里程不少于3km，并抽取不少于20%进行夜间考试；不进行夜间考试的，应当进行模拟夜间灯光使用考试。

对大型客车、牵引车、城市公交车、中型客车、大型货车，省级公安机关交通管理部门应当根据实际增加山区、隧道、陡坡等复杂道路驾驶考试内容。对其他汽车准驾车型，省级公安机关交通管理部门可以根据实际增加考试内容。

② 安全文明驾驶常识考试内容包括：安全文明驾驶操作要求、恶劣气象和复杂道路条件下的安全驾驶知识、爆胎等紧急情况下的临危处置方法以及发生交通事故后的处置知识等。

(4) 各科目考试的合格标准为：

① 科目一考试满分为100分，成绩达到90分的为合格。

② 科目二考试满分为100分，考试大型客车、牵引车、城市公交车、中型客车、大型货车准驾车型的，成绩达到90分的为合格，其他准驾车型的成绩达到80分的为合格。

③ 科目三考试满分分别为100分，成绩达到90分的为合格。

8.1.2 小型汽车驾驶员科目二考试简介

根据公安部规定：小型汽车、小型自动档汽车、残疾人专用小型自动档载客汽车和低速载货汽车考试项目共5项，分别为：倒车入库、坡道定点停车和起步、侧方停车、曲线行驶、直角转弯。

科目二应当按照报考的准驾车型，选定对应考试场地和考试车辆，在考试员的现场监督下，由考生按照规定的考试线路、操作要求和考试员的考试指令独立完成驾驶。

1. 倒车入库

倒车入库的目的是考核驾驶人操控车辆完成倒车入库和正确判断车身空间位置的能力。

(1) 道路设计（图8-2）

库宽：车身宽（不含后视镜）加60cm，库位长：车身长加70cm，车道宽：车身长的1.5倍，车库距控制线：车身长的1.5倍。

(2) 通过要求

从道路一端控制线开始（两个前轮触地点必须驾驶过控制线），一次倒入库内停车，再前进出

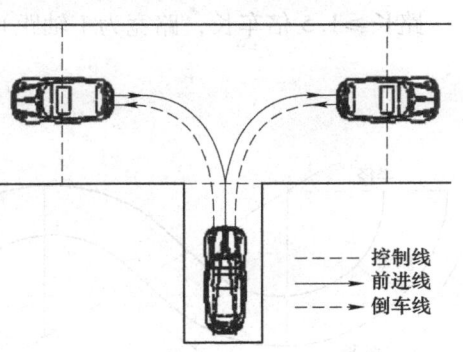

图8-2 汽车倒车入库

库向另一端控制线行驶，待两个前轮触地点均驶过控制线后停车，再次一次倒入库内停车，最后前进驶出车库，回到起始点。考试过程中，车辆进退途中不得停车、不得压边线。项目完成时间不得超过210s。

2. 坡道定点停车与起步

坡道定点停车与起步的目的是考核驾驶人上坡路段驾驶车辆的能力，正确地在固定地点靠边停稳车辆，准确使用档位和离合器的能力，以适应在上坡路段等候放行时的操作需要。

（1）道路设计（见图8-3）

定点停车桩杆距坡底>1.5倍车长，全坡长>30m。

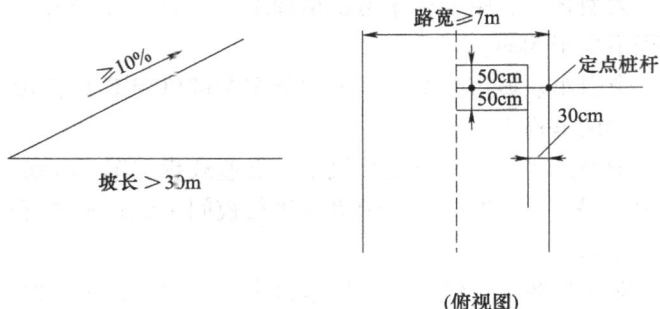

图8-3 汽车坡道定点停车与起步

（2）通过要求

驾驶人通过视觉和感觉及时判断坡道陡度、长短及路宽等道路情况，采取恰当的操作方法，控制车辆平稳停车和起步。做到转向正确，换档迅速，转向、制动和离合器三者配合准确协调。

3. 曲线行驶

曲线行驶的目的是考核驾驶人方向的运用与对车轮轨迹运行的能力。

（1）道路设计（见图8-4）

路宽为3.5m，半径为7.5m，弧长为3/8个圆周。

（2）通过要求

车辆从弯道的一端前进驶入，减速换档，以低档低速从另一端驶出。行驶中不得停车，也不得挤压路边缘线，方向运用自如。

4. 直角拐弯

直角拐弯的目的是考核驾驶人在急弯路段能迅速运用转向盘，并对车辆内、外轮差距进行正确判断。

（1）道路图形设计（见图8-5）

路长≥1.5倍车长，路宽为1轴距+100cm。

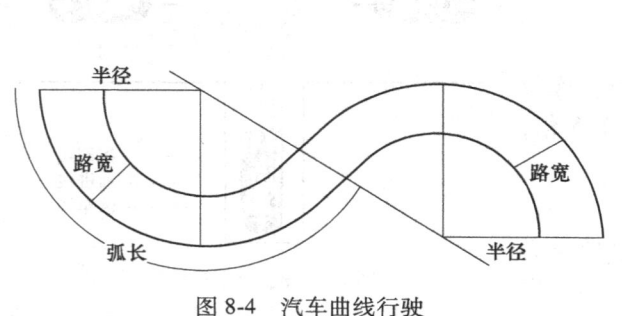

图8-4 汽车曲线行驶

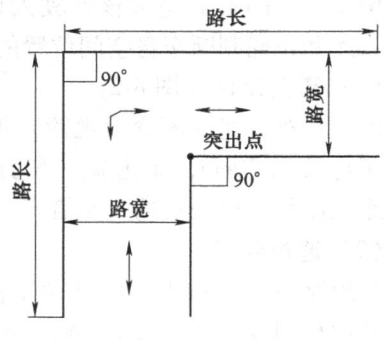

图8-5 汽车直角拐弯

（2）通过要求

驾驶车辆按规定的线路行驶，由左向右或者由右向左直角转弯，一次通过，中途不得停车，车轮不得碰压车道边线。转弯前，应开启转向灯，完成转向后关闭转向灯。

5. 侧方位停车

侧方位停车的目的是考核驾驶人掌握将整车正确停于路右车位（库）中的技能，以适应日常驾驶生活中临时停车的需要。

（1）道路设计（见图8-6）

车位（库）长为1.5倍车长加1m，车位（库）宽为车宽+80cm；车道宽为1.5倍车宽+80cm。

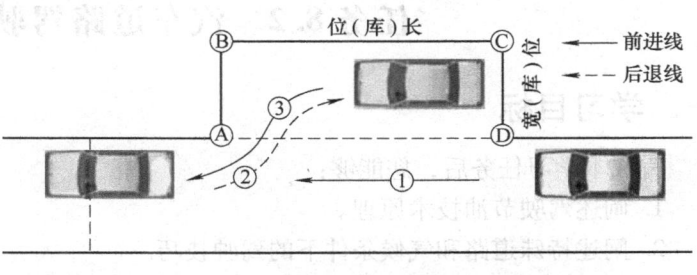

图8-6 汽车侧方位停车

（2）通过要求

车辆在库前方一次侧方入库，中途不得停车，车轮不触压车道边线，车身不碰触库位边线。再从左前方出库，出库前应开启左转向灯，出库过程中，车轮不触压车道边线，车身不触碰车库边线，出库后关闭转向灯。项目完成不得超过90s。

四、任务实施

现场感受情境引入中的工作氛围，采用小组合作形式，通过角色扮演汽车驾驶证咨询接待，完成此次实训任务。

1. 工作人员向小李讲解汽车驾驶证的种类。
2. 介绍考取驾驶证的流程与考试内容。
3. 完成下面的工单。

（1）驾驶人考试及发证由_____部门负责，考试共分_____部分，即：道路交通安全法律、法规和相关知识考试科目、_____考试科目、道路驾驶技能和安全文明驾驶常识考试科目。

（2）倒车入库道路设计，库宽：车身宽（不含后视镜）加_____cm，库位长：车身长加_____cm，车道宽：车身长的_____倍，车库距控制线：车身长的_____倍。

（3）完成表8-2小型汽车驾驶员科目二考试内容填写。

表8-2 小型汽车驾驶员科目二考试

序号	考试项目	考试目的
1		
2		
3		
4	直角拐弯	
5		考核驾驶人在急弯路段能迅速运用转向盘，并对车辆内、外轮差距进行正确判断

五、任务评价

在完成本学习任务后,通过小组会议的形式进行总结与反思,并推选代表宣讲交流知识与技能的掌握情况,小组之间进行互评,评价内容与标准见表1-3。最后由教师进行总结评价。

任务8.2　汽车道路驾驶技巧

一、学习目标

完成本学习任务后,您能够:
1. 阐述驾驶节油技术原理。
2. 阐述特殊道路和气候条件下的驾驶技巧。
3. 学会汽车道路驾驶应急处理措施。

二、情境引入

小李刚买新车,驾驶经验不足。为了更好地适应市区道路,他找了一个经验丰富的驾驶人作为教练,期间教练还给他介绍了驾驶节油技术与驾驶技巧。

三、相关知识

8.2.1　汽车道路驾驶节油技术

汽车油耗高低很大程度上与驾驶人的驾驶技术有关,同一辆车,不同驾驶人驾驶,耗油量的差别可达8%～15%。驾驶时应注意的主要问题有以下几个方面。

1. 合适的轮胎气压

经常检查,保持轮胎气压在最佳状态,气压不足会增加耗油量,还会增加轮胎磨损。

2. 暖车起步

汽车冷起动时,应使发动机原地中小节气门开度下运行一段时间,俗称暖车,再使汽车起步,由低档到高档,逐渐转入正常工作状态,可达到有效节油和延长汽车寿命之目的。

3. 适宜的发动机冷却液温度

在汽车行驶过程中,要注意看温度表,发动机正常的冷却液温度应保持在80～90℃之间,过高或过低都会使油耗增加。特别要注意的是,如果散热器水量不足时,很容易导致冷却液温度快速攀升,油耗增加,并且会很容易导致机件磨损和损坏。

4. 经济车速运行

汽车说明书提供了最省油的速度区间,行驶时,在遵守高速限速的前提下,利用发动机节气门开度和汽车档位配合,使汽车尽量在经济车速下行驶。

5. 空档滑行节油

所谓空档滑行节油,是将汽车加速到经济车速上限,然后挂空档,让汽车利用惯性滑行,至车速降至经济车速的下限,再踩加速踏板,使车速恢复到经济车速上限的一种方法,可以达到有效节油效果。汽车在下陡坡、弯道及行人密集地方不宜使用空档滑行。

8.2.2 特殊道路和气候条件下的驾驶技巧

1. 雾天天气行车

（1）雾天特点

能见度低，路面湿滑，制动性能降低，车辆易侧滑。

（2）雾天行车注意

- 打开防雾灯和车尾雾天信号灯。
- 不能开远光灯，因为远光灯光线强烈，会被雾反射到驾驶人眼中，使他们视线模糊。
- 保持足够的行驶距离，限速行驶，适时鸣笛，预先警告行人和车辆。

2. 雨天行车

（1）雨天天气特点

路面积水，易造成车辆打滑失控。能见度低，视线模糊。

（2）雨天行车注意

- 限速行驶，不要猛拐弯。
- 行车避让大水坑，避免通过很深的积水，防止制动鼓或发动机进水。
- 保持足够的行驶距离，勤按喇叭，引起行人注意。
- 久雨或暴雨天气，要注意路基疏松和可能出现塌方，选择安全路面行驶。在傍山路、堤路或沿河道上，不宜靠边行驶或停车。

3. 冰雪天行车

（1）冰雪天天气特点

路面很滑，易造成车辆打滑失控。雪地阳光反射，刺激眼睛。

（2）冰雪天行车注意

- 保证车况良好，特别是转向系统、制动系统，制动时不得有跑偏现象。
- 适当降低轮胎气压。
- 起步时轻踩加速踏板，慢抬离合器踏板，以防止车轮滑转。
- 起步困难，可以在驱动轮下铺垫灰砂、炉渣等物，或在轮下冰面刨槽沟以提高附着力。必要时可事先在车轮上装上防滑链，但要左右对称，松紧适中。
- 保持车距，低速行车，转弯减速，适当加大转弯半径，切忌猛打转向盘。
- 久在雪路行驶，要佩戴有色眼镜，以防雪盲。
- 避免在半坡上停车、换档。上比较大的坡时，用低档，一鼓作气地行车。
- 下坡时利用发动机制动来控制车速。
- 冰雪道路上，严禁滑行。
- 避免紧急制动，没有 ABS 系统的车在紧急制动时需要连续轻点制动。
- 如发生侧滑时，必须迅速松开制动，稍加速踏板，把前轮转向侧滑方向，待侧滑消除后再驶入正常路线。

4. 其他异常环境行车

（1）山区行车注意

- 高度集中注意力，车速不要太快。

- 转弯时，请尽量靠外侧行驶。
- 上坡路段少超车，尤其要注意坡顶前看不见坡顶后的视线死角，应小心慢行。
- 下陡坡严禁滑行，可利用发动机小节气门开度、低速档来降低车速。

(2) 夏季与冬季行车注意
- 夏季高温，轮胎气压不要过高，防止爆胎；机油牌号要符合气候要求。
- 冬季低温，机油牌号要合适；北方起动应预热；添加防冻液；如采用普通冷却水，在夜晚气温低于5℃时，要放水过夜。

8.2.3 汽车道路驾驶应急处理

汽车驾驶过程中，可能会发生一些意想不到的事件，作为一名驾驶人应掌握先避人后避物的处理原则和一些应急处理措施。

1. 高速爆胎应急处理

① 马上把危险警告闪光灯打开，让后车知道出现紧急情况。

② 不要急踩制动踏板，应采用逐级退档方法，靠发动机怠速把车速拖慢并配合轻点制动，但一定要轻，车速降到60km/h后，可适当增加制动力度，靠路边停车。

③ 在退档减速同时，一定要把住转向盘，爆胎后，车会出现方向跑偏、甩尾，这时一定不能猛打方向，因为车速很快时，高速猛打转向盘会造成失控。

2. 制动失灵应急处理

① 当路况风险较小时，可逐级迅速从高档换入低档，用发动机怠速拖慢车速到30km/h以下时采用驻车制动。

② 当下坡而路况不好时，应尽量跳档换入低档后配合驻车制动。

③ 高速时不要采用驻车制动，尽可能不采用靠蹭路边障碍物的方法使车辆停止，除非不得已。

3. 车辆侧滑应急处理

① 紧急制动导致车辆发生侧滑时，应立即松抬制动踏板，同时向侧滑的一方转动转向盘，并及时回转进行调整。

② 车辆在泥泞路上发生侧滑时，应向侧滑的一侧转动转向盘适量修正，紧急制动或猛转转向盘易导致失控，甚至造成翻车、坠车或碰撞事故。

③ 若车辆因转向或擦撞引起的侧滑，应先控制车辆前进方向后制动。

4. 车辆落水应急处理

因车门受水压力难以打开，应迅速开启车窗（天窗）或用粗重的物体敲碎车窗玻璃（必要时可用脚踹），快速逃生。不得采用关闭车窗阻挡车内进水或打急救电话告知救援人员等错误方法。不要过于惊惶，意外落水通常会有3~5min的时间逃生。

5. 车辆着火应急处理

① 立即停车，打开危险警告闪光灯。

② 尽快取下车载灭火器灭火，若无灭火器可用湿棉被、衣服、毛巾灭火。

③ 若无法灭火立即拨打119和122报警。

④ 树立警告标志，疏散过往车辆和行人避免发生意外爆炸。

6. 交通事故应急处理
① 马上停车保持现场，并打开危险警告闪光灯、树立警告标志。
② 有人受伤较重应立即拨打 120 急救，并尽可能就地施救。
③ 拨打 122 电话报警并报保险公司前来处理。
④ 疏散过往车辆和行人避免造成交通堵塞。

四、任务实施

现场感受情境引入中的工作氛围，采用小组合作形式，通过角色扮演汽车驾驶陪练，完成此次实训任务。

1. 教练介绍汽车油耗与驾驶人驾驶技术之间的关系。
2. 讲述雨雾天、冰雪天驾车的注意事项。
3. 完成如下作业工单
（1）在汽车行驶过程中，要注意看温度表，发动机正常的冷却液温度应保持在_____℃之间，过高或过低都会使_____增加。特别要注意的是，如果散热器_____不足时，很容易导致冷却液温度快速攀升，油耗增加，并且会很容易导致机件磨损和损坏。
（2）完成表 8-3 道路驾驶应急处理及对应注意事项的填写

表 8-3 道路驾驶应急处理及对应注意事项

序号	道路驾驶应急处理	处理注意事项
1		开危险警告闪光灯；缓制动；退档减速；握稳转向盘
2		
3		
4		
5	车辆着火应急措施	
6		

（3）不同季节对行车要求也是有所差异，夏季高温，轮胎气压不要_____，防止爆胎；机油牌号要符合_____要求。冬季低温，机油牌号要合适，北方起动应_____；添加_____；如采用普通冷却水，在夜晚气温低于 5℃时，要_____过夜。

五、任务评价

在完成本学习任务后，通过小组会议的形式进行总结与反思，并推选代表宣讲交流知识与技能的掌握情况，小组之间进行互评，评价内容与标准见表 1-3。最后由教师进行总结评价。

项目 9 汽车油料选用与维护

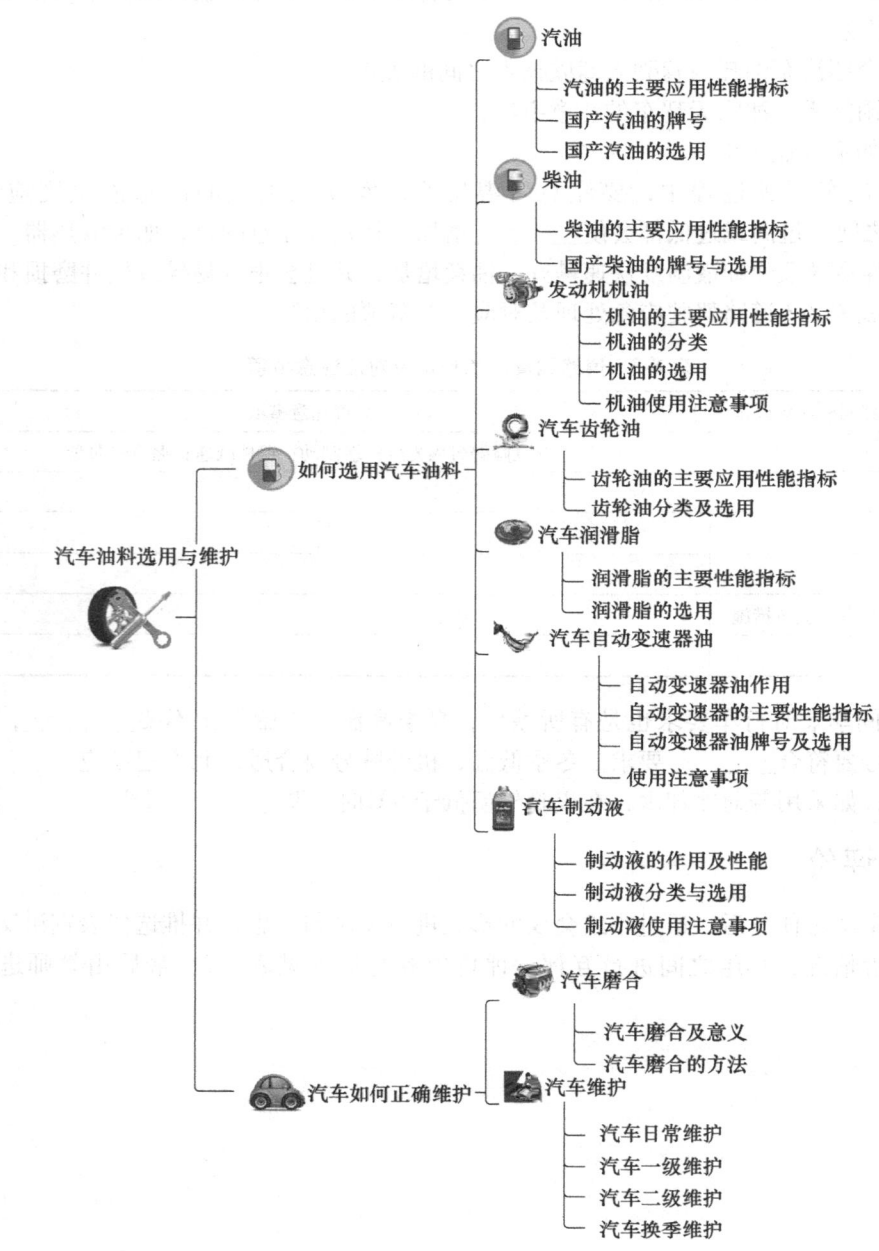

任务 9.1　如何选用汽车油料

一、学习目标

完成本学习任务后，您能够：
1. 阐述汽车油料的分类、主要性能和牌号。
2. 进行汽车油料的正确选用。

二、情境引入

李先生因车辆燃油经济性变差，前往 4S 店维护，经了解李先生长期把高标汽油加到低标汽油要求的爱车里，为此，车间主管给李先生就有关汽车油料的选用进行了说明与指导。

三、相关知识

汽车常用油料有汽油、柴油、发动机机油、齿轮油、润滑脂和制动液等，错误的选用油料或劣质油料，会极大地影响汽车的动力性能、经济性能、排放性能、可靠性和耐久性。

9.1.1　汽油

1. 汽油的主要应用性能指标

（1）汽油的抗爆性

是指汽油在发动机气缸内燃烧时抵抗爆燃的能力，用辛烷值评定。汽油的辛烷值越高，其抗爆性就越好，汽油的牌号就是以辛烷值划分的。

（2）汽油的蒸发性

汽油汽化的难易程度称为汽油的蒸发性，以馏程作为评价汽油蒸发性的指标。一般用汽油的 10%、50%、90% 的馏出温度来评定。馏出温度越低，蒸发性越好，汽车要求汽油的蒸发性要适当。

2. 国产汽油的牌号

● 我国汽油按辛烷值高低分 92 号、95 号、98 号（见表 9-1）。

表 9-1　我国汽油牌号与选用

汽油牌号	适用发动机压缩比
92	8.6~9.9
95	10.0~11.5
98	大于 11.6

3. 国产汽油的选用

● 主要依据发动机的压缩比选用（见表 9-1）。因为压缩比越大，汽油在发动机气缸内燃烧产生爆燃的可能性越大，所以压缩比高的汽油机应采用辛烷值高的汽油。高档汽车发动机压缩比较高，应按使用说明书要求选用较高牌号的汽油，否则容易产生爆燃而无法正常工作。

- 由于汽油容易挥发，遇到明火极易燃烧，使用时应特别注意防火。严禁在加油站等汽油集聚的场所抽烟、划火（见图 9-1）。

9.1.2 柴油

1. 柴油的主要应用性能指标

（1）十六烷值（$C_{16}H_{34}$）

- 是评价柴油着火难易的一个重要指标。十六烷值小，着火变难，着火延迟期变长，柴油机工作粗暴。
- 汽车柴油机要求十六烷值不小于 45。

图 9-1 禁止烟火

（2）凝点

- 是指柴油失去流动性开始凝固时的温度。
- 汽车用轻柴油的牌号就是按凝点分的。

（3）黏度

- 表征柴油稀稠的一项指标。
- 黏度过大，柴油喷雾困难，雾化质量变差，影响燃烧过程；而黏度过小，喷油泵及喷油器中的精密偶件润滑不良，容易磨损。

（4）机械杂质和水分

- 机械杂质会引起喷油器的喷孔堵塞，加剧喷油泵、喷油器精密偶件磨损。
- 水分会使燃烧恶化，都应严格控制。尤其是柴油的输运和添加等环节，注意防止外界灰尘、杂质及水分混入，应进行沉淀和严格过滤。

2. 国产柴油的牌号与选用

- 柴油汽车使用的柴油为轻柴油，我国按其质量分为优等品、一等品和合格品三个等级，每个等级又按柴油的凝点分为七个牌号（见表 9-2）。
- 选用柴油时，应该根据当时当地的气温确定，要求柴油的凝点应该低于当地最低气温 5℃以上。（见表 9-2）。

表 9-2 我国柴油牌号与选用

等级	牌号	气温/℃	等级	牌号	气温/℃
优等品	10 号	15	一等品	-20 号	-15
	0 号	5		-35 号	-30
	-10 号	-5		-50 号	-45
	-20 号	-15	合格品	10 号	15
	-35 号	-30		0 号	5
	-50 号	-45		-10 号	-5
一等品	10 号	15		-20 号	-15
	0 号	5		-35 号	-30
	-10 号	-5		-50 号	-45

9.1.3 发动机机油

发动机机油也称润滑油，是发动机的"血液"，在发动机各摩擦表面上担负着润滑、清洁、冷却、防锈等重要作用。正确选用机油能保证汽车正常可靠行驶，减少零件磨损、节省燃油消耗、延长发动机使用寿命。

1. 机油的主要应用性能指标

（1）黏度
- 是指机油受外力作用移动时，分子间产生的内摩擦力大小。它是机油分级和选用的主要依据。
- 黏度过小，在高温、高压下容易从摩擦表面流失，不能形成足够厚度的油膜；黏度过大，冷起动阻力增加，起动困难，机油不能及时被泵送到摩擦表面，导致起动磨损严重。

（2）黏温性
- 是指机油黏度随温度而变化的特性。
- 发动机从起动到满负荷工作，温度变化范围大，导致机油温度变化大。若机油的黏度随温度变化太大，就会使高温时黏度太低，而低温时黏度太高，影响正常润滑。

（3）氧化安定性
- 是指机油抵抗氧化作用不使其性质发生永久变化的能力。
- 机油工作温度高达95℃，产生氧化后，颜色变暗，黏度增加，酸性增大，并产生胶状沉积物。氧化变质的机油将腐蚀发动机零件，甚至破坏发动机的正常工作。

（4）其他性能　有极压性、防腐性、起泡性、清净分散性等，它们对发动机的润滑都产生一定的影响，需要加入各种添加剂，保证机油的性能。

2. 机油的分类
- 我国机油分四类若干等级（见表9-3），每一种级别又有若干种单一黏度等级和多黏度等级的机油牌号。

表9-3　我国发动机机油分类

种类	等　　级
汽油机机油	SE、SF、SG、SH（GF-1）、SJ（GF-2）、SL（GF-3）、SM（GF-4）、SN（GF-5）
柴油机机油	CC、CD、CF-2、CF-4、CG-4、CH-4、CI-4、CJ-4
通用油	如SJ/CF-4
农用柴油机机油	用于农用柴油机及其汽车

- 单一黏度等级的机油黏温性较差，只适应某一温度范围使用。多黏度等级的润滑油黏温性好，适应温度范围宽。

3. 机油的选用

发动机机油的选用应根据厂家说明书所规定的要求进行选择和换油。

4. 机油使用注意事项
- 每天出车前应检查机油油面高度，不可过高和过低。
- 注意检查机油颜色、气味、黏度的变化，如已变质，应及时更换。
- 换油时应采用热机放油方法，即先运行车辆，然后趁热放出机油，以便使发动机内的油泥、污物等尽可能地随机油一起排出。
- 定期检查清洗机油滤清器，清理油底壳中的杂质。
- 避免不同牌号的发动机机油混用，以免相互起化学反应。

- 选购时，应尽可能地购买有影响、有知名度的正规厂家的发动机机油，要特别注意辨别真假，确保发动机机油质量。图9-2、图9-3显示了使用不良机油导致的严重后果。

图9-2　火花塞结胶积炭

图9-3　气门积炭严重

9.1.4　汽车齿轮油

汽车齿轮油用于汽车转向器、变速器、驱动桥等齿轮传动机构中，由于齿轮传动时表面压力高，所以齿轮油对齿轮的润滑、抗磨、冷却、散热、防腐防锈、洗涤和降低齿面冲击与噪声都起到了重要作用。

1. 齿轮油的主要应用性能指标

①抗磨性（也称油性）：是指齿轮油在运动件间抵抗摩擦保持油膜的能力。

②极压性：指齿轮油抗摩擦、磨损、烧结和耐冲击负荷的性能。

③热氧化安定性：齿轮油抵抗热和氧化作用的能力。

④抗泡性：指迅速消除齿轮油泡沫的能力，因为齿轮转动时会产生泡沫，影响油膜生成，加速齿轮磨损，必须迅速予以消除。

2. 齿轮油分类及选用

我国齿轮油分普通车用齿轮油、中负荷车用齿轮油和重负荷车用齿轮油三类，每类又有若干牌号，其选用必须严格按各种汽车使用说明书的要求进行。如无使用说明书，也可以参照表9-4选用。

表9-4　齿轮油分类、牌号及选用

牌号	分类	适用范围	备注
80w-90 85w-90 90	普通车用齿轮油（L-CLC）	适用于中等速度和负荷比较苛刻的齿轮变速器和弧齿锥齿轮驱动桥	80w-90等齿轮油为多黏度等级齿轮油，带"w"为冬季低温用油，无"w"为夏季用油。 冬季气温不低于－10℃地区，可全年选用90号齿轮油；气温不低于－12℃地区还可全年使用85w-90号齿轮油；气温不低于－26℃地区可全年选用80w-90油；冬季气温－26℃以下的严寒地区冬季应选用75w齿轮油
75w 80w-90 85w-90 90 85w-140	中负荷车用齿轮油（L-CLD）	适用于低速高转矩和高速低转矩的各种齿轮变速器、弧齿锥齿轮，使用条件不太苛刻的准双曲面齿轮驱动桥	
75w 80w-90 85w-90 90 85w-140	重负荷车用齿轮油（L-CLE）	适用高速冲击载荷、高速低转矩和低速高转矩的各种齿轮，工作条件苛刻的准双曲面齿轮传动	

9.1.5 汽车润滑脂

汽车润滑脂俗称黄油，是介于液体与固体之间的半流动的塑性物质，它是在润滑油中加入稠化剂制成的，主要应用于水泵轴承、发电机轴承、轮毂轴承、万向节轴承以及主销轴瓦等敞开或密封不良及受压较大的摩擦部位，具有润滑、保护、密封等作用。

1. 润滑脂的主要性能指标

（1）稠度
- 是指润滑脂在受力作用时抵抗变形的程度，一般用锥入度指标衡量。
- 锥入度越小，润滑脂越硬，越不易进入和充满摩擦面，同时润滑脂的内摩擦阻力大，因而稠度应适中，冬季应选用稠度大一些的润滑脂，而夏季可选稠度小一些的润滑脂。

（2）低温性能
- 是指润滑脂在低温条件下仍能保持良好润滑的性能，它取决于润滑脂低温条件下的相似黏度和低温转矩。

（3）高温性能
- 是指润滑脂在高温条件下仍能保持良好润滑的性能。
- 润滑脂的高温性能可用滴点、蒸发量和轴承漏失量等指标进行评定。
- 温度对于润滑脂的流动性具有很大影响，温度升高，润滑脂变软易于流失。而且在较高温度下，润滑脂蒸发损失增大，氧化变质与凝缩分油现象严重，引起润滑脂失效。

2. 润滑脂的选用
- 选用必须按各种汽车使用说明书的要求进行。
- 目前普遍推荐使用的是通用锂基润滑脂，它具有良好的高低温适应性，可在$-30 \sim 120℃$的温度范围内使用，具有良好的抗水性、防锈性、安定性和润滑性，在高速运转的水泵及发电机轴承使用，不变质，不流失，保证润滑。

9.1.6 汽车自动变速器油

1. 自动变速器油作用
- 自动变速器油被用于液力变矩器或行星齿轮变速器，作为液力传动介质以传递能量和转矩，并进行润滑和散热，它直接影响到液力传动系统的功率和效率。

2. 自动变速器油主要性能指标
- 自动变速器油主要性能指标有黏温性、消泡性、抗氧化安定性和抗磨性等，其含义与其他润滑剂相似，此处不再赘述。

3. 自动变速器油牌号及选用
- 我国自动变速器油按$100℃$时运动黏度分为6号、8号两个牌号。
- 6号油主要用于内燃机车、重型汽车及工程机械，8号油主要用于轿车。
- 进口轿车最好采用其要求的品牌，如果无进口品牌油，也可用8号油替代。不同品牌的自动变速器油不可混用。

4. 使用注意事项
- 应注意避免自动变速器长时间重载低速行驶，以免油温上升，加速油的氧化变质，形成沉积物和积炭，阻塞细小的通孔和油液循环管路，导致自动变速器过热损坏。
- 应注意经常检查油位，方法是使车辆停放在水平地面上，发动机怠速运转，油温在正常范围内（80~85℃），此时油位应位于自动变速器油尺上的规定油位。油位过高或过低，都将使自动变速器出故障。
- 注意按照车辆使用说明书的规定更换自动变速油和滤清器（或清洗滤网），同时拆洗自动变速器油底壳。换油时应将油底壳和油路（特别是变矩器）清洗干净，按需要量加入新油。
- 不同牌号、不同品种的自动变速器油不能混用，同牌号不同厂家生产的也不宜混用。

9.1.7 汽车制动液

1. 制动液的作用及性能
- 制动液用于在液压式制动系统中传递制动压力。
- 制动液应具备高沸点、低蒸发性，以防产生气阻影响制动；优良的低温流动性，以利于正常使用；良好的金属适应性和橡胶适配性，以使制动管路中的金属、橡胶密封圈不易被腐蚀、老化；还要有良好的润滑性，适宜的黏度和稳定性等。

2. 制动液分类与选用

依据我国 GB12981—2012《机动车辆制动液》标准，制动液分为 HZY3~HZY6 四个质量等级，序号越大，沸点越高，高温抗气阻性能越好，行车制动安全性越好。
- 制动液选用应按使用说明书要求进行。

3. 制动液使用注意事项

①定期更换制动液：汽车制动液的更换以汽车行驶里程或使用时间确定。如捷达轿车换油周期为 24 个月或行驶 3 万 km。

②不同规格的制动液不能混用。

③防止水分或矿物油混入。

④制动缸橡胶皮碗不可敞开放置。

⑤汽车制动液多以有机溶剂制成，易挥发、易燃。因此，管理和使用中要注意防火。

四、任务实施

现场感受情境引入中的工作氛围，采用小组合作形式，通过角色扮演汽车售后技术服务，完成此次实训任务。

1. 车间主管向李先生讲解汽车主要油料的性能指标与牌号。
2. 介绍汽车油料该如何选用。
3. 完成下面的工单：

（1）填写表 9-5 汽油、柴油的分类与选择

表 9-5　汽油、柴油的分类与选择

油料	牌号	选用依据
汽油		
柴油		

项目 9　汽车油料选用与维护

(2) 机油分 4 类若干等级。选用时应按照_____进行。

(3) 汽车齿轮油、润滑脂、自动变速器油、制动液等都应该根据不同汽车要求，按照_____进行选用。

(4) GB 12981—2012《机动车辆制动液》依据制动液产品的使用工况温度和黏度不同，将制动液分为 HZY3～HZY6 四个质量等级，序号_____，_____越高，_____性能越好，行车制动安全性越好。

五、任务评价

在完成本学习任务后，通过小组会议的形式进行总结与反思，并推选代表宣讲交流知识与技能的掌握情况，小组之间进行互评，评价内容与标准见表 1-3。最后由教师进行总结评价。

任务 9.2　如何正确维护汽车

一、学习目标

完成本学习任务后，您能够：
1. 阐述汽车磨合意义、原则与方法。
2. 阐述汽车维护的意义、分类和基本内容。
3. 学会汽车日常维护。

二、情境引入

李小姐的爱车出现故障，经检查发现车辆平时疏于保养，为此，维修技师特地给她介绍了汽车维护的目的及日常维护方法。

三、相关知识

9.2.1　汽车磨合

1. 汽车磨合及意义

(1) 汽车磨合定义

汽车磨合是指新购的汽车或大修后的汽车在投入满负荷工作前，按一定的规程所进行的适应性运转。

(2) 汽车磨合的意义

- 减轻汽车磨损、延长汽车寿命，提高汽车功率、降低汽车油耗和减少汽车排污。
- 新出厂或大修的汽车，虽然主要配件都是新的，运动件表面也很光滑（如缸套与活塞、曲轴与轴瓦），但从显微镜上看，却是凸凹不平的。研究发现，它们摩擦表面的接触面积总和仅为全部面积的 0.1%～1%，如果汽车一开始就大负荷工作或高速行车，势必使这些接触面承受压力过大，造成拉伤甚至熔化，出现拉缸、抱轴等严重事故，汽车寿命几倍至几十倍地缩短。鉴于上述原因，新车一定要经过磨合，使各摩擦表面全面接触。
- 在汽车出厂前，发动机和底盘传动系统等都经过了一定时间的磨合，但限于时间和条件，工厂不便进行长时间的使用磨合，用户购车后必须进行使用磨合。

2. 汽车磨合的方法

总的磨合原则是发动机转速及车速由低到高，负荷由小到大，变速器各档位应进行适当时间磨合，及时更换润滑油脂，注意发现和排除异常现象。磨合期时间随车型有所不同，按使用说明书要求进行，例如轿车一般在1000～1500km。

汽车磨合期使用应该注意以下问题：

（1）正确驾驶操作
- 汽车在起动后，应利用低速在原地升温，待冷却液达到起步要求后再行起步。
- 起步时要慢松离合器，做到平稳、无冲动。
- 加速时，要缓踩加速踏板，不可急加速。
- 不可越级减档，以减少对传动装置的冲击。
- 在行驶中尽量避免紧急制动，如，上海通用别克汽车规定，在第一个350km内，不要紧急制动。
- 新车不宜用来当"教练车"。

（2）减轻负荷
- 新车开始使用的1000km内，不能超过汽车额定载质量的80%。
- 当行驶阻力增大时，应及时换入低速档，不能勉强用高速档行驶，以免发动机负荷过大。

（3）限制车速
- 一般车辆各档行驶速度，不得超过发动机最高转速的80%。如，上海通用别克汽车在新车开始使用的1000km内，车速不得超过120km/h。
- 不允许把加速踏板踩到底，不要使发动机急剧增速。
- 新车不能用来跑长途。

（4）选择道路

车辆在磨合期间，应尽量选择平坦良好的道路行驶，避免在崎岖、陡坡和泥泞等路况不良的道路上行驶，以减少行驶阻力，从而减轻发动机的负荷。

（5）注意及时发现和排除故障

行驶中应注意聆听发动机声音，观察各仪表的工作状态，如有异常，应停车检查。注意紧固松动的螺钉，及时排除故障。

（6）更换润滑油

新车在磨合期内，各摩擦副之间配合粗糙，磨损较大，润滑油中金属屑粒较多，因此在新车磨合期内（1000km左右），应及时更换发动机机油和变速器齿轮油，更换滤清器。

9.2.2 汽车维护

汽车在使用中，必然造成零件磨损、调整参数变化或螺钉松动等问题，如果不及时维护，可能造成不应有的经济损失和安全事故。定期维护，可以使汽车的维修费用降到最低，"三分修、七分养"，说明了汽车平时维护的重要性。

项目 9　汽车油料选用与维护

汽车维护的时间与内容，随不同车型而不同，应按照使用说明书进行定期维护。依据国家标准，我国汽车维护分日常维护、一级维护、二级维护三个等级。

1. 汽车日常维护

（1）日常维护时间

汽车日常维护在每天出车前、行车中和收车后进行。

（2）日常维护内容

日常维护以清洁、补给和安全检视为作业中心内容，由驾驶人负责执行。

日常维护的具体内容有：

① 对汽车外观、发动机外表进行清洁，保持车容整洁。

② 对汽车各处润滑油脂（见图 9-4）、燃油、冷却液（见图 9-5）、制动液（见图 9-6）、各种工作介质、轮胎（见图 9-7）及其气压（见图 9-8）进行检视补给。

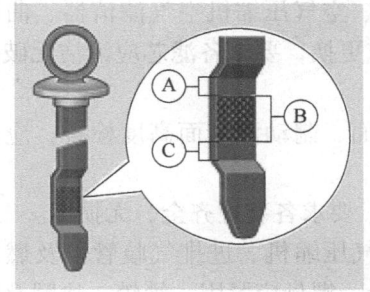

图 9-4　润滑检查

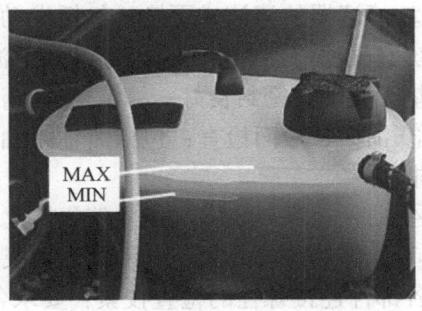

图 9-5　冷却液检查

图 9-6　制动液检查

图 9-7　清除轮胎上的杂物

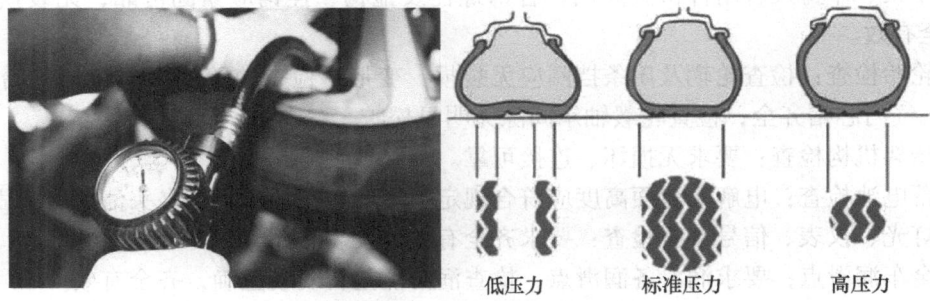

图 9-8　轮胎气压检查

③ 对汽车制动、转向、传动、悬架、灯光、信号等安全部位和位置，以及发动机运转状态进行检视、校准，确保行车安全。

2. 汽车一级维护

（1）一级维护的时间

汽车一级维护时间应以汽车行驶里程为基本依据，可按使用说明书要求进行，如轿车一般在行驶 5000~7500km 后进行，同时还应该根据汽车使用条件的不同有所区别。例如，汽车经常在较差路面行驶，或经常大负荷工作，则应提前进行维护。

（2）一级维护的内容

汽车一级维护除日常维护作业外，以清洁、润滑、紧固为作业中心内容，并检查有关制动、操纵等安全部件，由维修企业负责执行。汽车一级维护具体内容包括以下各项。

① 点火系检查调整：要求点火系工作正常。

② 滤清器的清洁或更换：包括发动机空气滤清器、空气压缩机空气滤清器、曲轴箱通风系统空气滤清器、机油滤清器和燃油滤清器的清洁或更换，要求各滤芯应清洁无破损，上下衬垫无残缺，密封良好；滤清器应清洁，安装牢固。

③ 油面、液面检查：包括曲轴箱油面、冷却液液面、制动液液面高度检查，应符合规定要求。

④ 曲轴箱通风装置、三效催化转化装置外观检查：要求各装置齐全、无损坏。

⑤ 散热器、油底壳、发动机前后支垫、水泵、空气压缩机、进排气歧管以及燃油喷射系统各部件连接螺栓的检查校紧：要求各连接部位螺栓、螺母应紧固，锁销、垫圈及橡胶垫应完好有效。

⑥ 空气压缩机、发电机、空调机传动带检查：检查传动带磨损、老化程度，调整传动带松紧度至符合规定要求。

⑦ 转向器检查：检查转向器液面及密封状况，润滑万向节十字轴、横直拉杆、球头销、转向节等部位。

⑧ 离合器检查调整：离合器操纵机构应灵敏可靠；踏板自由行程应符合规定要求。

⑨ 变速器、差速器检查：变速器、差速器液面及密封状况正常，润滑传动轴万向节十字轴、中间轴承，校紧各部连接螺栓，清洁各通气塞。

⑩ 制动系检查：检查紧固各制动管路、检查调整制动踏板自由行程，要求制动管路接头应不漏气，支架螺栓紧固可靠。制动联动机构应灵敏可靠，储气筒无积水、制动踏板自由行程符合规定。

⑪ 车架、车身及各附件检查紧固：各部螺栓及拖钩、挂钩应紧固可靠，无裂损，无窜动，齐全有效。

⑫ 轮胎检查：检查轮辋及压条挡圈应无裂损、变形；检查轮胎气压（包括备胎）应符合规定，气门芯帽齐全；检查轮毂轴承间隙无明显松旷。

⑬ 悬架机构检查：要求无损坏、连接可靠。

⑭ 蓄电池检查：电解液液面高度应符合规定，通气孔畅通、极桩夹头清洁、牢固。

⑮ 灯光、仪表、信号装置检查：要求齐全有效 安装牢固。

⑯ 全车润滑点：要求润滑各润滑点，检查润滑嘴是否安装正确，齐全有效。

⑰ 全车检查：全车不漏油、不漏水、不漏气、不漏电以及不漏尘，各种防尘罩齐全

有效。

3. 汽车二级维护

（1）二级维护的时间

汽车二级维护时间也是以汽车行驶里程为基本依据，可按使用说明书要求进行，如轿车一般在行驶 10000~15000km 后进行。同时，还应该根据汽车使用条件的不同有所区别，例如，汽车经常在较差路面行驶，或经常大负荷工作，则应提前进行维护。

（2）二级维护的内容

二级维护除一级维护作业外，以检查、调整转向节、转向摇臂、制动蹄片以及悬架等安全部件为主，并拆检轮胎，进行轮胎换位，检查调整发动机工作状况和排气污染控制装置等，由维修企业负责执行。

汽车二级维护具体内容较多，应采用专用检测仪器进行检查，主要维护检测项目见表9-6。根据检测结果及车辆实际技术状况进行故障诊断，确定附加作业内容。

表 9-6　汽车二级维护检测项目

序号	检 测 项 目
1	发动机功率，气缸压力
2	汽车排气污染物，三效催化转化装置的作用
3	电控燃油喷射系统
4	柴油车检查供油提前角、供油间隔角和喷油泵供油压力
5	制动性能，检查制动力
6	转向轮定位，主要检查前轮定位角和转向盘自由转动量
7	车轮动平衡
8	前照灯
9	操纵稳定性，有无跑偏、发抖、摆头
10	变速器，有无泄漏、异响、松脱、裂纹等现象，换档是否轻便灵活
11	离合器，有无打滑、发抖现象，分离是否彻底，接合是否平稳
12	传动轴，有无泄漏、异响、松脱、裂纹等现象
13	后桥，主减速器有无泄漏、异响、松动、过热等现象

4. 汽车换季维护

有的汽车还要求进行换季维护，一般是在入冬和入夏前气温变化较大时进行。换季维护以更换燃油、润滑油脂、防冻液为主要内容。

四、任务实施

现场感受情境引入中的工作氛围，采用小组合作形式，通过角色扮演汽车售后技术服务，完成此次实训任务。

1. 技师介绍为什么要进行汽车磨合以及磨合的原则。
2. 解释汽车磨合期使用应注意的问题。
3. 完成下面的工单：

（1）汽车在使用中，必然造成_____磨损、_____变化或_____松动等问题，如果不及时维护，可能造成不应有的经济损失和安全事故。定期维护，可以使汽车的降到最低，"三分修、七分养"，说明了汽车平时维护的重要性。

（2）填写表9-7汽车维护

表 9-7 汽车维护

汽车维护等级	内容	执行人
日常维护		
一级维护		
	以检查、调整转向节、转间摇臂、制动蹄片、悬架等安全部件为主，并拆检轮胎，进行轮胎换位，检查调整发动机工作状况和排气污染控制装置等	

（3）汽车一级维护时间应以_____为基本依据，可按_____要求进行，如轿车一般在行驶_____km后进行，同时还应该根据汽车使用条件的不同有所区别。

（4）在维修技师指导下，学生分组，独立完成一辆汽车的日常维护。

五、任务评价

在完成本学习任务后，通过小组会议的形式进行总结与反思，并推选代表宣讲交流知识与技能的掌握情况，小组之间进行互评，评价内容与标准见表1-3。最后由教师进行总结评价。

项目 10 汽车文化

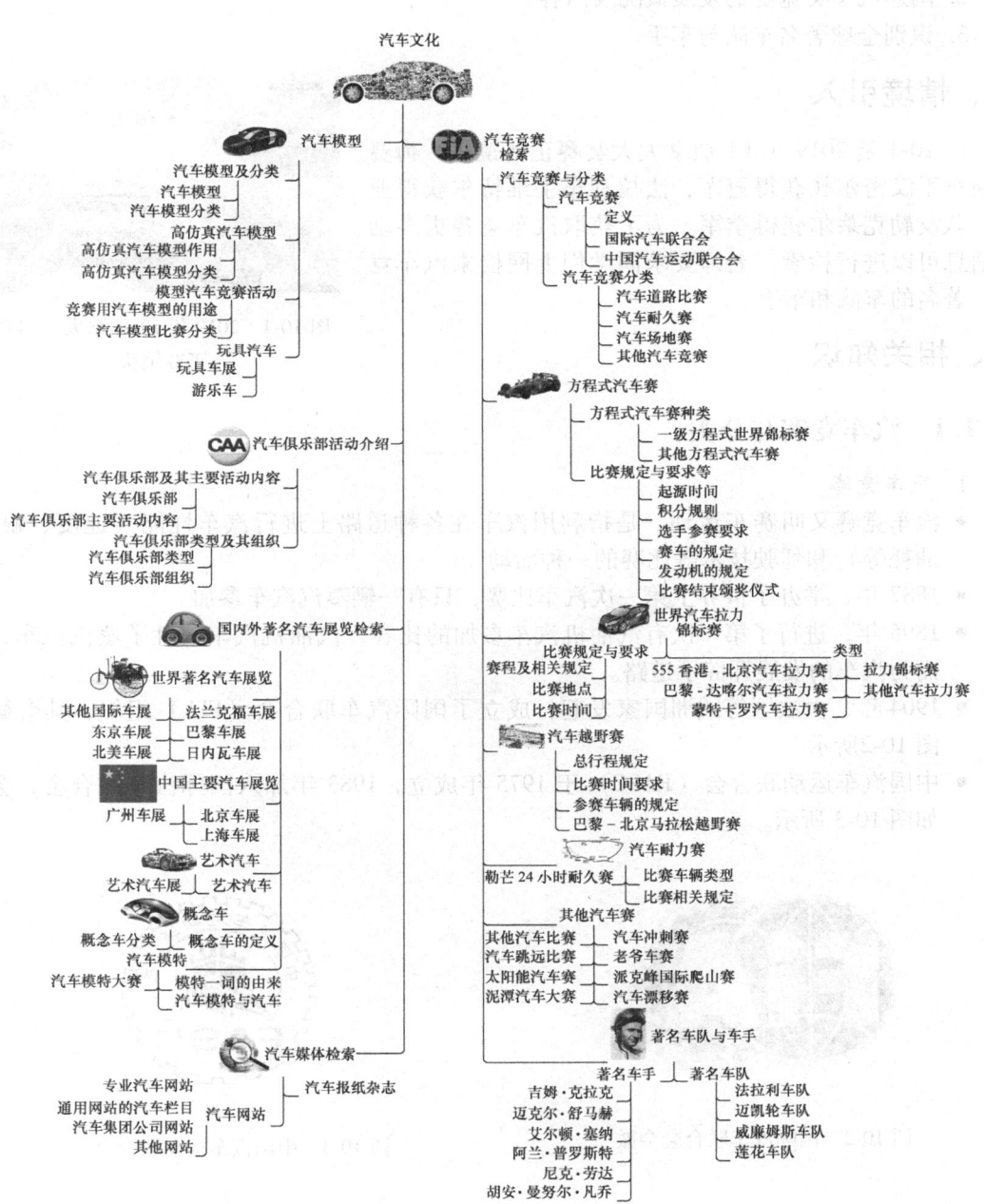

任务 10.1 汽车竞赛检索

一、学习目标

完成本学习任务后，您能够：
1. 区别汽车类竞赛的种类。
2. 阐述汽车类竞赛的发展概况及内容。
3. 识别全球著名车队与车手。

二、情境引入

图 10-1 是 2019 年 F1 加拿大大奖赛正赛镜头。梅赛德斯车手汉密尔顿获得冠军，法拉利车手维特尔获得亚军，队友勒克莱尔获得季军。为了获取汽车竞赛更多动态信息可以进行检索，老师要求同学们上网检索汽车竞赛、著名的车队和车手。

图 10-1　2019 年 F1 加拿大大奖赛正赛镜头

三、相关知识

10.1.1　汽车竞赛与分类

1. 汽车竞赛
- 汽车竞赛又叫赛车运动，是指利用汽车在各种道路上进行汽车性能（速度、耐力、油耗等）和驾驶技术等比赛的一种活动。
- 1887 年，举办了世界上第一次汽车比赛，只有一辆蒸汽汽车参加。
- 1895 年，进行了第一次有汽油机汽车参加的比赛，汽油机汽车战胜了蒸汽汽车，从而为汽车的发展开辟了道路。
- 1904 年，由法国等欧洲国家发起，成立了国际汽车联合会（FIA）组织，其会徽如图 10-2 所示。
- 中国汽车运动联合会（FASC）于 1975 年成立，1983 年加入国际汽车联合会，会徽如图 10-3 所示。

图 10-2　国际汽车联合会会徽

图 10-3　中国汽车运动联合会会徽

- 汽车竞赛可以直接推动汽车技术和汽车工业的发展。诸如涡轮增压发动机、自动电子变速装置、扰流板及尾翼、纤维增强复合材料车身及不少最新的技术，都是在赛车上首先采用的。一些汽车品牌也是在汽车竞赛中出现的，如意大利的法拉利汽车、日本的本田汽车和三菱汽车等。

2. 汽车竞赛分类

赛车竞赛的种类很多，比较著名、影响较大的项目大致可分为以下几类：

（1）汽车道路比赛

用成批生产的汽车在现有道路上进行的比赛，如拉力赛、越野赛，其车速较低，但赛程较长，比赛很艰苦。

（2）汽车耐久赛

用成批生产的汽车或特制的运动原型车，在固定赛场或圈围好的现有道路上进行的长时间连续比赛。法国勒芒 24h 耐久赛，车速很高，比赛既刺激，又艰苦。

（3）汽车场地赛

用特制的专用赛车，在固定的赛场中进行的比赛，如方程式车赛、印第车赛。车速很高，赛程只有 2~3h，比赛激烈。

（4）其他汽车竞赛

有创纪录赛、冲刺赛、技巧赛、节油车赛、卡丁车赛、太阳能车赛、老式汽车赛、大脚车赛、泥潭赛等。

10.1.2 方程式汽车赛

1. 方程式汽车赛种类

- 方程式汽车赛，是汽车场地比赛的一种，由于参加这种比赛的赛车必须依照国际汽车联合会制定的车辆技术规定的程式设计和制造，因此称为方程式赛车。
- 方程式赛车的级别主要有一级方程式（简称 F1）、F3000、三级方程式（简称 F3）、亚洲方程式、无限方程式、福特方程式、雷诺方程式、卡丁车方程式等。其中一级方程式锦标赛是世界上汽车场地竞赛项目中最高级、也是最引人注目的比赛。

2. 一级方程式世界锦标赛

- 一级方程式世界锦标赛（Formula One World Championship）简称 F1，也叫一级方程式汽车大奖赛。
- F1 大赛起始于 1950 年，虽然 FIA 规定每年在世界各地比赛为 16 站，但 FIA 有时会增加比赛站数。每场比赛取前 10 名，获得总积分最高者即为世界冠军。
- F1 赛道为改性沥青，每个赛道的周长不等，最短的是摩纳哥的"蒙特卡罗街区赛道"，单圈长度为 3.34km，最长的是比利时的"斯帕"赛车场，单圈长度为 7.004km，匈牙利布达佩斯赛道如图 10-4 所示。
- 驾驶赛车的赛手为一个人。比赛时 22 辆赛车根据排位比赛的成绩排列起跑顺序。当信号灯变为绿色时，22 辆赛车同时出发，跑完规定圈数（每场为超过 305km 的最小圈数），时间短者获胜。一场 F1 比赛时间不能超过 2h。
- F1 使用的赛车（见图 10-5）车身外形、操作系统及发动机都有严格规定，现代 F1 赛车的基本特点是：四轮外露，单座，重心低，轮距大，最低重量 550kg。

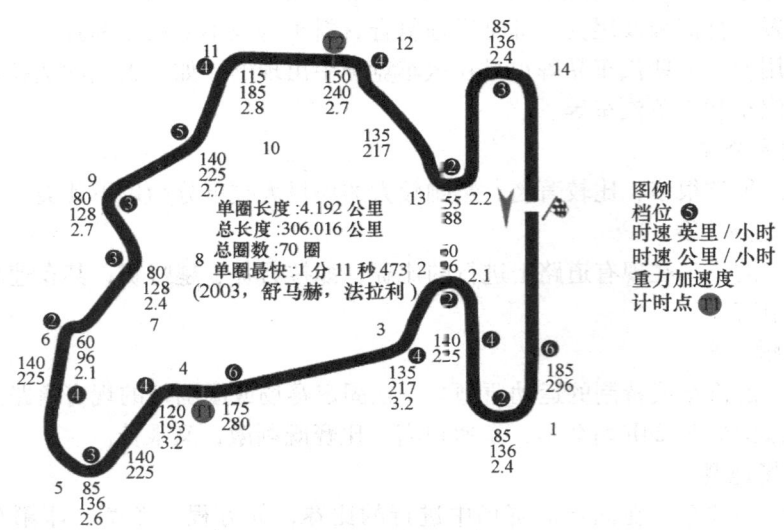

图 10-4 匈牙利布达佩斯赛道

- F1 使用的发动机：发动机为四冲程往复活塞式发动机，V8、排量 2.4L 以下，转速超过 19000r/min，功率 700kW 以上，必须为自然吸气式汽油机，禁止增压。2014 年起 F1 实施新规则，更加关注经济性和环保性，由原来自然吸气的 V8、排量 2.4L 发动机改变为 V6、排量 1.6L 涡轮增压发动机。

图 10-5　一级方程式赛车

- F1 使用的变速器：6~7 档，自动电子变速系统，变速按钮在转向盘上。
- F1 使用的车身：框架式结构，采用碳纤维增强塑料或特种材料制造，流线形车身，前有汽车的尖形鼻锥，后有尾翼，以减少空气阻力和气流造成的升力。油箱用特种橡胶制成。
- F1 使用的汽车轮胎：只用一个轮胎螺栓，以方便快速拆换。在干燥路面上使用只有四道花纹的"干地轮胎"，在湿滑路面上使用"湿地轮胎"。前轮胎宽 12in（305mm），后轮胎宽 18in（457mm）。赛前加热，以提高附着力。
- F1 车手必须持有 FIA 签发的"超级驾驶证"方能参赛。
- 一级方程式汽车赛是世界上最昂贵的运动。最便宜的一台发动机，包括零件和维修保养，也要 800 万美元，一支车队有两部赛车和一部后备赛车，每年的费用约 5000 万美元甚至更多。现在世界上大约有二十余支实力雄厚的 F1 车队，大多属英、意、法三国所有。

3. 其他方程式汽车赛
- F3000 方程式汽车赛，是方程式汽车场地赛的项目之一。它也设有国际大奖赛，但只有四个分站。它使用的赛车是四轮外露、单座、纯跑道用方程式赛车。装备 8 缸、排

量 3L 的自然吸气式汽油发动机，输出功率约 349kW。
- 三级方程式（F3）赛车体积较小，最小重量 540kg，发动机气缸数最多 4 个，禁用两冲程发动机，最大排量为 2L，禁用增压器，功率约 125kW。
- 亚洲方程式汽车赛只限于在亚洲地区开赛。
- 卡丁车方程式汽车赛是场地比赛项目的一种（见图 10-6），是世界方程式赛车的最初级形式，始于 1940 年。由于许多著名的 F1 赛手都是从卡丁车起步的，因此卡丁车被视为"F1"的摇篮。
- 卡丁方程式汽车赛分方程式卡丁车、国际 A、B、C、E 级和普及级 6 种，共 12 个级别。使用轻钢管结构，操作简单，无车体外壳，装配 100mL、125 mL 或 250mL 汽油发动机的 4 轮单座位微型赛车，重心低，在曲折的环型路线上行驶，速度感极强。

图 10-6　卡丁车方程式汽车赛

10.1.3　世界汽车拉力锦标赛

1. 拉力锦标赛
- 世界拉力锦标赛（World Championship，简称 WRC）又叫集合赛、多日赛，是英语 RALLY（集合）的音译。它是汽车道路比赛项目之一，实际上是一种汽车长途越野赛。
- 汽车拉力赛主要在有路基的土路、砂砾路上进行，也有部分在柏油路上。它可在一个国家内或跨越国境举行。汽车拉力赛既能检验汽车的性能和质量，又能考验车手的技术。
- 拉力赛使用规定的赛车（见图 10-7），按规定的平均速度，在完全或部分对普通交通开放的道路上进行的一项赛事，每辆赛车组由 1 名车手及 1 名领航员组成，比赛成绩以时间最少者为冠军。
- 国际汽车拉力赛每年设有世界拉力锦标赛（9 站）、欧洲拉力锦标赛（11 站）、亚洲拉力锦标赛（6 站）、非洲拉力锦标赛（5 站）、中东拉力锦标赛（6 站）等众多大型赛事，比赛设车手奖和车队奖。较为著名的汽车拉力赛有蒙特卡罗拉力赛、巴黎—达喀尔拉力赛等。

图 10-7　世界拉力锦标赛

2. 蒙特卡罗汽车拉力赛
- 蒙特卡罗拉力赛（见图 10-8）是一种国际性的汽车拉力赛。蒙特卡罗，是法、意之间的一个欧洲小国摩纳哥的首府，也是一个著名的赌城。
- 1911 年，欧洲十国进行了以各自首都为起点，到摩纳哥的蒙特卡罗集合的汽车长途越野赛。全程限七天完成，以各自行驶的平均速度作为胜负的标准。这次比赛，以

RALLY 命名，成为世界上第一次正式的汽车拉力赛。
- 以后比赛每年一月举行，路线在摩纳哥附近的山区，由于冬季冰雪，行驶条件十分恶劣，全程约 5000km，赛程 4~5 天。

3. 巴黎—达喀尔汽车拉力赛
- 巴黎—达喀尔拉力赛是世界上最长、最艰苦的汽车拉力赛之一。图 10-9 是 2005 年的巴黎—达喀尔拉力赛路线图。

图 10-8　蒙特卡罗拉力赛

- 这一拉力赛，自 1979 年开始，每年一月举行。从法国巴黎出发，乘船渡过地中海，在非洲北部上岸，然后，穿越非洲的撒哈拉大沙漠、潮湿的热带雨林及各种崎岖的路段，途经多个国家，最后到达塞内加尔的首都达喀尔，总行程约 13000km，历时约 20 天。

4. 555 香港—北京汽车拉力赛
- 该赛事从 1985 年开始举办，1996 年为最后一届。
- 这一比赛从香港出发，途经广东省韶关市的世界地质公园丹霞，再经长沙、武汉、郑州、石家庄，终点为北京天安门广场，总行程约 3900km，历时约 7 天。中国车手卢宁军（见图 10-10）在 1986 年勇夺冠军，这是中国车手首次参加国际汽车拉力赛并取得优良成绩。

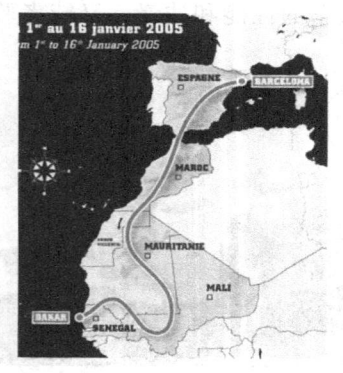

图 10-9　巴黎-达喀尔汽车拉力赛

图 10-10　中国车手卢宁军

- 1999 年开始，我国北京怀柔成为世界拉力锦标赛的分站之一，因此不再举办 555 香港—北京拉力赛。

5. 其他汽车拉力赛
- 东非沙法里拉力赛，从 1953 年起每年举行一次，比赛途经肯尼亚、乌干达等国家，路面条件十分恶劣，路线长达 6000km，赛程 4~5 天。
- 1971 年英国伦敦到澳大利亚悉尼的拉力赛，还有摩洛哥、奥地利阿尔卑斯、法国阿尔卑斯、希腊的阿克罗波拉斯、美国的奥林巴斯、芬兰的千湖等拉力赛。

10.1.4　汽车越野赛

- 汽车越野赛（见图10-11）是汽车道路比赛项目之一，是在一个国家的公路和自然道路上进行的汽车比赛。如需要经过几个国家的领土，总行程超过10000km，或跨洲进行的比赛，称为马拉松越野赛。
- 越野赛不同于拉力赛，比赛必须在白天进行。除国际汽联特别批准外，赛程不得超过15天，每经过10个阶段后，至少休息18h。参赛车辆必须是全轮驱动汽车。
- 巴黎—北京马拉松越野赛，是世界上最早的汽车越野赛，在1907年举行。汽车从北京开到巴黎，有5辆汽车参加，3辆汽车历经2个月才到达巴黎。图10-12是当时赛车经过我国八达岭的情况。

图10-11　汽车越野赛

图10-12　赛车经过我国八达岭

- 1992年9月，又举行了一次巴黎—北京马拉松越野赛。比赛从巴黎出发，经莫斯科，进入我国新疆，最后到达北京。全程16135km，途经11个国家，历时27天。有50辆赛车在规定时间内跑完全程。

10.1.5　汽车耐力赛

- 汽车耐久赛（Grand Touring Car）亦称"GT赛"，它是一种在规定赛道上进行长时间连续行驶的耐久性比赛，它可以考验汽车的动力性能、可靠性和车手的耐力。比赛车辆分旅行车和运动原型车两类，并根据发动机的工作容积分为若干级别。比赛中每车可设2~3名车手，轮流驾驶。最著名的汽车耐久赛是勒芒24小时汽车耐久赛。
- 勒芒24小时耐久赛在法国勒芒（Lemans）举行。从1923年开始，每年6月（1936年、1940年至1948年除外）都要举行汽车连续行驶24小时的比赛，它与F1及世界拉力锦标赛并列世界汽车三大赛事。
- 勒芒赛道（图10-13）是环行跑道，长13.5km，其中大部分是封闭式的高速公路。比赛时每辆车配备3名车手，轮流驾驶与休息，实行昼夜"三班"制。在24小时的赛程中，由于夜间气温较低，轮胎抓地性最好，机件运行也进入良好状态，所以赛手都趁"夜深人静"之际拼命奔跑，

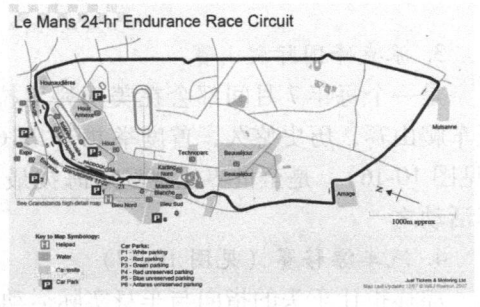
图10-13　勒芒赛道

此时竞争最为激烈。汽车每隔 50min 就要加油检修,昼夜汽车行驶约 5000km,平均车速超过 200km/h,在直线路段行驶最高时速超过 400km。在 24 小时内行驶距离最长者获胜。

10.1.6 其他汽车赛

1. 汽车冲刺赛

是一种由静止加速起跑的竞赛,由两辆车在规定距离上比试速度,规定的距离一般为 402.336m(1/4mile)或 201.168m(1/8mile),胜者进入下一轮竞赛,负者被淘汰。然后两个胜者再一对一地比赛,直到最后一位胜者便是冠军。

2. 老爷车赛

开始于 1896 年,当时英国伦敦为庆祝汽车的诞生及放宽的交通条例(即废除红旗法),举办了伦敦海德公园至布莱顿的汽车赛,总行程为 96km。后来演变成老爷车赛,由皇家俱乐部举办,每年 11 月的第一个星期天在伦敦举行。1927 年第一届老爷车赛开始举行,当时规定只有 1905 年以前生产的汽车才能参加比赛(见图 10-14),后来这个规定一直延续至今。

2000 年,欧洲老爷车协会组织了"环游地球 80 天"老爷车全球行拉力赛,有 100 辆老爷车参赛,从伦敦出发,途经北京、纽约,80 天之后再次返回伦敦。中国车手雏文有受到邀请,再次驾"大红旗"出征(图 10-15),参加了中国段的比赛。

图 10-14 老爷车

图 10-15 中国车手雏文有驾"大红旗"参加老爷车拉力赛

3. 派克峰国际爬山赛

是一个每年 7 月间都会在美国科罗拉多州的派克峰(Pikes Peak)山区进行的汽车/摩托车爬山赛,历史悠久,首度举办于 1916 年。赛道全程共接近 20km,沿途共有 156 个弯道(见图 10-16),是全世界比赛场地海拔最高(4301m)、车辆性能水平要求也最高的越野赛车活动之一。

4. 汽车漂移赛(见图 10-17)

漂移指让车头的指向与车身实际运动方向之间产生较大的夹角,使车身侧滑过弯的系列操作。漂移是一种极具观赏性的驾驶方式,在拉力赛中也是一项常用的技术,这两年漂移在国内很热门,尤其是很多年轻的驾驶者都喜欢,但方法不当会造成事故。

项目 10　汽车文化

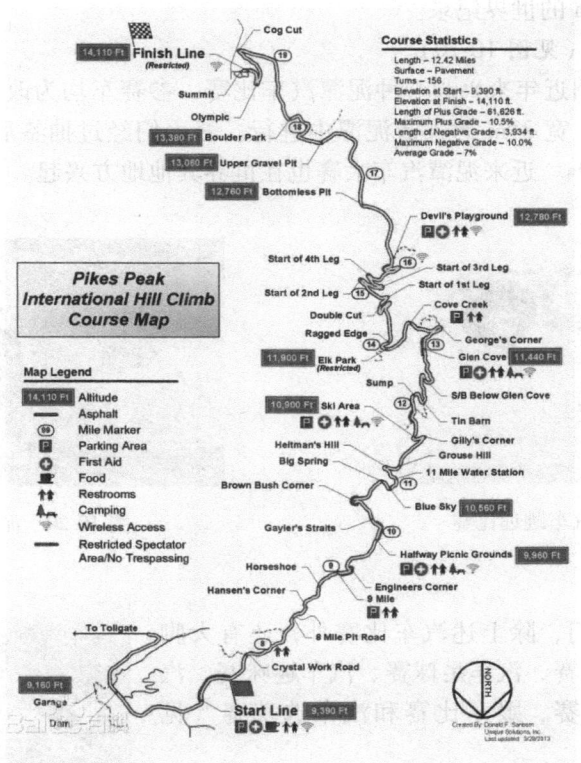

图 10-16　派克峰

5. 太阳能汽车赛（见图 10-18）

它的比赛用车的动力能源不是汽油，而是太阳能。目前，许多国家都在举办太阳能汽车比赛，但最有名的是自 1987 年开始举办的澳大利亚太阳能汽车挑战赛。比赛路程长达 3000km，比赛目的不是考验车手能开多远，而是能利用太阳能走多远。

图 10-17　汽车漂移赛

图 10-18　太阳能汽车赛

6. 汽车跳远比赛（见图 10-19）

西方国家近年兴起汽车跳远比赛，法国年轻赛车运动员迪埃里·罗宾在一次比赛中，驾驶汽车以 165km/h 的速度疾驰，然后汽车冲上高度为 5.6m 的助跑道斜面腾空越起，汽车在空中"飞越"一段距离后，再重重地落在由数千个纸盒堆成的"沙坑"里，他创造了汽车腾空"跳远"101.17m 的世界纪录。

7. 泥潭汽车大赛（见图 10-20）

美国的德克萨斯州近年来兴起一种泥潭汽车比赛，参赛车均为改装的小轿车和小货车。比赛是在一个长 60m、宽 23m 的人造泥潭中进行。赛手们经过抽签后，驾车开进泥潭。跑完全程的最好成绩为 9s。近来泥潭汽车大赛也在世界其他地方兴起。

图 10-19　汽车跳远比赛

图 10-20　泥潭汽车大赛

8. 其他汽车比赛

汽车比赛五花八门，除上述汽车比赛外，还有大脚车赛、"肥皂盒"车比赛、汽车足球赛、汽车趣味赛、汽车沙滩赛、滑稽车比赛、毁车比赛和汽车选美赛（见图 10-21）等。

图 10-21　2012 年美国汽车选美赛

10.1.7　著名车队与车手

1. 著名车队

（1）法拉利车队（见图 10-22）

1950 年首次参赛，1961 年首次获世界车队冠军。至 2019 年共夺得 16 次世界车队冠军，15 人次世界车手冠军。

（2）迈凯轮车队（见图 10-23）

迈凯轮车队（Melaren）由布鲁斯·麦克拉伦于 1964 年创建。1966 年首次参赛，1974 年首次获世界车队冠军。至 2019 年共夺得 8 次世界车队冠军，12 人次世界车手冠军。

图 10-22　法拉利车队

图 10-23　迈凯轮车队

（3）威廉姆斯车队（见图 10-24）

1973 年建立，原名 ISO 车队，1975 年更名为威廉姆斯车队。1975 年在阿根廷第一次参

加 F1 大赛，1980 年第一次夺得世界车队冠军。共获得过 9 次世界车队冠军和 7 人次的世界车手冠军。

图 10-24　威廉姆斯车队

（4）莲花车队（见图 10-25）

自 1963 到 1978 年，共夺得 7 次世界冠军。

（5）其他著名车队

有丰田车队、福特车队、555 富士车队、三菱车队、兰西亚车队、日产车队等。

2. 著名车手

（1）胡安·曼努尔·凡乔（见图 10-26）

1911 年出生在阿根廷一个工厂主家庭，1934 年进入赛车界。1951 年、1954~1957 年 5 届 F1 年度总冠军。他是赛车史上的一位传奇人物、一代元老、一个神话。

图 10-25　莲花车队

（2）尼克·劳达（见图 10-27）

1949 年出生在奥地利。1971 年开始参加 F1 大赛，三次世界冠军得主。

图 10-26　胡安·曼努尔·凡乔

图 10-27　尼克·劳达

(3) 阿兰·普罗斯特（见图 10-28）

1955 年生于法国圣日耳曼，早年以卡丁车运动起家，夺得二次法国冠军。1979 年转入 F3 车赛，1980 年加盟麦克拉伦车队开始了 13 年的 F1 大赛历程。共夺得 4 次 F1 年度总冠军，在 F1 的历史上居于第二位，他曾创造获得 51 次 F1 分站赛冠军的世界纪录。

(4) 艾尔顿·塞纳（图 10-29）

1960 年出生在巴西圣保罗市一个家财百万的汽车工厂主家庭，13 岁时就参加卡丁车比赛，17 岁时夺得南美冠军。1984 年进入 F1 车队，1988、1990、1991 三年夺得 F1 年度总冠军。

图 10-28　阿兰·普罗斯特

图 10-29　艾尔顿·塞纳

(5) 迈克尔·舒马赫（见图 10-30）

德国车手，到 2004 年已获得 F1 汽车锦标赛 7 次年度总冠军，创造了车手五连冠的神话，独占 F1 汽车锦标赛冠军榜首席。

(6) 吉姆·克拉克（见图 10-31）

是 20 世纪 60 年代不可战胜的车手，共赢得了 25 个分站赛冠军和两次车手世界冠军。1968 年在 F2 赛车中意外身亡。

图 10-30　迈克尔·舒马赫

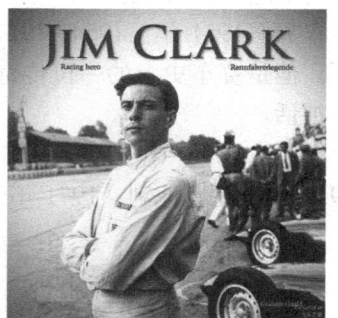

图 10-31　吉姆·克拉克

(7) 其他著名车手

著名车手还有布拉海姆、斯图尔特、皮盖特、阿斯卡利、格拉汉姆·希尔、非蒂鲍尔蒂、哈基宁、阿隆索、莱克宁、汉密尔顿、肯库宁、马基宁、麦克雷、塞恩斯、伯恩斯等。

四、任务实施

1. 教师播放 2019 年 F1 加拿大大奖赛正赛精华时刻视频。

项目 10　汽车文化

2. 学生分组学习教材任务 10.1，并上网检索汽车竞赛种类、著名的车队和车手。
3. 完成如下作业工单：
（1）方程式汽车赛是依照国际规定进行汽车的_____与比赛的_____比赛，其级别主要有_____、F3000、_____等。

表 10-1　著名车队与车手

著名车队	车队建立时间	著名车手	总冠军次数
法拉利车队			
雷诺车队		迈克尔·舒马赫	

（2）派克峰国际爬山赛是一个每年 7 月间都会在美国科罗拉多州的派克峰（Pikes Peak）山区进行的汽车/摩托车爬山赛，历史悠久，首度举办于_____年。赛道全程共接近_____km，沿途共有_____个弯道，是全世界比赛场地海拔最高、车辆性能水平要求也最高的越野赛车活动之一。

五、任务评价

在完成本学习任务后，通过小组会议的形式进行总结与反思，并推选代表宣讲交流知识与技能的掌握情况，小组之间进行互评，评价内容与标准见表 1-3。最后由教师进行总结评价。

任务 10.2　国内外著名汽车展览检索

一、学习目标

完成本学习任务后，您能够：
1. 阐述国内外著名汽车展览及其目前动态。
2. 阐述概念车的含义。
3. 阐述汽车模特与汽车艺术含义及其意义。

二、情境引入

2019 年 9 月 12 日，法兰克福国际车展（IAA）在德国法兰克福展览中心开幕，德国总理默克尔出席并致辞，如图 10-32 所示。本届车展持续至 9 月 22 日，吸引了全球 30 个国家近 800 家企业参展。为了获取车展更多动态信息进行了检索。老师要求同学们上网检索汽车国内外车展的相关信息。

图 10-32　德国总理默克尔出席 IAA 开幕式

三、相关知识

10.2.1 世界著名汽车展览

汽车展览是专门为汽车举办的展览，是汽车制造商们展示新产品、树立企业形象、展示公司实力、争夺汽车市场的舞台；也是进行汽车技术交流、发展经贸合作的良好机会；同时带来汽车展风格和文化氛围，促进汽车文化的交流与发展。

世界著名的车展主要有法兰克福车展、巴黎车展、日内瓦车展、北美车展和东京车展五大汽车展。

1. 法兰克福车展（图10-33）
- 法兰克福车展在德国法兰克福举行，是世界上最大的汽车展之一，有世界汽车工业"奥运会"之称。
- 该车展创办于1897年，在第35届之前，该车展的举办地在柏林，此后移到法兰克福市中心不远的一些大厅进行。原来是每两年举办一次展览，现在改为每年的9月举行，并确定一年为乘用车展，一年为商用车展。一些世界级汽车公司如"梅赛德斯—奔驰""宝马""奥迪""欧宝"以及"保时捷"等都有自己的专门展厅。

图10-33 法兰克福车展

2. 巴黎车展
- 巴黎车展（见图10-34）在法国巴黎进行，创办于1898年，现在每两年举行一次。巴黎车展的特色如同时装展，各种新颖独特的概念车争奇斗艳。

3. 日内瓦车展
- 日内瓦国际汽车展（见图10-35）一年一度在瑞士日内瓦举行。

图10-34 巴黎车展

图10-35 日内瓦车展

- 每年的参展作品多得不胜枚举，反映了当今世界汽车的流行趋势，由于欧洲是世界主要汽车市场，各大汽车公司竞相在该车展上亮相，推销自己的新产品。大型高级轿车、豪华小轿车、面包车、跑车和赛车等是该会展上的主要产品。

项目 10 汽车文化

4. 北美车展
- 北美车展原名"底特律车展",每年一月在美国底特律举行。
- 北美车展始于 1907 年,从 1965 年开始,车展迁移到现在的 COBO 展览中心(见图 10-36),这是世界上最大的平面室内展览会场之一,可同时容纳上万名参观者。
- 1989 年该车展更名为"北美国际汽车展",参展的主要是世界各大汽车公司当年推出的新车型、概念车等。

5. 东京车展
- 东京车展(见图 10-37)每年十月在日本东京举行,交替展出商用车和乘用车。
- 该车展始于 1966 年,东京车展聚集了日本本土车厂出产的五花八门、千姿百态的小型汽车,以及各种各样的汽车电子设备和技术。东京车展历来以规模大,注重新产品、新技术的推出,展出产品实用性强而闻名于世界。

图 10-36　COBO 展览中心

图 10-37　东京车展

6. 其他国际车展

除上述车展外,还有些规模较小的国际车展,如伦敦汽车展、纽约汽车展、芝加哥汽车展等,还有各种专项车展,如老爷车展、汽车模型展等。

10.2.2　中国主要汽车展览

1. 北京车展

创办于 1990 年。每两年定期在北京举办(见图 10-38),秉承展品精、品牌全、国际化的办展理念和特色,规模不断扩大,众多跨国汽车企业将北京车展列为全球 A 级车展,已跻身世界著名汽车展前十位。

2. 上海车展

创办于 1985 年。逢单数年在上海举办(见图 10-39)。2004 年 6 月,顺利通过了国际博览联盟(UFI)的认证,成为中国第一个被 UFI 认可的汽车展。成为国际上最具影响力的汽车大展之一。

图 10-38　北京车展

3. 广州车展

创办于 2003 年。在广州展览中心举办(见图 10-40)。基于"高品位、国际化、综合性"的定位,经过几年的发展,已成为中国大型国际车展之一。

图 10-39　上海车展

图 10-40　广州展览中心

10.2.3　概念车

1. 什么叫概念车
- 概念车由英文 Conception Car 意译而来，它不是将要投产的车型，只是向人们展示设计人员新颖、独特、超前的构思而已。
- 概念车是汽车中内容最丰富、最深刻、最前卫、最能代表世界汽车科技发展和设计水平的汽车。世界各大汽车公司都不惜巨资研制概念车，借以向公众显示本公司的技术进步，提高自身形象。

2. 概念车分类
- 通常概念车分为两种，一种是能跑的真正汽车，另一种是设计概念模型。
- 第一种比较接近于批量生产，其先进技术已步入试验并逐步走向实用化，因而一般在 5 年左右可成为公司投产的新产品。
- 第二种汽车虽是更为超前的设计，但因环境、科研水平、成本等原因，只是未来发展的研究设想。

3. 概念车展示
- 各种车展概念车繁多，本书中列举少数如图 10-41~图 10-44 所示，更多见本书配套课件。

图 10-41　2019 红旗全新超跑 S9 概念车

图 10-42　2019 奔驰 Vision EQS 概念车

图 10-43　2016 年宝马 VISION NEXT 100 概念车

图 10-44　长城 WEY-S 概念车

10.2.4 汽车模特

- 汽车模特是产品形象模特的一种。随着汽车展览的兴起，美女香车，格外引人注目，增加了汽车展览的文化品位。
- 中国首届汽车模特大赛于2004年在广州天河体育中心举行（见图10-45）。
- 模特由英语的"Model"音译而来，1931年在法国第一次出现了"model"一词，主要是指担任展示艺术、时尚产品、广告等媒体的人，也代表从事这类工作人的职业。汽车模特是指从事与汽车相关的模特，在体型、相貌、气质、文化基础、专业知识、职业感觉、展示能力等方面必须具备一定条件。

10.2.5 艺术汽车

1. 艺术汽车

艺术汽车是指以汽车为题材传达主体特定的思想、观念、心理与情感活动的一种艺术形态。美国休斯顿每年举办一届艺术汽车展，图10-46是2005年5月14日的艺术汽车展，有280多辆车参加展出。

图10-45 我国首届汽车模特大赛　　　　　图10-46 美国休斯顿艺术汽车展

2. 艺术汽车展示

部分艺术汽车如图10-47～图10-50所示。

图10-47 艺术汽车1　　　　　图10-48 艺术汽车2

图 10-49　艺术汽车 3

图 10-50　艺术汽车 4

四、任务实施

1. 教师播放 2019 年法兰克福国际车展开幕视频。
2. 学生分组学习教材任务 10.2，并上网检索国内外著名汽车展览的历史发展与现状。
3. 完成如下作业工单：

（1）完成表 10-2 国际五大车展相关内容的填写

表 10-2　国际五大车展

车展名称	车展地点	创办时间	举行时间
法兰克福车展			
	巴黎		
			每年三月

（2）国内知名的汽车展览主要有_____车展、_____车展、_____车展三大汽车展。

（3）艺术汽车是指以汽车为题材传达主体特定的_____、观念、_____与_____活动的一种艺术形态。美国_____每年举办一届艺术汽车展。

五、任务评价

在完成本学习任务后，通过小组会议的形式进行总结与反思，并推选代表宣讲交流知识与技能的掌握情况，小组之间进行互评，评价内容与标准见表 1-3。最后由教师进行总结评价。

任务 10.3　汽车俱乐部活动介绍

一、学习目标

完成本学习任务后，您能够：

1. 阐述汽车俱乐部的作用及其主要活动内容。

2. 识别俱乐部的主要类型及其组织。

二、情境引入

李先生新购了一辆红旗 H5，4S 店的工作人员小林邀请李先生加入他们的汽车俱乐部，李先生对汽车俱乐部并不了解，于是小林为他做了详细介绍。

三、相关知识

10.3.1 汽车俱乐部及其主要活动内容

1. 汽车俱乐部

汽车俱乐部是由汽车车主及汽车爱好者组织起来的一种联谊组织，旨在传播汽车文化并为其成员提供各种服务。

2. 汽车俱乐部主要活动内容

- 举办各种活动（发行刊物、举办展览、车赛等），宣传汽车的优点，促进汽车的普及和使用。
- 呼吁政府大力建设公路，放宽对汽车的使用限制，制定有利于汽车发展的政策和法规。
- 为会员提供各种服务；如汽车驾驶培训、汽车救援、组织驾车旅游、代办汽车保险、维修、加油、停车等服务。

10.3.2 汽车俱乐部类型及其组织

1. 汽车俱乐部类型

- 汽车爱好者俱乐部。主要由具有相同爱好的车主组织起来的俱乐部，如老爷车俱乐部、越野车俱乐部、改装车俱乐部等。
- 汽车品牌俱乐部。这是主要由拥有同一品牌汽车的车主组织起来的汽车俱乐部，如别克俱乐部（见图 10-51）、路虎俱乐部等。
- 汽车救援俱乐部。这种俱乐部主要为车主提供各种及时救援服务，著名的有国际旅游联盟（AIT）、美国汽车协会（AAA）等；
- 其他汽车俱乐部。

图 10-51 别克车友俱乐部

2. 汽车俱乐部组织

- 现阶段，世界范围内已有 100 多个全国性汽车俱乐部和附属机构，还有一些各国汽车俱乐部的联合组织，分布在民间的汽车俱乐部组织更是数不胜数。据不完全统计，全球会员总数超过 2 亿，其中美国有将近一半的车主是各类汽车俱乐部的会员。
- 德国汽车俱乐部 ADAC：1899 年 7 月 10 日在柏林成立，现有 1700 万会员，是欧洲最大、世界第三的汽车俱乐部（见图 10-52），其基本会员费是每年约 37.84 欧元。一旦成为会员，那么你行驶在德国任何地方，只要你打一个电话，ADAC 很快就会派人帮你排除故障。ADAC 拥有救援直升机 39 架。

- 美国汽车协会 AAA（见图 10-53）：建立于 1902 年，是世界上最大的汽车俱乐部，会员规模高达 4700 万人，下属 139 个分支机构，各自独立地经营汽车俱乐部，并在加拿大有不下 1000 个办事处。"AAA"也是世界上最大的"美国快速旅行支票"的销售者，向会员们卖出了数以千万美元的信用卡、旅行支票、保险单、行李票。

图 10-52 德国汽车俱乐部

图 10-53 美国汽车协会

- 澳大利亚汽车俱乐部：创建于 1905 年，目前会员近 600 万。从 1991 年起，全国统一启用提供道路服务的单一号码系统，这个号码为"131111"，依靠这一电话号码系统，可以随时沟通待援者与救援中心的联系，平均每个会员每年有一次要求提供救援服务的权利。
- 中国汽车俱乐部：起步较晚，但发展很快，全国汽车俱乐部数量约为 1.55 万家，比较著名的汽车俱乐部有北京大陆汽车俱乐部、华夏汽车俱乐部、上海安吉汽车俱乐部、江苏苏友汽车俱乐部等。
- 大陆汽车俱乐部 CAA（见图 10-54）：创办于 1995 年，以汽车道路救援为核心业务，救援网络覆盖全国 1~5 级城市；产品体系包含安全保障系列、旅游自驾系列、汽车增值服务系列、车生活系列等车生活服务。
- 华夏汽车俱乐部 SCC（见图 10-55）：以华夏大地所有汽车拥有者、汽车驾驶者及汽车爱好者为服务对象，覆盖全国 31 个省、市、自治区，提供 24 小时呼叫服务、紧急医务救护、紧急汽车救援、特惠汽车保险、汽车修理、汽车养护、汽车租赁及汽车信息咨询等服务；超低折扣的酒店、机票、鲜花、演出票预订、餐饮、娱乐、运动、健身、洗衣、体检、家政等服务，定期举办各种自驾游、品牌车友会、特色活动等，是一家超大规模的新型汽车俱乐部。

图 10-54 大陆汽车俱乐部

图 10-55 华夏汽车俱乐部

项目 10　汽车文化

四、任务实施

现场感受情境引入中的工作氛围，采用小组合作形式，通过角色扮演汽车俱乐部工作人员，完成此次实训任务。

1. 讲解汽车俱乐部能提供的服务项目。
2. 介绍目前国内外知名汽车俱乐部组织。
3. 完成下列工单：

（1）填写表 10-3 汽车俱乐部类型

表 10-3　汽车俱乐部类型

俱乐部类型	定　义
汽车爱好者俱乐部	
	主要为车主提供各种及时救援服务的俱乐部

（2）国内比较著名的汽车俱乐部有北京大陆汽车俱乐部、_____汽车俱乐部、_____汽车俱乐部、_____汽车俱乐部等。

（3）大陆汽车俱乐部 CAA 创办于_____年，以汽车_____为核心业务，救援网络覆盖全国 1~5 级城市；产品体系包含_____系列、旅游自驾系列、_____服务系列、车生活系列等车生活服务。

五、任务评价

在完成本学习任务后，通过小组会议的形式进行总结与反思，并推选代表宣讲交流知识与技能的掌握情况，小组之间进行互评，评价内容与标准见表 1-3。最后由教师进行总结评价。

任务 10.4　汽车模型

一、学习目标

完成本学习任务后，您能够：

1. 辨识汽车模型及分类。
2. 识别高仿真汽车模型的制造材料。
3. 阐述汽车模型竞赛活动。

二、情境引入

一年一度的某汽车模型展如期举行，会场汽车模型琳琅满目，参展单位的工作人员正与车迷进行互动，讲解汽车模型的类型及相关竞赛活动。

三、相关知识

10.4.1 汽车模型及分类

1. 汽车模型

汽车模型是将真实汽车按一定的比例缩小（见图 10-56），以供观赏、礼品、收藏、展览、竞赛和把玩。车模因为其真实地再现原车主要特征，做工精良，本身蕴含着的也是汽车文化，具有很高的观赏、收藏或竞赛价值。一套用心收藏的车模可以完整真实地再现一个汽车公司，一个汽车品牌的历史。

兰博基尼　　　经典宝马 X6　　　1956 年玛莎拉蒂 300S　　　1935 奔驰银箭 W25

大众甲壳虫　　　布加迪威龙　　　中国红旗汽车　　　1969 年法拉利 312P 赛车

图 10-56　汽车模型

2. 汽车模型分类

主要有高仿真汽车模型、竞赛用汽车模型和玩具汽车模型三大类。

10.4.2 高仿真汽车模型

1. 高仿真汽车模型作用

主要用于观赏和收藏，是一种汽车娱乐休闲活动，已经发展成为一种风行全世界的收藏和投资项目。世界各国都有专门制造和销售高仿真汽车模型的厂家和商店，为收藏者提供方便。有的仿真模型还限量出售，具有较高的收藏价值。我国天津的杨国发先生（见图 10-57），以收藏 1200 辆汽车模型创下吉尼斯世界纪录。

图 10-57　杨国发先生给学生讲车模

2. 高仿真汽车模型分类

- 主要分金属汽车模型和塑料汽车模型两类。
- 要求比例准确，形象逼真。一般不装动力，不能行驶。常用的缩小比例有 1/8、1/16、1/18、1/24、1/34、1/43、1/64、1/87 等。

10.4.3 汽车模型竞赛活动

- 竞赛用汽车模型主要用于参加汽车模型比赛，装有动力及制动装置，有的还有遥控装

置(见图 10-58)。汽车模型可以行驶。由于它具有较强的趣味性和对抗性,因此得到不少青少年的喜爱,正在作为一种体育运动项目在世界上兴起。我国港台地区近年举办过多次亚太地区汽车模型比赛,内地也多次举办过全国性比赛。

- 汽车模型比赛分为竞速模型比赛和特种模型比赛两种。竞速模型比赛主要分为内燃机汽车模型赛和电动汽车模型赛两种。其他还有橡筋动力、太阳能动力、空气桨动力及自制模型等比赛项目。内燃机汽车模型赛是以微型汽油机为动力(见图 10-59),其外形模仿大型赛车,尺寸比例为 1/8,发动机排量不得超过 35mL,还有许多其他的制造要求。模型汽车竞赛按行驶路面不同,可分为公路赛和越野赛两种。按比赛方法,又分为计时赛和耐久赛两种。

图 10-58 遥控汽车模型

图 10-59 内燃机汽车模型赛

10.4.4 玩具汽车

- 玩具汽车,是根据汽车的基本构造和外观造型,按一定比例制作供儿童游戏的玩具,具有很好的开发智力的作用,现代几乎所有的儿童都玩过玩具汽车,度过幸福的童年。
- 玩具汽车在玩具产业中占有相当的份额,全世界玩具汽车的产量每年约几千万辆,每年都举办众多的玩具车展(见图 10-60)。
- 游乐车:是指一种大型的玩具汽车,可供人们乘坐、驾驶和游乐,一般见于公园等游乐场所,孩子们称之为"碰碰车"(见图 10-61)。它一般采用蓄电池作为动力,室内游乐车采用有线电缆,具备转向机构,由于车速很低,没有制动系统。为安全起见,车的周围装有较厚的橡胶缓冲保护层,以减轻发生碰撞时的冲击。

图 10-60 玩具车展

图 10-61 游乐车

四、任务实施

现场感受情境引入中的工作氛围，采用小组合作形式，通过角色扮演参展单位工作人员与车迷交流互动，完成此次实训任务。

1. 介绍汽车模型要求比例与采用的材料。
2. 介绍某一两款经典汽车模型的历史文化。
3. 完成下列工单：

（1）汽车模型是将真实汽车按一定的_____缩小，以供观赏、礼品、收藏、展览、竞赛和把玩。车模因为其真实地再现原车主要_____，做工精良，其本身蕴含着的也是汽车_____，具有很高的观赏、收藏或_____价值。

（2）填写表 10-4 汽车模型分类。

表 10-4　模型汽车竞赛活动分类

竞赛	按行驶路面分类	竞赛	按比赛方法分类
模型汽车竞赛		模型汽车竞赛	

（3）汽车模型比赛分为_____比赛和_____比赛两种。竞速模型比赛主要分为_____赛和_____赛两种。其他还有橡筋动力、太阳能动力、空气桨动力及自制模型等比赛项目。

五、任务评价

在完成本学习任务后，通过小组会议的形式进行总结与反思，并推选代表宣讲交流知识与技能的掌握情况，小组之间进行互评，评价内容与标准见表 1-3。最后由教师进行总结评价。

任务 10.5　汽车媒体检索

一、学习目标

完成本学习任务后，您能够：

1. 阐述汽车媒体种类。
2. 利用国内外汽车网站快速获取汽车讯息。

二、情境引入

2019 年 9 月 12 日，新红旗品牌携旗下全新产品强势登陆法兰克福车展，如图 10-62 所示。老师要求同学们借助国内外汽车网站获取车展更多动态信息。

图 10-62　新红旗品牌亮相法兰克福车展

三、相关知识

10.5.1 汽车报纸杂志

国外著名汽车期刊主要有《汽车工业》（美国）、《汽车工程》（美国）、《汽车与驾驶员》（美国）、《汽车技术杂志》（德国）、《BOSCH汽车工程手册》（德国）、《自动车技术》（日本）、《汽车工程师》（法国）、《汽车工程师》（英国）、《汽车工程》（意大利）、《汽车工业》（俄罗斯）等。

国内主要汽车报纸杂志有《汽车工程》《汽车技术》《世界汽车》《中国汽车报》《汽车之友》《汽车维修与保养》等。

10.5.2 汽车网站

1. 汽车网站

汽车网站能及时反映出汽车的新信息，每天都有大量的国内外汽车发展新动态、新技术以及广大网民的意见和评论，是快速获取汽车信息的一种方法。

2. 汽车网站类型

（1）专业汽车网站

专业汽车网站是指专门从事汽车信息发布的网站，国内主要专业汽车网站如表10-5所示。

表10-5 国内主要专业汽车网站

序号	网站名称	网站地址	序号	网站名称	网站地址
1	汽车之家	https://www.autohome.com.cn/	5	新车评网	https://www.xincheping.com/
2	易车网	http://www.bitauto.com/	6	58车	https://www.58che.com/
3	爱卡汽车	http://www.xcar.com.cn/	7	瓜子二手车直卖网	https://www.guazi.com/
4	网上车市	http://www.cheshi.com/	8	中国汽车报	http://www.cnautonews.com/

（2）通用网站的汽车栏目或汽车搜索

是指综合性网站在其内部专门开辟了汽车栏目或汽车搜索。大部分网站现在都具有这种功能，比较著名的如表10-6所示。

表10-6 国内著名网站的汽车栏目与搜索

序号	网站名称	网站地址	序号	网站名称	网站地址
1	太平洋汽车网	www.pcauto.com.cn/	5	凤凰汽车	http://auto.ifeng.com/news/
2	新浪汽车	https://auto.sina.com.cn/	6	搜狐汽车	http://auto.sohu.com/
3	腾讯汽车	https://auto.qq.com/	7	懂车帝	https://www.dcdapp.com/
4	网易汽车	https://auto.163.com/	8	百度汽车搜索	http://www.baidu.com/

（3）汽车集团公司网站

是指汽车集团公司为了宣传、贸易等需要而开辟的公司网站，几乎所有汽车公司都有自

己的网站，只要在百度搜索等搜索网站键入该汽车公司的名称，一般都可以找到，这里不再赘述。

（4）其他汽车网站

除此之外，还有大量的汽车销售、学校及个人创办的网站，根据各自需要，介绍汽车的相关内容，各有特色。

四、任务实施

1. 教师播放 2019 法兰克福车展媒体开发日，中国车企携新产品亮相场面。
2. 学生分组学习教材任务 10.5，利用国内外汽车网站检索法兰克福车展首发新车有多少款。
3. 通过检索总结 2019 年法兰克福车展的"主题"？
4. 完成如下作业工单：

（1）在表 10-7 中选择网址的序号填写进网站名称对应的括号中。

表 10-7 国内主要汽车网站

序号	网站名称	序号	网址
（　）	汽车之家	1	https：//auto.163.com/
（　）	易车网	2	ttps：//auto.qq.com/
（　）	太平洋汽车网	3	www.pcauto.com.cn
（　）	新浪汽车	4	http：//www.xcar.com.cn/
（　）	搜狐汽车	5	https：//auto.sina.com.cn/
（　）	爱卡汽车	6	http：auto.sohu.com
（　）	腾讯汽车	7	www.yiche.com/
（　）	网易汽车	8	https：//www.autohome.com.cn

（2）国内主要汽车报纸杂志有_____《汽车技术》_____《中国汽车报》《汽车之友》《汽车维修与保养》等。

（3）汽车网站能及时反映出汽车的新信息，每天都有大量的国内外汽车发展_____以及广大网民的意见和_____，是快速获取汽车信息的一种方法。

五、任务评价

在完成本学习任务后，通过小组会议的形式进行总结与反思，并推选代表宣讲交流知识与技能的掌握情况，小组之间进行互评，评价内容与标准见表 1-3。最后由教师进行总结评价。

参 考 文 献

[1] 蔡兴旺. 汽车构造与原理：上册：发动机 [M]. 4版. 北京：机械工业出版社，2018.
[2] 蔡兴旺. 汽车构造与原理：上册：底盘车身 [M]. 3版. 北京：机械工业出版社，2018.
[3] 蔡兴旺. 汽车文化 [M]. 北京：机械工业出版社，2014.
[4] 蔡兴旺. 新能源汽车结构与维修 [M]. 2版. 北京：机械工业出版社，2018.
[5] 蔡兴旺. 汽车发动机构造与维护 [M]. 北京：机械工业出版社，2014.
[6] 林平. 车标—世界著名汽车标志 [M]. 北京：化学工业出版社，2012.
[7] 蔡兴旺. 汽车概论 [M]. 3版. 北京：机械工业出版社，2016.
[8] 胡建军. 思维与汽车维修 [M]. 2版. 北京：机械工业出版社，2010.
[9] 帅石金. 汽车文化 [M]. 北京：清华大学出版社，2007.
[10] 程国华，程盛. 追根溯源：百年汽车工业 [M]. 北京：机械工业出版社，2007.
[11] DAIMLER CHRYSLER AG KONZERNARCHIV, HARRY NIEMANN. 百年奔驰 [M]. 朱华，王梅，Nany Kim，译. 北京：电子工业出版社，2006.
[12] ERIK ECKERMANN. 从蒸汽机到汽车 [M]. 孙伟，译. 北京：电子工业出版社，2006.

读者服务

机械工业出版社立足工程科技主业，坚持传播工业技术、工匠技能和工业文化，是集专业出版、教育出版和大众出版于一体的大型综合性科技出版机构。旗下汽车分社面向汽车全产业链提供知识服务，出版服务覆盖包括工程技术人员、研究人员、管理人员等在内的汽车产业从业者、高等院校、职业院校汽车专业师生和广大汽车爱好者、消费者。

一、意见反馈

感谢您购买机械工业出版社出版的图书。我们一直致力于"以专业铸就品质，让阅读更有价值"，这离不开您的支持！如果您对本书有任何建议或意见，请您反馈给我。我社长期接收汽车技术、交通技术、汽车维修、汽车科普、汽车管理及汽车类、交通类教材方面的稿件，欢迎来电来函咨询。

咨询电话：010-88379353　　编辑信箱：cmpzhq@163.com

二、课件下载

选用本书作为教材，免费赠送电子课件等教学资源供授课教师使用，请添加客服人员微信手机号"13683016884"咨询详情；亦可在机械工业出版社教育服务网（www.cmpedu.com）注册后免费下载。

三、教师服务

机工汽车教师群为您提供教学样书申领、最新教材信息、教材特色介绍、专业教材推荐、出版合作咨询等服务，还可免费收看大咖直播课，参加有奖赠书活动，更有机会获得签名版图书、购书优惠券。

加入方式：搜索 QQ 群号码 317137009，加入机工汽车教师群 2 群。请您加入时备注院校 + 专业 + 姓名。

四、购书渠道

机工汽车小编
13683016884

我社出版的图书在京东、当当、淘宝、天猫及全国各大新华书店均有销售。
团购热线：010-88379735
零售热线：010-68326294　88379203